TECHNOLOGY PHILOSOPHY

技术哲学引论

陈昌曙◎著

科学出版社
北京

图书在版编目(CIP)数据

技术哲学引论/陈昌曙著．—北京：科学出版社，2012
ISBN 978-7-03-033156-4

Ⅰ.①技… Ⅱ.①陈… Ⅲ.①技术哲学-研究-中国 Ⅳ.①N02

中国版本图书馆 CIP 数据核字（2011）第 275627 号

责任编辑：侯俊琳 樊 飞/责任校对：纪振红
责任印制：赵 博/封面设计：无极书装

科学出版社 出版
北京东黄城根北街 16 号
邮政编码：100717
http://www.sciencep.com
北京凌奇印刷有限责任公司印刷
科学出版社发行 各地新华书店经销
*
2012 年 4 月第 二 版 开本：720×1000 1/16
2026 年 1 月第八次印刷 印张：15
字数：260 000

定价：138.00 元

（如有印装质量问题，我社负责调换）

再版前言

Second Foreword

在从笛卡儿到黑格尔和从霍布斯到费尔巴哈这一长时期内，推动哲学家前进的，决不像他们所想象的那样，只是纯粹思想的力量。恰恰相反，真正推动他们前进的，主要是自然科学和工业的强大而日益迅速的进步。

——恩格斯

从西方来看，技术哲学作为一个独立学科的历史，已有百余年；从中国看，却只有近30年的历程。从时间上看，中国技术哲学学科的确立是于1982年，正是陈昌曙先生在这一年发表了《科学与技术的统一和差异》一文，明确提出了科学与技术划界思想，认为技术与科学之间存在着本质性的差异，从而奠定了技术哲学学科在中国的独立地位。然而，陈昌曙先生对中国技术哲学学科的贡献却不限于此。作为我国技术哲学的开创者、奠基者和领航人，先生在哲学的道路上经过了长达近半个世纪的耕耘，始终把关注点集中于技术哲学领域，为我国技术哲学学科的创立和发展做出了不可磨灭的贡献。

先生的代表作《技术哲学引论》首次出版是在1999年的世纪之交，既是对20世纪我国技术哲学研究的总结，更是指明了21世纪我国技术哲学发展的方向。此次再版，不仅是对先生的缅怀，更是为了继承先生的研究基础、研究规范和研究风格。

第一，从20世纪80年代初开始，先生就一直在思考写一本关于技术哲学的书，直到1999年，经过十几年的酝酿，《技术哲学引论》才得以面世。所以本书可以说是先生近20年技术哲学探究的结晶。尽管先生为人谦和，从不宣扬自己的成就，一直自谦本书“肤浅”和“土气”，但从我国技术哲学学科的发展历程来看，不失为奠基之作和里程碑，因此具有不同寻常的价值。

第二，先生在《技术哲学引论》中以问题为起点，提出技术哲学中的10个基础问题，响亮地回答了“在技术中是否存在令人信服的哲学问题”。同时，这些问题也是技术哲学研究中必须予以回答的问题。不回答技术活动的本质特点和要求，就难以说明技术活动与科学活动的差异，技术哲学便失去了作为一门学科赖以成立的前提；不回答技术究竟是什么，就难以确定技术中究竟是物的因素重要还是人的因素重要；不探究技术的社会价值和工程师的社会责任，技术哲学便会离开其肥沃的社会土壤。……如果说大哲学家见微知著，在平凡之处见到真善美，那么对这些基础性问题进行回答则需要艰苦的劳作，而提出这些问题则意味着为一个学科设立了一定的理论基准。

第三，《技术哲学引论》集中体现了先生在技术哲学研究中的理论特色和方法论特征。全书分为四个部分：“本书的前四章，大致可以看做是从总体上讨论技术哲学的对象、历史和基本问题；第五至第八章讨论技术的基本特点；第九至第十一章讨论技术与社会的相互关系；第十二章有点像全书的结论。”先生正是在关注现代技术发展的基础上提出了这些具有哲学性质的重大问题，对这些问题的回答要以对现代技术的真切体验和准确把握为基础，吸收当代哲学研究的新思想，运用强有力的辩证思维和推理，揭示现代技术现象背后的本质。先生长期在东北大学这所以工科为主的高校工作，对现代技术本身有深刻的把握，从书中的实例引用和剖析来看，不难发现这一点。从一般方法论的意义上，比较、辨析、寻找异同是深入探究的有力方法。技术哲学的确立离不开与科学哲学的比较分析。早在20世纪80年代初，先生就著文强调必须注重技术与科学的差异，认为在重视基础研究的同时，不能忽视应用研究。在本书中，先生更是从工程的技术哲学角度，从10个角度比较了技术与科学的不同之处。先生站在哲学家的高度，认为不能单纯强调现代科学对技术发展的指导作用，而应该强调两者的互动，甚至是一体化过程。

第四，《技术哲学引论》体现了先生学贯中西的理论视野和与时俱进、不断创新的学者风范。20世纪80年代初，先生在致力于奠定我国技术哲学研究的理论基础的同时，开展日本技术论的介绍工作，试图借鉴日本的研究成果，把实践中的问题提高到理论的高度去认识。然而，由于日本的技术论缺乏形而上的哲学高度，影响了中国技术哲学的进一步发展。于是，从20世纪90年代起，先生又把视角转向德国、美国等西方技术哲学研究，借去美国探亲的机会收集了大量文献，并对一些相关资料做了介绍。虽然先生总认为自己对国外技术哲学思想的把握只是“皮毛”，却始终坚持引进、吸收、创新相结合的原则，立足中国技术哲学发展和改革开放的理论需求，有针对性地介绍和探讨相关思想，用国外的一些先进理论来研究中国问题，而非就理论研究理论。正是这种“六经注我”的方法极大地促进了中国技术哲学的发展。

先生在1999年全国技术哲学第八次年会上，就中国的技术哲学发展问题讲到了三句话：“没有特色（学科特色）就没有地位，没有基础（技术研究）就没有水平，没有应用（现实价值）就没有前途。”《技术哲学引论》自始至终贯穿着这一原则。后来他又多次重申这个原则，认为技术哲学的研究要有生命力和现实意义，必须立足于自己的学科特色，依靠高水平的基础研究，加强应用研究；必须了解国外动态，合理地对待技术哲学研究中工程传统和人文传统两种倾向。先生的这一指导方针高瞻远瞩、立意深远，指明了21世纪中国技术哲学研究的战略性走向，对今后中国技术哲学的发展具有无法估量的重大价值。

新世纪的西方技术哲学正在经历着“经验转向”、“伦理转向”等，而这一系列的“转向”暗合了中国技术哲学的实践传统。因此，有理由相信，技术哲学这一年轻的学科在中国将有着美好的前景。如今，先生虽已驾鹤西去，却为我们留下了大量宝贵的精神财富。我辈在先生开创的技术哲学领域内，不断取得新的更多成果，不断推进中国气派、中国风格、中国问题的技术哲学的发展，才是对先生最好的缅怀。

陈凡

2011年11月6日

前　言

Foreword

技术哲学，顾名思义，可以理解为关于技术的哲学或从哲学的观点看待技术问题。工程技术工作者和哲学工作者都会涉及有关技术哲学的问题，都有必要懂点技术哲学。

本人想写一本类如“技术哲学概论”、“工程师的哲学”为题的书，由来已久。从1983年写出《简论技术哲学的研究》，至1996年秋陆续发表技术哲学方面的文章30余篇，一直未断这个念头。但又时时感到准备不足，迟迟未能动笔成书。去秋开学终于决心要写这本书了，主要是因为已快65岁，再不能只做准备工作了，何况也该为学生留点参考资料。本书名为《技术哲学引论》，以卸缺乏准备之责。

有人说，做学问、写文章、讲话，与其全面而肤浅，莫如片面而透彻，我赞赏这个观点，但本书必肤浅无疑，这不仅因为整个技术哲学目前还处于起步阶段，还不成熟，还取决于由我的经历、水平和能力带来的三个致命的弱点：一是虽在工科读过大学并在工科为主的大学工作40多年，但本人没有工程技术的实践体验，对工农医领域的技术特别是高新技术了解甚少；二是虽曾在中国人民大学的哲学研究班进修并主要从事哲学教学，但长期在地方工作和生活，疏远国家的哲学学术中心，接触的哲学文献和哲学专家甚少，我研究的哲学只属自谑的“土哲学”；三是虽想少点土气，接触些国外学术动向，还曾在赴美探亲半年中查询外国的技术哲学文献，翻阅过几部技术哲学的专著和专集，但缺乏深入钻研，只知他山之石的表皮。

本书的学术色彩不浓，还有对读者对象定位的考虑。它虽求教于技术哲学的研究者，但主要不是向技术哲学专家争辩；它应当有专著的要求（至少因为目前尚未见到国人撰写的以“技术哲学”为主题词的书），又较多地顾及一般工程技术工作者和工程技术管理人员能看得下去，确切些说，本书只能算是一种“工程的技术哲学”。

技术哲学问题少有定论，多有争议，这反映了学科的幼稚，也反映其有生气。本书当只属一家之言，因更想在书中多自抒己见，偏颇更为难免，也或许这样才有点像“引论”。

本书作为《技术哲学引论》，本应承担起建构技术哲学理论体系的任务，但这件事难度较大，在技术哲学的基本内容还未充分讨论和具体分析时就来构造体系，莫如先用较多的力气来修建构件。这当然不是说本书就毫无框架，只不过本书的体系基本上仍沿袭了自然辩证法研究中“科学技术观”部分的有关要点，且因略接近于“工程的技术哲学”，而与“人文的技术哲学”相去较远。

本书的前四章，大致可看做是从总体上讨论技术哲学的对象、历史和基本问题；第五至第八章讨论技术的基本特点；第九至第十一章讨论技术与社会的相互关系，第十二章有点像全书的结论。

作为前言，还要讲几句与编书有关的话，本书各章均有参考文献，列得不多，但仍需说明：

第一，正文中引用的文献自然也属参考文献，只为免于重复，在各章之后不再列入。

第二，书中各章所列参考文献均不仅限于某一章，而是全书各章的参考论著，只不过以略有侧重，分属各章。

第三，各章的参考文献，有些是真正的参考文献，有的是作者以往的著述，权且列入，一则表白本书内容有些渊源，并非突发奇想；二则表白本书于己或有新意，并非旧话全抄。

陈昌曙

1997 年 9 月于沈阳东北大学

目　录

Contents

第一章　应当从哲学的观点考察技术

人们通常是从工程的、经济的、科学的、管理的角度来看待技术的，工程技术项目、技术经济分析、技术科学化、技术专利等提法早习以为常，然而，能否从哲学的观点来观察和讨论技术，对技术活动作哲学分析，以及这种探讨是否必要和有何益处，至今仍是有待阐明和论证的。从这个意义上说，本章的标题也可以看做是“技术哲学是有必要的吗?”“技术哲学有什么用”，或“技术哲学的意义”。

一、技术中的哲学问题

技术领域中真有令人感兴趣的、值得研究的哲学问题吗?

首先需要明确的是与此不同的一个前提：在技术活动中，大量存在、有重要意义和迫切需要解决的不是一般的学理是非，而是要在处理具体实践问题中取得成效（效率、效用和效益）；提出、识别和解决技术问题需要有发明家、设计师、工程师和企业家们的努力，而几乎用不上哲学家；技术是要动手去做的，工程技术活动与实体器物的创造、应用有关，不能只是提出概念和作解释；技术特别是生产技术要有投入产出的经济核算，不能只是宏论一番以求心理满足。

就此而言，不能把技术与哲学的关系讲得偏于直接，偏于密切，更不要夸大哲学对技术发展的作用，不要把某项技术的成败归结为哲学意识的指导。应当说，哲学与技术的相互影响是通过许多中介环节实现的。在这个关系中首先是哲学受技术状况的影响，哲学的发展得益于技术进步，而不是技术活动受制约于哲学，或技术在哲学支配下发展。对于特定的技术活动（如某种疾病的医疗，某种体育竞技比赛），不可能也不应当由哲学原理和哲学家去承担指挥、引导和控制的责任。技术上的成败得失不能简单地归之于某种哲学思想或学说，不管这种哲学是我们应赞同的，还是我们要反对的。

重复地说，这里讲的哲学也包括本书讲的技术哲学，即同样不能断言技术过程受技术哲学支配，被技术哲学决定，不能把技术的成长和成败归之于技术哲学的指导或制约。技术哲学毕竟仍是哲学，是哲学的一个分支，作为哲学的学科，它也是思辨性、概念性和解释性的，不可能把它用之于制作器物或控制运行，对于经济发展、工程应用和现实生活直接和真正有用的乃是技术活动，而不是技术哲学。

不强调哲学（包括技术哲学）对技术的指导作用，这岂不就成了哲学无用论？我以为，如果这样来判定哲学有用论或哲学无用论乃是一种误解：似乎只有指导才叫有用，有用就要指导，不指导就是无用。实际上，哲学，包括技术哲学，只要正确和能说服人，就是有用的。这里所说的“用处”（或价值、意义），主要是指哲学意识会影响到人们的思维倾向、思维模式和思维方法，会影响到看待事物的原则、对待生活现实的态度和处理问题的方式，特别是会影响到基本概念和基本规范的形成、理解和运用。这些方面的影响是重要的，有时还是巨大的，如果我们的哲学能够对科学技术过程有所影响，有积极影响，正是期望所在。

哲学之所以能对其他领域、其他学科有影响，是因为哲学有着从总体性、根本性和普遍性上来思考问题的特点，或哲学乃是穷根究底思考的结晶和表现。也可以说，凡属从总体上、根本上、共性上进行反思，凡属对问题的穷根究底的追溯，都属于哲学意识的范畴。

从相互影响看，哲学与技术是有缘相会的，在技术领域、技术活动和技术过程中，不仅存在着要靠物质手段和实际经验来解决的具体问题（如装备、工艺、测试、能源、控制、原材料、专利等），又包含和渗透着要靠穷根究底的思考来回答的哲理性问题。技术和技术人员并不是非哲学的或反哲学的因素，工程师和哲学家在许多问题上，特别是在有关技术的地位与作用、技术发展战略与技术政策的认识上，应当和可能有共同语言。技术哲学可以看做是工程师的哲学，为工程师说话的哲学，与工程师对话的哲学，当然也是需要由工程师来说话（参与）的哲学。

例如，以下的一些方面，大致可以说明技术及与之密切相关的领域，是用得上哲学思考的，阐明这些问题需要有哲学的知识、观点、方法和体验，或许还用得上哲学家的协同和帮助。

第一，技术工作者（如工程师）的活动有什么本质性的特点和要求。工程师主要是搞研究、搞科学的，还是搞技术、搞制作的？计算机专业的高级工程师是着重于计算机科学，还是着重于计算机技术？计算机科学与计算机技术，材料科学与材料技术，核科学与核技术，实质上是一回事，它们的区别没有多大意义，只是两者在内容、活动方式和职责上有原则性的不同。技术专家的知识结构、行为规范和风格，与科学大师有何差异？

第二，搞技术与搞工程有什么关系。是否搞工程必然是搞技术，搞技术必然在搞工程？高水平的技术专家（如中国科学院技术科学部院士）何以不都是高水平的工程专家（如中国工程院院士）？工程活动除要有自然技术或通常说的工程技术，是否还有所谓或用得上社会技术？

第三，技术究竟是什么？是本领、能力，是知识、方法，还是器物、劳动手段或这些因素的加和？在技术活动中，头等重要的是发挥人的能动性、创造性，还是物的因素如运用先进的设备？

第四，在工程技术活动中，如何使高新技术与基础技术协调匹配。高技术、新技术、高新技术各有何特点。是否在技术上就是越高越好、越新越好，怎样看待和对待“适用技术”、“中间技术”，怎样既在技术上不断“上台阶”，又使高新技术同已有基础间恰当“接合”？

第五，技术发展有什么样的规律性。一种新的技术规范是怎样孕育、产生、形成，又是怎样成熟、老化、衰亡和被取代的？各种技术怎样互相结合，建构为技术体系，主导技术与支撑技术怎样才能有最佳的匹配？在技术进化中常规的是不断革命、飞跃，还是持续地积累渐进？政治革命、科学革命与技术革命有何异同？

第六，企业的技术怎样才能实现创新。一个企业的技术，是否必然经历“先进→老化（陈旧）→改造→再老化→再改造”的过程，技术改造的重大任务或特殊阶段是否不可避免，怎样避免？技术改造有几种模式，技术改造的挫折或成效不大、得不偿失有什么根本性的经验教训，如何看待和对待所谓“不改造是等死，改造是找死”的问题？

第七，技术的社会价值和工程师的社会职责。怎样理解科学技术是生产力，科学是否必须经过技术才能成为生产力？怎样衡量一个国家、地区或企业把科学技术落实为第一生产力，或在生产力的发展上科学技术乃只有第二位的、次要的作用？工程师应怎样处理好技术的生产功能、经济效益、环境后果、伦理义务与政治法律约束的关系？

第八，技术的发展和应用需要怎样的社会支持？技术活动需要以何种经济体制、管理模式的保证。与生产管理、行政管理、营销管理相比，技术管理有何特点？何谓技术发展战略、技术方针、技术政策、技术规划，怎样去制定，它们对技术活动有何影响？

第九，技术人才的成长有什么特点和规律性？工程教育与文科、理科教育有什么重大的和本质性的区别？作为工程技术人员应有怎样的思想修养、知识构成、作业技能，从一个工科大学毕业生到足以胜任的工程师、高级工程师，需要哪些内外条件？

第十，从事技术活动需要掌握哪些方法，什么是现代工程技术的方法论？怎样在工程技术领域运用系统方法、优化方法、试错方法，合理地进行模拟试验、中间试验，做出有创造性的设计和发明？

人们或许会说，上面讲的这些虽然与工程师有关，也很重要，但大都不是哲学或用不上哲学。为了说明这里用得上哲学思考，再略为具体地举一个例子——在技术引进的工作中怎样衡量消化吸收的程度和好坏，也即是说，消化吸收引进技术的工作怎样会同哲理性思考相关。

几年前，我们曾就技术引进状况到企业做过调查，关于技术引进，首先涉及的是对引进方的国别选择、技术选择、技术贸易谈判、资金筹措、知识产权、装备验收、图纸识别、性能测试、诀窍分析等具体问题，几乎与哲学无关。然而，在怎样对待引进技术，例如，在衡量对引进技术的消化吸收上，却遇到了超出实际工作的基本概念、基本原则问题，又同哲理性思考有关。

例如，我们在两个产品类型、企业规模和效益状况相近的机械厂，在与企业管理人员和工程技术人员座谈中就听到了颇不相同的反映：一个厂子（甲厂）认为他们基本上做到了消化吸收从国外引进的先进技术，估计其消化吸收率已达到80%以上；另一个厂子（乙厂）则认为他们基本上没有消化吸收引进来的技术，估计消化吸收率不足20%。

开始，我们对这两个在管理体制、人才结构诸方面的企业为何在技术引进的消化吸收上有这样反差，感到迷惑不解。经过进一步了解才发现，这两个厂子在认定消化吸收的标准上就是不大明确和不统一的。大体说，甲厂认为能够把从国外买来的设备正常开动起来，正常操作进行生产，就基本上算是消化吸收了别人的技术；乙厂则倾向于认为要从道理上理解引进的技术，弄懂其技术奥秘，并能有所改进或革新才叫做到了消化吸收，否则就只是“吸”而未“收”。甲乙两厂在消化吸收率上的超过80%和不足20%的差距，主要不是来自对引进技术的具体工作，而是来自两厂衡量标准上的不同尺度。

与此相关又引发进一步的思考：对于同一行业（如机械制造业）的不同企业，是否应当和可能有一种关于消化吸收外来技术的通行准则，还是根本不存在和没必要讨论这种通行准则。如果有必要探讨这种通行准则，从而有助于衡量、比较不同企业的工作，那么消化吸收引进技术的主要标志或指标该怎样确定，或应有何种内容的指标体系。再者，对于不同行业（如冶金业、机械制造业、电子业），在消化吸收引进技术的水平和程度上，是否具有以及有着何种共性标准呢？

再从另一个略深的层次来思考，对于技术，何以必要和可能把它同消化吸收扯在一起，把它们联系起来是有理的吗？本来，对食物等的消化吸收乃是生理学的概念，有什么根据和条件把它运用于生理学以外的技术领域呢？生理学讲的消化吸收有其明确的内涵。动物的消化吸收，一有明确的过程和阶段，如从口咀嚼到食道、胃（有的反刍）、肠；二有明确指标，如可以从吐出物和排出物分析消化吸收的程度。那么，一个国家或企业"吃"了别人的技术也有类似的消化吸收，类似的口胃肠，类似的排出物鉴别，抑或根本上是两回事。如果可以作某些类比，那么，吃了技术的消化吸收，类似于吃了食物那样，又有何种特殊的阶段、特殊的指标呢？

这样的考虑和探究难免是思辨性、概念性的，包括可能要给"技术的消化吸收"、"消化吸收率"、"技术转移率"、"技术梯度"等概念下定义，这样去咬文嚼字，所花"工夫"不多，但却并非毫无意义。对消化吸收引进技术的过程和尺度的推敲，可能会有助于提高技术引进工作的自觉性，有助于搞好对引进技术的管理。

推敲消化吸收引进技术的过程和尺度，无论是自觉地或不自觉地，都需要哲理性思维，而不能只靠专业知识。例如，人们可以提出或选择这几种观点：①对引进设备能使用、能维护、能修理是做到消化吸收的基本标准；②只有做到了能理解、能改进、能创新才算做到消化吸收；③消化吸收主要不是技术概念，必须把外国技术与本国本土企业的实际相结合，取得经济效益，才是完整的、名副其实的消化吸收。诸如此类的意见都不能只靠机械的、冶金的、化工的知识得来，还要靠经济的、管理的、社会的知识，特别要靠对各种知识的综合、概括和总结。机械厂的工程师在作这种推敲时已超出了切削专家、数控专家的身份，实际上进入到跨专业的哲理性思维的圈子。

工程师是需要哲理思考，需要一点技术哲学的，前面列举的 10 个方面就是工程师会涉及或会关心的问题，也是技术哲学要研究的内容。

工程师与技术哲学的关系可能有多种情况。首先要指出的是，工程师不看技术哲学的书刊，也会在一定程度上达到或接近于技术哲学的观点，只要他们在自己的实践中去琢磨、总结、概括。问题在于这条道路相对漫长，得到的结论往往缺乏明晰的条理，还可能不够正确、不够系统和不够全面。如果他们能看一点技术哲学的论著，并且与自己的体验对照，就会较快地得到有益的启示。

其次，工程师也有不同的类型和层次。有的刚从事设计、制造、操作、维修和管理工作，有的是工作多年的高级工程师或担任一定领导职务的总工程师，后者常常与技术活动的战略、政策、规划的制定和执行相关，更需要有技术哲学的观点和方法。何况是现代企业的工程技术人员呢。如果我国的工程师们有多一点的人懂点技术哲学，如果我们的工程师中还有个别的人参与到技术哲学的研究、宣传中去，或许会有益于处理全局性的、根本性的重大技术问题。

二、哲学中的自然改造论

工程技术哲学的意义可以简单地表述为相互关联的两个方面或两句话，即它是工程师的哲学，它是哲学中的自然改造论。后一句话实质上是讲技术哲学在整个哲学体系中的地位和作用，讲技术哲学何以能成为一个相对独立的哲学分支，讲它的学科主题和理论意义——如果不从这个方面说明技术哲学何以成立，有何内容和何以重要，技术哲学的工程意义和它与其他学科的关系也会讲不清楚。如果技术哲学在哲学中就是无需无用或用处不大的，它还会有什么别的价值呢？

何谓哲学，它是否包容和怎样包容技术哲学，以及它是否包容着诸如历史哲学、宗教哲学、艺术哲学、语言哲学、物理哲学、生物哲学、管理哲学乃至人生哲学、体育哲学之类的“部门哲学”，乃是一个有争议的问题。这里只能简略地作点述评，当然只能是一孔之见。

一种长久被公认的观点认为，哲学是关于世界观的学问，是人们关于世界的总的看法，哲学的对象是关于自然界、社会和人类思维的普遍规律的。按照这种观点，只有世界的物质统一性（或存在即被感知）、量变到质变（或预成渐进）之类才属于哲学命题，因为它们都是对于整个世界的总的看法；原来主要在某一学科、某一领域形成的概念，如进化、价值，只有在它们既反映自然又反映社会还反映思维过程时，才是哲学范畴；至于只能反映自然界（例如 $E=mc^2$），或只能反映社会历史（如国家的产生和消亡）的规律性，虽会有哲学意义，但其本身还不是哲学见解。

按照这种观点，技术哲学以及其他的部门哲学或是不能成立的（因为它们缺乏哲学的普遍性），或是不应成立的（因为这样一来就会导致要确认力学哲学、电学哲学、内科哲学、外科哲学、足球哲学之类），这类部门哲学即使成立也只能是哲学原理在某个待定部门的应用，最多只能有哲学应用或应用哲学的名分。如我们承认的技术哲学，只能是马克思主义哲学在工程技术领域的应用。

认为哲学必须是和只能是对整个世界的总的看法，是世界观和方法论统一的观点，显然是有理由的，我们应慎用哲学、革命等概念，而不要随便把什么东西置于它们之前，不要轻易使用健美哲学、炊具革命的提法。哲理总该在相当程度上具有其整体性或总体性、普遍性或普适性、根本性或根源性，跨度太窄、对象太专和触入太浅是不宜称之为哲学的。

但是，我们又不应当把哲学神秘化，不该使之过度抽象，不要把它架空。可以认为，哲学是可分为若干个层次的，如果把对于整个世界的总看法作为最高层次或第一层次；那么，对自然界或对社会历史或对人类思维的总体性观点则属第二层次，即有广义的自然哲学、历史哲学和逻辑哲学；还可以设想按物质运动形式或社会活动分工的总体思考，划分出第三层次，就此而言，物理哲学、医学哲学、艺术哲学、伦理哲学等的存在是有理由的，最高层次的哲学不能离开其第二层次、第三层次而孤立发展。

对于第一层次或最高层次的哲学是什么，还有一种不同的观点，即不强调哲学是对整个世界的总的看法，不认为哲学的对象是关于自然、社会和人类思维的普遍规律，而主张哲学乃是思维方式，认为凡属总体性、根本性的思维就是哲学，如穷根究底地反思美和美感就是艺术哲学。相反，即使事关自然、社会和思维的普遍性但并非穷根究底的反思，也不属哲学。如数学、信息论的概念和规律就不仅适用于自然，还适用于社会和思维过程，但数学、信息论本身还是具体科学（横断科学），不是哲学。

本书不可能详细评述有关哲学的诸种定义，而只采用一种较为人们可接受或赞同的规定，即认为："哲学就是从总体上教导人们善于处理和驾驭自己同外部世界的关系的学问。"① 对此可以理解为：哲学的内容是从总体上讨论人与外部世界的关系，人的外部世界首先和从根本上乃是自然界，人与自然界的关系乃是哲学的根本问题至少是根本问题之一。

如果以人与自然界的关系作为哲学的中心内容和根本问题，又可以把它分

① 肖前主编，马克思主义哲学原理（上册），中国人民大学出版社，1995。

为三个方面或三个从属层次的学科，三个相互关联的分支，即：

(1) 狭义的自然哲学，自然本体论或自然发展论，如讨论自然系统的结构，自然过程的确定性与随机性，自然演化及其机制；

(2) 科学哲学，自然认识论或科学认识论，如讨论科学问题与科学观测的关系，经验与理性的关系，科学真理的形成和评价；

(3) 技术哲学，自然改造论，在这里我们把它们看做是同一的东西或大致上是同一的，尽管二者有区别。

在后面的章节中，将会对自然、科学与技术的关系，对自然哲学、科学哲学与技术哲学的关系，对自然本体论、认识论和改造论的关系作进一步的分析，本节要着重说明的是：自然改造有其相对独立的研究内容，技术哲学是相对独立的分支学科；技术哲学不能简单地归结为是哲学的一般原理在技术领域中的具体应用，相反，哲学的一般原理要依赖于技术哲学及其他分支学科的发展，技术哲学的发展会促成一般哲学原理的提出和形成，会充实和丰富一般原理，验证一般原理。在这个意义上，哲学家都应关心技术哲学的进展，重视自然改造论的哲学意义；或许还应有一些哲学家更侧重于技术哲学的研究，参与自然改造论的建构。

自然改造论或技术哲学的内容，除了上一节提到的与工程技术活动有关的那些方面，主要从有哲学意义考虑，大致有以下一些问题。

第一，人类怎样从自然界分化出来，又怎样成为自然的“对立面”。人与自然界的关系，同其他动物与自然界的关系，有何重大的或本质上的区别。有些高等动物也会使用树枝、石块作为工具，也会在自然界、自然环境上留下自己活动的印记，也会给周围的自然条件造成一定的变化，也有其心理活动、情感、意识（如记忆），乃至会搞“阴谋诡计”，人与这类动物相比究竟有什么原则的不同。

第二，人与自然的关系，包括哪些基本的方面。人类可能从哪些方式对待自然，是作为崇敬的对象（如自然神）、赞赏的对象（自然美）、认识的对象（自然科学）、爱护的对象（如自然保护法）、改造的对象（人工自然）或这些兼而有之，自然界又以哪些方式作用、支配和控制着人们。人对自然界的利用改造，与人对自然界的从属依赖，怎样既互相对立，又相辅相成。自然界何以可能会报复人，怎样“去”报复人。人在什么条件下能保持与自然界的平衡协调，在人与自然的关系上我们需要什么样的生态平衡。

第三，人与自然的关系，经历过哪些基本的发展阶段，这些阶段应作何种划分。在各个历史发展阶段上这种关系有哪些特点。不同时代、不同地域、不同民族的人们，在对待和处理人与自然界的关系上，各有什么区别，有哪些代表性的观点（如天人合一，人定胜天）。在现代条件下，人对自然界在多大程度和哪些方面还有着被动依赖关系，人们改造自然的主观能动性还有怎样的限制和约束。

第四，人类认识自然与人类改造自然有什么联系。认识自然的活动需要实践，改造自然的活动本身便是实践，那么这两类实践有何关系。认识自然会得到知识，改造自然离不开知识，这两类知识各有何特点。人们在认识自然中有对自然过程、自然体系的复制与建构，人们在改造自然中也有对自然过程、自然体系的复制与建构，如实现人工降雨、生物的基因重组，这两类复制与建构有何异同。人们在认识自然中的能动性、创造性，与人们在改造自然中的能动性、创造性，各有什么特点，相互间有什么区别与联系。

第五，在人与自然的关系中有什么中介环节，技术作为人们能动地改造自然的中介和手段，在本质上是什么。技术包含哪些组成要素，这些要素怎样相互作用构成技术体系，技术活动有哪些演化阶段，这些阶段怎样构成动态的技术过程。人们通过技术以哪些方式或形式作用于自然界，技术和技术活动有哪些类型。技术除了具有自然属性、通用性，是否还有地域性、民族性乃至阶级性，技术的自然属性与技术的社会属性有怎样的关联。

第六，人们利用技术和天然自然，创造人工自然或第二自然（有人主张应称为人化自然、社会自然）。与天然自然相比，人工自然有哪些特点，人工自然的形成和发展有什么特殊的规律性。人们在创造人工自然的过程中可能怎样去利用自然规律，人们是否可能选择、强化、弱化、抵消乃至排除某些自然规律。人工自然的演化，在哪些方面不同于天然自然的演化，人类生活与人工自然的关系，同人类生活与天然自然的关系有何不同。

第七，人与自然界的关系，怎样规定、制约着人们的相互关系或社会关系。在人与人之间除了有社会经济关系、财产关系，是否还有主要与变革自然相关的技术关系？如果人与人之间有技术关系，这种关系在阶级社会中是否有阶级性，这种关系对技术的发展和应用起什么作用。如果说人与自然界的关系（技术、生产力）决定着人们的技术关系和社会经济关系（生产关系），并从而决定着社会的上层建筑和意识形态，这与技术决定论如何划界，是否存在着我们该赞同的技术决定论乃至马克思主义的技术决定论。技术活动、技术体系作为重要的社会存在，它对社会意识的内容、性质和发展有什么影响，科学意识、技术意识、产业意识同反映经济制度和政治结构的社会意识相比，在功能、意义上有何区别，技术伦理、技术美、技术法有何性质，技术文化、技术的文化、技术中的文化是否一回事，这种划分有无意义。

第八，人类改造自然，或技术的发展和应用，需要什么样的社会支持系统。人工自然的创造需要怎样利用社会规律和依靠何种社会保证，能源、材料、信息的合理利用需要何种社会条件。社会的技术决定论，与技术的社会决定论，有何内在联系。社会的经济制度、资本、政治生活、军事、文化教育、伦理、艺术等，对技术战略的制定和选择，对技术活动的方向和成败，是怎样起制约作用的。

第九，怎样看待和对待人类改造自然带来的消极后果，或技术的负面作用。当今世界存在的人口问题、资源问题、环境问题主要与技术有关，或主要是社会问题。现代技术同劳动的异化、非理性化与人性的丧失有何关系。对技术悲观主义该作何评价与持何态度：技术悲观主义是荒谬的、该根本否定，或主要是合理的、应充分借鉴。人类究竟能否预测其变革自然造成的长远效应，还是在本质上无法做出确切的技术评估。

第十，怎样实现人与自然的持续协调，及人类自身的持续发展。从哲学的观点看，可持续发展问题有哪些值得研究的内容。我们当今的自然观、科学观和技术观仍然是以人类为中心的，是否应当和可能转向一种非人类中心主义的自然观、科学观和技术观，还是应当由旧的、传统的人类中心主义转向新的人类中心主义——后者的基本出发点是什么，新在何处？作为天然的自然物、资源（如土地、矿产）和自然环境有没有社会价值、有什么价值、何以有价值，怎样科学地计算其价值、实现其价值。

上面列举的这些方面都是自然改造论应当和可以研究的，都是技术哲学得以成立的理由，特别是人文的技术哲学要着重考察的内容，探讨这些问题都对最高层次的哲学或“大哲学”会有意义。近些年来，哲学界围绕实践唯物主义开展了较深入的讨论，这种讨论对技术哲学或自然改造论的研究有推动、有启示、有指导，同时，技术哲学或自然改造论的研究也会推进实践唯物主义，甚至可以说，离开自然改造论或只讲科学哲学不讲技术哲学，实践唯物主义就会被架空。

为了开展技术哲学的探讨，如果说工程师要对具体的工艺、设备、操作有所超越、超脱，要较多地投入穷根究底的思考，重视从总体、根本上看问题，推敲基本概念，那么，对哲学工作者来说，则要对一般的原则、范畴、思辨有所超越、超脱——不是要上升到更高的云霄，而是要下降到凡人的尘世，较多地了解变革自然的实际进程，重视对具体问题的具体分析，关心生产、实践、技术活动，充实工程知识。哲学工作者要研究科学认识论却不钻研任何一门自然科学，或要阐发实践唯物主义却不深入任何一个工业部门，是不会胜任愉快的。

技术哲学或自然改造论的内容和意义，在本书第二章和以后的章节中将进一步作历史和逻辑的说明，这里仅引述马克思讲过的一句名言："哲学家们只是用不同的方式解释世界，而问题在于改变世界。"[①] 是否可以说，无论是从事自然哲学、科学哲学，还是从事技术哲学研究的哲学家都是在解释世界，而前者主要是对自然本身和自然认识的解释，后者主要是对改变自然的解释——这正是技术哲学的特点、优点和意义之所在。

上面列举的那些方面的内容（包括前一节提及的问题），不仅对哲学研究是重要的，而且对研究历史、经济、社会、管理也是必要的，或者说，历史学家、经济学家、社会学家和管理学家们也有必要了解技术哲学，他们也有必要从人类改造自然、技术的本质和技术的发展去说明历史过程、经济现象和社会生活。

三、技术哲学与相邻学科

技术哲学可以简单地定义为是对人类改造自然或对技术过程的总体性思考，是关于技术发展的根本观点和普遍规律的学问。为了略为具体地把握何谓技术哲学，还需把它同相邻、相近的学科作点比较。与技术哲学相关的学科较多，包括科学哲学、科技法学、创造学、人体工程学等，而更密切相关的则是技术史、技术经济学和技术社会学三个学科。

技术史、技术的历史学研究是技术哲学的基础，技术哲学应当是技术史研究的总结和概括。科学技术史研究有广泛而重要的哲学意义，列宁在提出哲学研究的任务时指出："要继承黑格尔和马克思的事业，就应当辩证地研究人类思想、科学和技术的历史。"[②] 我们在阐述某个哲学观点时，往往采用原则加例子的说明方法，即先讲一般原理再列举一两个实例，其实，这种在通俗宣传可能采用的方式并不就是哲学原理的论证和研究。马克思主义哲学的观点和原理，都既不是空泛抽象的理论，也不是只由一两个个别事例的简单枚举中归纳出来的，而是人类认识世界和改造世界成果的结晶，即需要有历史的论证。列宁在讲到因果性原理时曾说，可以用自然史和哲学史上的例子来说明认识原因的重要性，但他随即又说："更确切些说，这里不应该只谈'例子'——比较并不就

---

① 马克思恩格斯选集（第1卷），人民出版社，1972。

② 列宁全集（第38卷），人民出版社，1974。

是论证——而是自然科学史和哲学史+技术发展史的精华。"[①]

技术发展史是构成整个哲学研究的重要知识领域，尤其是技术哲学研究的根据。要探讨上两节论及的每一个问题，无一不需要立足于技术史的现实进程。不仅考察技术的起源、科学的技术化、技术的科学化之类的命题离不开技术史——这类命题本身就是历史性的，而且，要考察技术的本质、科学与技术的关系、高技术的特点、信息在人类改造自然中的作用、自然界的"报复"之类的问题时也离不开技术史。

对技术哲学的理论或逻辑有重要意义的技术史包括两个相互联系的方面，一方面是客观的技术本身的演化史、技术的本体史，如古代的技术状况、近代的技术变化、现代的技术趋势；另一方面是主体的技术概念的演化史、技术的认识史，如古代的技术概念、近代的技术定义、现代的技术学说。技术哲学是这个方面的历史与逻辑的统一。

技术史对技术哲学研究必不可少，技术史同时又需要有技术哲学的研究。对技术发展的历史分析必然会涉及怎样给技术划界、技术分类和分期以及技术演化的规律性（如技术的生命周期）之类的内容，而不应只是有关发明活动和发明家的资料堆积，技术哲学与技术史是相辅相成的。

技术哲学与技术经济学是密切相关的。问题是，人们对技术经济学的对象是有不同理解的，简言之，一种观点认为技术经济学应主要着眼于对技术方案的经济效益计算，进行投入（成本）产出（产值）分析，也可以称之为生产或工程的节约学；另一种观点则认为技术经济学应更侧重于研究技术与经济的相互关系，以及制约这种关系的规律性，或可把它称之为经济的技术学。尽管技术经济学内涵认定观点不一（至少有四五种），它们都会涉及技术与技术进步的概念，都在不同程度上与技术哲学相关。

侧重于探讨技术与经济相互关系的技术经济学，与技术哲学的关系更为密切。例如在许晓峰著的《技术经济学》一书中不仅有"技术的含义"和"历史上科学家们关于科学技术发展及其作用的理论"的小节，还讨论了"技术进步与经济增长"（包括"技术进步的含义"、"技术进步发展环境"、"技术进步的机制"、"技术创新"等），"技术市场"（包括"技术商品的形成条件"、"技术商品的生产"等），"技术引进"（包括"技术引进的含义"、"技术引进的方式"等），"技术选择"（包括"技术选择的概念"、"技术选择的原则"等）。这些章节的内容特别是概念的含义大都是技术哲学也会论及的，技术哲学与技术经济学有多

① 列宁全集（第38卷），人民出版社，1974。

方面的互相交叉。

技术哲学与技术社会学的关系最为密切，两者是很难分开的姊妹学科。特别需要指出的是，尽管在学术刊物上已有一些讨论技术社会学的文章，尽管有的科学技术哲学（自然辩证法）博士点已把技术社会学作为研究方向，技术社会学目前还处于起步阶段，还远未达到成熟的程度。在国外，已出版了《产业社会学》、《环境社会学》、《科学社会学》等专著，但至少我还未见到以技术社会学为名的著作。

不管技术社会学的现状如何，对技术作社会学的研究是应当和可能展开的，在现实生活中存在着许多需从技术社会学来考察的问题。例如，以下的方面就属于技术社会学要探讨的内容。

第一，技术发展与社会需求。技术社会需求的多样性，现实需求与潜在需求的关系，人类需求与阶级需求的关系，政治需求、军事需求对技术活动的影响。工程技术目的的社会制约性，技术目的与社会利益，技术的中立性与技术对社会价值的负荷。

第二，技术的自主性与技术的社会选择。技术是否不依赖于人的选择而自主发展、自我增长，人们能否和怎样去选择这一种或另一种技术，不同的民族、不同的国家在技术选择上有何特点，这种选择与社会制度、社会文化有何关系。

第三，技术的社会化过程。技术如何被社会所认同和接受，技术的发展和应用需要有何种社会的支持系统，而不仅是有市场的拉力和科学的推力。

第四，技术对时代的划分、社会的划分、国家的划分有何意义。所谓石器时代、铁器时代、蒸汽时代、电气时代、信息时代与技术状况有何联系。所谓农业社会、工业社会、后工业社会，以及所谓不发达国家、发达国家又与技术状况有何联系。从社会经济制度去划分社会和国家，与从技术发展、技术水平去划分社会和国家，有什么关联。

第五，对技术的社会思潮的评价。技术主义与反技术主义的分野，技术的社会悲观主义与技术的生态悲观主义的区别和联系。技术统治论和专家治国论的合理性问题。

第六，技术共同体及其地位和作用。技术共同体的特点和形成，技术共同体的社会结构和社会互动，社会环境、社会心理和社会文化对技术共同体的影响。

第七，技术发展战略、技术政策与社会经济发展战略和政策的关系。技术战略与企业战略的整合，研究与开发的社会决策，技术和知识产权的关系。

第八，不同国家（如中国、美国、日本、印度）和不同产业（如采矿、机械、化工、电子）的技术发展及对它们的比较研究。

这里列举的内容肯定是不充分和不甚确切的，但仅从这些方面已可以看出，它们与前两节提及的技术哲学问题大都难以作明确的区分，即难以判断哪些方面显然只属于技术哲学而不属于技术社会学，或只是技术社会学的研究对象而算不上技术哲学。这种情况或许主要是由以下两个方面的因素决定的，技术哲学与技术社会学的难解难分有其必然性。

一方面是由于技术社会学的不成熟，它还处于技术哲学的孕育中，还没有分化成为有相对独立内涵和外延的专门学科，而只能以亦此亦彼的方式存在。从这点看，也许经过若干年的深入研究，技术哲学将会与技术社会学有较清楚的划分，就像科学哲学与科学社会学在今天已有了较明晰的界限那样——虽然科学哲学与科学社会学现在仍然是相互交叉渗透的。

另一方面也是更重要的原因，是技术哲学本身难免的或固有的特点。与科学特别是自然科学相比，技术有着明显的、更强的社会相关性，要从总体上、根本上思考技术，探讨技术的产生、发展和应用，必然要与社会生产、社会经济体制、社会需求、社会文化等“纠缠”在一起，抛开社会因素的“纯技术哲学”是不可能设想的。当然，也不可能存在脱离技术哲学的“纯技术社会学”。就这点看，即使技术社会学与技术哲学将来会有更明确些的分工，它们仍会在许多方面是交叉的、亦此亦彼的，只不过两者的相关程度不同罢了。国外的技术哲学有所谓“工程的技术哲学”（engineering philosophy of technology）与“人文的技术哲学”（humanities philosophy of technology）两种倾向，后者就是更具有技术社会学色彩的技术哲学。

正是基于这两个方面，本书作为技术哲学的引论，虽力求侧重于从根本性哲理上探讨技术，虽更多地有着工程的技术哲学的性质，同时也包含着某些技术社会学的内容。在某种意义上，本书似可看做是技术哲学与技术社会学的引论，只不过因为有关技术社会学的内容实在不够系统和深入，不敢妄用这个名称。

参考文献

陈昌曙.1983. 简论技术哲学的研究. 东北工学院学报，(1)：34～48

陈昌曙.1985. 技术是哲学研究的对象. 自然辩证法通讯，7 (3)：5～11

陈昌曙.1996. 重视技术哲学. 见：当代哲学丛书编委会编，今日中国哲学. 南宁：广西人民出版社

陈昌曙，陈凡.1995. 方兴未艾的技术哲学. 见：孙小礼主编，现代科学的哲学争论. 北京：北京大学出版社

陈凡，陈昌曙．1991. 当代技术哲学若干理论问题引论．哲学研究，(2)：42～49
陈念文等．1987. 技术论．长沙：湖南教育出版社
邓树增．1987. 技术学导论．上海：上海科学技术文献出版社
拉普 F〔德〕．1986. 技术哲学导论．刘武等译．沈阳：辽宁科学技术出版社
钱学成等．1994. 技术学手册．上海：上海科学技术文献出版社
远德玉，陈昌曙．1986. 论技术．沈阳：辽宁科学技术出版社
邹珊刚．1987. 技术与技术哲学．北京：知识出版社

第二章　技术哲学的生成

技术哲学作为人类改造自然的根本观点或对改造自然的总体性思考，并不是突发生成的。它的出现首先取决于人类对自然界的变革和利用已有了较大的规模，技术的发展已达到了可观的水平，还取决于哲学家们视角导向和注意力的转移。

纵观技术哲学的演化，大致可发现两个特点：一是它的成型晚，作为学科的技术哲学的创立只是100多年前的事，历史哲学、道德哲学、宗教哲学、艺术哲学以及自然哲学、科学哲学，都比技术哲学的资格老、名声大；二是它发展快，技术哲学从19世纪末在德国诞生，迅速传到日本、美国等国，在百年中有了长足进步。

考察技术哲学从萌芽、产生、发展的过程，对于明确它的定位、内容和意义，是很有必要的，为此就有必要从人类改造自然的视角重新审读整个哲学史。但由于本章仍然是导论性质的，只能作简要的介绍。

一、技术哲学思想的萌芽

就对人与自然界关系的哲学探索看，大体上有自然哲学、科学哲学和技术哲学三个方面，这个逻辑的划分，同时又反映历史的演化，即先有古代的自然哲学，再有近代的科学哲学，继有现代的技术哲学。但是，这个逻辑的和历史阶段的划分并不是截然分明的，并不是说在自然哲学为主和科学哲学兴起的阶段就没有任何萌芽状态的技术哲学思想。

自然哲学早已产生。无论是古希腊人认为世界万物的本原是水、火、气或原子，还是中国古代的五行说、阴阳说，都属于自然哲学。在西方，古代的自然哲学尤其是那时的主导哲学，古代技术哲学思想的萌芽则蕴含于自然哲学中，或者说，古代的某些技术哲学观点是被自然哲学化了的，以致需要我们把它们从自然哲学的庞大体系中"发掘"出来，还其技术哲学观点的本来内涵。

著名的古希腊哲学家亚里士多德的自然哲学包罗了极为广泛的领域，其最有代表性的观点是他提出的"四因说"，即认为自然万物都由质料因、动力因、形式因和目的因构成。就主要的和直接的含义说，亚里士多德的四因说指向所有的自然事物，似与人类改造自然和技术过程无关。然而，第一，在亚里士多德看来，在技术中同样也有四因存在，如建筑过程中就有质料因（建筑材料）、动力因（建筑师）、形式因（设计图纸）和目的因（为了居住）。这种看法从今天来评价也是颇有见地的技术哲学思想，由此可讨论技术目的、技术设计、材料和技术人员的作用及它们的相互关系。第二，更为值得注意的是，亚里士多德正是从技术有四种因素出发，推广到自然万物是由四因素构成的，例如他在证明目的因的存在时就说过："如果在技艺中有目的存在，那么在自然中也有目的存在。"①

在亚里士多德的哲学中还有其他一些很有启示的技术哲学思想。例如他认为："一般的说来，技艺一部分是完成自然不能完成的东西，有一部分是模仿自然。"② 如果我们联系到塑料加工、基因重组、作物种植和人工降雨来思考这句话，可能会发出一篇议论。再例如，亚里士多德还认为，无论是社会的阶级、美德和技艺，都应当"居间"和适中，避免过富或过贫、过多或不足，"每一种技艺之所以做好它的工作，就在于选择居间者，并以它为标准来衡量其作品"③。如果我们联系到生产和工程中的性能价格比的确定，就会发现技术活动中不仅难免要持居间和折中态度，甚至可以说，谁更善于找到合适的折中点，谁就是更合适的工程技术者。

在古希腊，还有些别的哲学家提到技术。例如比亚里士多德略早些的阿那克萨戈拉（约公元前 496～前 428），就认为人与其他动物的区别在于人有技术。"在体力和敏捷上我们比野兽差，可是我们却使用我们自己的经验、记忆、智慧和技术。"④ 苏格拉底（公元前 468～前 400）在讲到手艺人希望自己用其所学时，提出了一个颇为深刻和超前的问题："那些研究天上的事物的人是不是在想，在发现了支配每一件事物的规律之后，能够随心所欲地制造风、雨、季节

①②③ 北京大学外国哲学史教研室编译，古希腊罗马哲学，三联书店，1957。
④ 北京大学外国哲学史教研室编译，西方哲学原著选读（上卷），商务印书馆，1981。

变化以及诸如此类的事物？还是没有这个打算，只是满足于知道自然是怎样化生万物的。”[①] 苏格拉底本人就经历过从更加关心自然，转到更加关心“人事”。

与亚里士多德同年代的柏拉图（公元前427～前347）则从另一种立场提及技术和技术知识。他认为，在一个理想的国家中有各式各样的知识，然而，说这个国家有智慧，有妥善的谋划，并不是因为它有木匠的知识（木匠的知识只能长于建筑技术），并不是因为它有铜匠的知识，也并不是因为它有种地的知识（种地的知识只能得到农业发达的名声），尽管铜匠、种地的人要多得多，却只有最少数监国者的知识，体现在统治者身上的治国知识，才是真正的智慧，也才配称为智慧，在柏拉图看来，一个秉性该做手艺或该做买卖的人是不配挤进军人乃至谋国者行列的，这种互换会损毁国家。

在中国古代的自然哲学中，最著名、最有代表性的一种观点是“五行说”，它认为金、木、水、火、土是构成世界万物的基本元素。然而，这种观点同时又应看做是当时技术活动的写照，或是古代的一种朴素的自然改造论，并且有着中国特色。

首先，古希腊人认为水、空气、火和土是构成万物的基本物质元素，古印度的哲学家认为地、水、火、风是万物的本原，而中国的“五行说”则多讲了金、木，这除了反映了当时在生产中已广泛使用木器（也许在人类的铜器时代之前，合乎逻辑地还应有木器时代），并开始利用金属物质（在我国的商、周时期人们已利用了铜、银、金、铅、铁）。或许可以说，对金、木的重视是与古代的农业和手工业相关的。

其次，中国的五行说还有五行“相生相克”的关系，从中既可以看到古人对自然过程的认识，也可以看出人类改造自然的总结。例如在“木生火、火生土、土生金、金生水、水生木”中的木生火是指“木性温，暖伏其中，钻灼而出”，即钻木取火。在“木克土、土克水、水克火、火克金、金克木”中，则有耕作、水利、冶炼金属和木器加工的影子。

中国古代的自然哲学还反映在那时的技术典籍，从中更可以看到自然改造论的观点。春秋末齐人的著作《考工记》是一部手工业技术规范的总汇，其中就讲道：“天有时，地有气，材有美，工有巧。合此四者，然后可以为良。”即指精良的器物需要有天时、地气、材料和工巧四个条件。与《考工记》同时期的《吕氏春秋》则是我国古代农业技术经验的总结，它除了讲耕地、播种、除草等，还从总体上指出：“夫稼，为之者人也，生之者地也，养之者天也。”认

① 北京大学外国哲学史教研室编译，西方哲学原著选读（上卷），商务印书馆，1981。

为农业取决于人、地、天三方面，且把人放在首位。

在中国古代哲学中，天人关系有着很重要的地位，人们所讨论的天与人，常指神与人、君与臣，也常指人与自然的关系。那时占主导的观念，乃是“畏天”、“从天而颂之”、“大天而思之”，乃是“顺天”“听天命”和“天人感应”等。天胜人的观念反映了那时生产技术水平低下，人们所支配的自然力极为有限，而自然力却以巨大的、不可控的力量支配着人们。当然，在我国古代也有“天人交相胜”和“人胜天”的观点，反映着人类对自然的利用、变革和改造。例如古代早期有“制天命而用之”的提法（荀子），尔后又有“人能治万物”（刘禹锡）、“人定真足胜天”（吕坤）等命题。孙中山在《五权宪法》中也说“人力可以胜天”。

古代的学者们尽管对技术的评述不一，但大都以为要发展技术和应用技术，但也有个别人对技术持怀疑态度。如我国道家的老子主张“无为而治”，在他看来，不仅法令教律属于有为，不可取，而且新技术和新器具也是有为的东西，会破坏纯朴的自然，滋生邪恶，使国家混乱，即“人多伎巧，奇物滋起”，“民多利器，国家滋昏”。老子的理想，是一个不用利器、不乘舟车、不用文字的“小国寡民”的社会。道家的另一位代表庄子（约公元前369～前286）继承和发展了老子的思想，他也不满于“人为物役”的现实，主张回到最原始的远古社会去，也认为技术会使人丧失纯朴。他认为不该使用用力甚寡而见功多的机械，理由是“有机械者必有机事，有机事者必有机心。机心存于胸则纯白不备。”

无论是中国古代的五行说、天人关系说，还是道家学说，都不仅是自然观，尤其是老庄哲学更主要是一种社会政治思想。本节着眼于自然改造观或技术观去引述，必定是片面和不确切的。而且，在技术的副作用还不明显的古代，为何老庄就如此明显地从总体上否定技术，这里也只是提及而未作出分析。

二、近代哲学家的技术观

近代（16～18世纪）思想史和哲学史上的一个突出特点是科学哲学或自然认识论的兴起，在这个时期，技术哲学几乎没有什么进步。无论是培根、霍布斯、笛卡儿，还是法国唯物主义者们都着重于科学认识问题的探讨，罕有对自然改造论的研究。哲学家们更重视对科学的反思而忽视技术，除了因为16～17世纪的自然科学对人类思想确有极其巨大的影响，也还由于这时的哲学学者仍然是同技术实践相分离的。正如F. 拉普在分析西方思想史为什么会忽视技术哲学时指出的，“……忽视技术哲学的根本原因。除了具体的历史情况以外，这还跟西方哲学注重理论的传统有关。人们曾认为技术就是手艺，至多不过是科学发现的应用，是知识贫乏的活动，不值得哲学来研究。由于哲学从一开始就被规定为只同理论思维和人们无法改变的观念领域有关，它就必然与被认为是以直观的技术诀窍为基础的任何实践活动、技术活动相对立。”[①]

但是，技术哲学在16～18世纪的停滞并不是说它在那时就荡然无存了，相反，在某些哲学家那里，在某些问题（如关于实验技术）上，技术哲学的思想仍然在起作用且有所发挥。这种情况在一些唯物主义者和进步哲学家身上表现得就更明显些。

文艺复兴时的一些人不仅重视艺术、科学，而且高度评价了变革自然的技艺。达·芬奇（1452～1519）不仅自己做出了许多发明，而且把有所发明的人看作沟通自然和人类的人，他们对得起自然，有自己的分量。布鲁诺（1548～1600）不仅以生命捍卫了哥白尼的日心说，反对宗教神学，而且提出了对今人仍有启示的技术观。他明确区分了技艺的对象和自然的对象，技艺物质和自然物质：自然物质，如木头，没有形式；技艺物质，如桌子、梳子，则有种种不同的造型、配置和形状，在各种技艺物质的形式下总是保持着同一的自然物质。他还认为，我们可以用肉眼看到技艺物质，对自然物质则要用理性去把握。

英国唯物主义杰出学者弗朗西斯·培根（1561～1624）的主要业绩是强调了经验是科学认识的基础和源泉，论证了归纳认识方法的规则和意义。值得我们重视和思考的，倒是这位科学哲学家的技术观，而且是有独到的、“反常的”见解。

例如，培根在其代表作《新工具》中不仅说明了科学的任务在于发现自然规律，提出了知识就是力量，而且把人的力量与改变物体联系起来。这部著作第二卷的第一句话乃是：“在一个物体上产生和加上一种新的性质或几种新性质，乃是人的力量的工作和目的。”[②] 这句话讲的其实就是技术的作用。

在培根看来，技术和人的劳动是可以支配自然和征服自然的，他主张“在实质上和价值上扩大技艺”，批判否定技术作用的哲学教条。他曾说过，“现在流行的哲学还抱着和滋养着某些教条，这些教条的目的（如果仔细加以考察）乃是教人相信，凡是困难的东西，凡是可以用来支配自然和征服自然的东西，

① 〔德〕F. 拉普著，刘武等译，技术哲学导论．辽宁科学技术出版社，1986。

② 北京大学外国哲学史教研室编译，西方哲学原著选读（上卷）．北京：商务印书馆，1981。

都不能期待于技术和人的劳动”[①]。从培根反对什么不难看出他主张什么。

培根对技术的发展给予很高评价，认为技术一直含有生命的气息，一直在生长和不断完善，而那时的科学则不尽然，在中世纪经院哲学占统治时的“科学”是停滞不前的。培根写道：好多世纪以来，“各种科学始终站在原来的地方，几乎保持着同一的状况，得不到明显的发展……但是，在以自然和经验为依据的机械技术中间，我们看见发生的却是相反的情形，因为这些东西（只要它们是人民大众所需要的）是在不断地繁荣和生长，好像在它们中间有着一种生命的气息，起初很粗钝，然后便利起来，往后变得很美观，而且在一切时候都在向前进展”[②]。这段话包含着多方面的意思：技术以自然和经验为基础，技术为大众所需要，技术有活力。技术总是不断前进的。

培根还深刻地阐述了改造自然与认识自然的关系，技术与科学的关系。他很重视机械技术的实验，指出：“自然的奥秘也是在技术的干扰之下比在其自然活动时容易表露出来。”[③] 这句简明的话有着丰富的内容，它说明了自然过程是可以自行游荡的，而技术则不是这样，技术乃是对自然过程的挑衅、变革、改造，自然界只有在被挑衅和激发时，才会把自己的奥秘显示出来和被揭示出来。

培根对技术的社会后果持乐观主义的态度，他在《新大西岛》一书中描绘了一个技术活动兴旺发达、技术家担任政府成员的理想国。也可以说，这是技术治国论或技术统治论的先声。

霍布斯（1588～1679）偶也涉及技术，并对技术持乐观态度。他也讲：“知识的目的是力量”，并指出：“人类最大的利益，就是各种技术，亦即衡量物质与运动的技术，推动重物的技术，建筑术，航海术，制造各种用途的工具的技术，计算天体运动、星体方位、时间部分的技术，地理学的技术，等等。”[④]

相对来说，在17世纪荷兰哲学家斯宾诺莎（1632～1677）的思想中，则有略多一些的同改造自然相关的观点，这种观点散见于他的代表作《理智改进论》和《伦理学》中。例如：

第一，斯宾诺莎把诸种事物划分为“自然事物”和“人为的事物”即“经人手制造的事物”：前者的运动并不依照目的，而是基于自然的必然性，不可以对自然事物和自然活动应用圆满或不圆满的概念；后者如一件工程则可以与人们的主意和目的相对照，判断它是圆满的或不圆满的。这种观点显然同亚里士多德的万物皆有目的因不同。

第二，斯宾诺莎还论及到工具的演化，即人类从最初利用天然的工具发展

① 北京大学外国哲学史教研室编译，16～18世纪西欧各国哲学，三联书店，1958。

②③④ 北京大学外国哲学史教研室编译，16～18世纪西欧各国哲学，三联书店，1958。

到制作复杂的工具。与之相关，从费力多而且很不完备的劳作发展到费力最少的劳动。也可以说，在这里有着历史唯物主义观念的萌芽。

第三，斯宾诺莎认为，要达到“真正的善”除了要“充分了解自然”，要有“对人的心灵与整个自然相一致的认识”，除了要“建立一种适当的社会秩序”，要有道德哲学和教育学的研究，还要有医学和技术。他指出：“既然凭借技术可以使得许多难事变容易，并且可以节省生活中不少的时间和劳力，因此机械学也不能忽视。”①

18 世纪法国唯物主义者的主要贡献，是倡导科学和无神论，反对宗教和有神论，他们很少论及技术问题，在这点上甚至不如培根和斯宾诺莎。相对来说，法国唯物主义的最主要代表人物狄德罗（1713～1784）略多地涉及人类的行动和对自然界的变革。他在《论解释自然》一书的开头就指出，真理的利益要求把思考同行动结合起来，不要只有很多观念而根本没有工具，也不要有很多工具而观念很少。他还说：“研究哲学的真正的方式，过去和将来都是应用理智于理智（可理解为对理智的反思——引者注）；应用理智及实验于感觉；应用感觉于自然；应用自然于工具的探求；应用工具于技术的研究及完善化，这些技术将被掷给人民，好教人民尊敬哲学。”②

与培根提出的要靠技术的挑衅去揭示自然奥秘的观点相似，狄德罗认为，要认识自然，就需要“有意用一些最奇怪的试验来挑逗自然”，“探访自然”，“多方地拷问对象”这意味着他很重视实验技术对认识自然的作用。

狄德罗在他主编的《百科全书》中还列入了“技术”条目，他指出：“技术是为某一目的共同协作组成的各种工具和规则的体系。”这个定义至今仍有指导意义和研究价值，它明确讲道：技术是有目的的，是通过社会协作完成的，它既包括硬件，工具，也包括规则，工艺方法，而且是由它们构成的体系。

爱尔维修（1715～1771）也涉及解释技术，从一定意义上可以说，他的观点相当彻底，只不过有些片面。在爱尔维修看来，饥饿乃是技术活动的终极根源。“饥饿是支配人行动的最经常的原则……使野蛮人留在湖上和林中整整 6 个月，教他们扳弓结网，安设陷阱的，是饥饿。在各个文明民族中使一切公民行动，使他们耕种土地，学一种手艺，从事一种职业的，也还是饥饿。”③

用我们今天的观点看，爱尔维修已论及到物质生活需求决定着技术活动。

霍尔巴赫则从另一个角度提到利用自然同人类进步的关系，在他看来，人

① 北京大学外国哲学史教研室编译，16～18 世纪西欧各国哲学，三联书店，1958。

②③ 北京大学外国哲学史教研室编译，18 世纪法国哲学，商务印书馆，1963。

们的文明程度和幸福程度，与他们利用自然的能力和水平成正比。

16～18世纪的哲学家们或多或少地讲到利用自然，提及技术，但这种论述不仅稀有，而且缺乏哲学上的升华。这种情况，与那时生产技术和工业仍然不发达、人对自然的变革和建构的水平仍然不高密切相关。正像17世纪著名英国哲学家洛克（1632～1704）根据他所处时代的情况说的，人“在事物世界中，不论借什么奇能妙法，他都不能超出把手边现成的材料加以综合和分离的范围；他绝不能做出半点新的物质，也不能毁掉现存事物的一个原子。”[①] 由于对人类改造自然作这样一种估计，16～18世纪的唯物主义者们的基本观点是人们的感知要摹写或复制自然，人们的行为要受动地顺应自然，而不可能坚持能动的反映论，不可能重视科学在建构自然图景上的作用。这样一种估计不仅是直观唯物主义思想的历史根源和认识论根源，而且与不可知论（认为人不可能认识对象的结构和本质）密切相关。

三、19世纪的技术哲学思想

18～19世纪的工业革命标志着人类改造自然的新纪元和技术时代的真正到来。18世纪的工业革命以工作机的发明为起点，以蒸汽动力的普遍应用为中心内容，迎来了机器大工业体系的形成。在19世纪中叶以后，又出现了以电气技术为中心的新的技术革命。近代技术和近代工业的发展，使社会生产力水平有了空前的提高。马克思和恩格斯在1848年对当时的技术和生产力状况曾做过这样的描述：“自然力的征服，机器的采用，化学在工业和农业中的应用，轮船的行驶，铁路的通行，电报的使用，整个大陆的开垦，河川的通航，仿佛用法术从地下呼唤出来的大量人口——过去哪一个世纪能够料想到有这样的生产力潜伏在社会劳动里呢?”[②]

在18世纪时，就有不少科学家对那时的手工业技术和工场手工业作了详细的研究，法国科学院从1761年起开始出版《皇家科学院院士编辑或赞助的技艺和手艺概述》。1772年，德国学者约·贝克曼（1739～1811）第一个使用了工艺学（technology）这个术语。

到19世纪，不仅在经济学的论著中更多地提到技术、机械发明和工厂，还

---

① 北京大学外国哲学史教研室编译，西方哲学原著选读（上卷），商务印书馆，1981。

② 马克思恩格斯选集（第1卷）人民出版社，1972。

出版了一批综合地阐述技术和工业的大型著作。其中有英国的查・拜比吉（1792～1871）在1833年出版的《论机器和工厂的节约》，约・菲尔登（1784～1849）在1836年出版的《工厂制度的祸害》，安・尤尔（1778～1857）在1843年出版的《技术辞典》和在1835年出版的《工厂哲学》，德国的约・波佩（1776～1854）在1807年出版的《工艺学的历史》，和匿名作者对1851年举行的第一届世界工商业展览会展品的分析而写的《各国的工业》（1855年出版）。马克思在他的经济学手稿中多处引用和评述了这些论著，尤其是后三本书。

安・尤尔是苏格兰的化学工程师，又是一位经济学家，在他写的两卷本《工厂哲学》中详尽地描述了工厂制度的优点，其中提到工人的罢工会妨碍机械工厂的更迅速的发展，同时他又在书中说明了手工技艺与机械生产的区别、机械工艺与化工工艺的区别、关于机器的分类、发明的规则和自动机的社会经济意义。马克思在《机器、自然力和科学的应用》中引述尤尔的话达50多处，并作了分析评价，其中指出："尤尔，工作制度的这个无耻辩护士，尽管在英国受到驳斥，但是他毕竟是有贡献的，因为他第一个正确地理解了工厂制度的精华，并且准确地表述了自动工厂同以分工为基础的工场手工业之间的差别和对立，……消灭技能的等级，摧毁'分工'背后建立起来的专业，从而造成被动的服从，以及与此有关的绝对纪律，隶属关系，对钟表指针和工厂法的服从，——所有这一切，正像我们从下面的一些引文中马上可以看到的那样，尤尔都十分正确地指出来了。"①

19世纪的技术进步已开始打破了前面引述的洛克的论断。例如在19世纪的上半叶已普遍应用硝石和硫黄制造硫酸，又用硫酸、食盐等生成纯碱，还制成了漂白粉、伏打电堆、碳弧电极，合成了尿素等。这种情况说明，人在事物的世界中，是可以有奇能妙法，去超出只把手边现成材料加以组合和分离的范围的，是可以做出新的物质的。这种情况经过文化的中介和折射，必然会引出哲学上的反响，例如使哲学家们更强调主体性、理性、精神变物质、实践功用和有效性。

德国古典哲学的代表康德（1724～1804）生活于18～19的世纪之交，他的哲学观点也是复杂的、交替性的，一方面他认为"物自体"是不可捉摸、不可知的，另一方面他又提出"人向自然立法"、"自然向人生成"，以唯心主义的形式表现了自然界与人的统一。康德讲的"先验自我意识"无处不在，实际上反映着人类实践的"自我"是变革世界的物质力量。

---

① 马克思，机器、自然力和科学的应用，人民出版社，1978。

德国古典哲学的集大成者黑格尔（1770～1831）的客观唯心主义体系中包含着丰富的、颇有合理性的内容，在他看来，观念的东西可以转化为实在的东西，理性是世界的主宰。在黑格尔的著作中多次提及机械的技术和化学的技术，强调理性在机械和化学过程中的能动作用。他深刻地指出："理性何等强大，就何等狡猾。理性的狡猾总是在于它的间接活动，这种间接活动让对象按照它们本身的性质互相影响，互相作用，它自己并不直接参与这个过程，而只是实现自己的目的。"[①] 马克思在《资本论》中引述了这段话，我们对这段话可以作如下的理解和解释：人的理性何等强大，就何等智慧，人们的聪明是在于它的间接活动，也就是说它让车刀和工件按照它们本身的性质（如硬度）互相"残杀"，让硝石和硫黄按照它们的化学性质互相"撞毁"，而人们的双手和躯体却不直接参与工件的切削或化合分解——尽管人们对自然对象只靠机智去做间接活动，或"袖手旁观"，他却实现了自己要得到被加工的工件或生成硫酸的目的！

黑格尔与他的前辈哲学家们不同，是他用自己的语言强调了实践对理性的决定性作用，他指出，"绝对理念，本来就是理论理念和实践理念的同一"，还讲到"理念就是实践的理念，即行动"，"概念作为主观的东西，又具有一个自在之有的他有的前提；它是要把自身实在化的冲动，是在客观世界中要通过自身而给予自身以客观性并且要实现自身的目的"[②]。列宁在《哲学笔记》中在"认识论中的实践"的批注下引用了这段话，并给予了合理的解释。

黑格尔在他的哲学中以专章讨论了"目的性"（包括"主观目的"、"手段"和"实现了的目的"三个小节），他不仅分析了目的性与机械性、化学性的关系，分析了目的的客观性，而且强调了目的与手段的统一和手段的意义。相比之下，以往的哲学家更强调的是主观目的，并把目的视为自生的，脱离手段来讲目的。

正确认识目的和手段之间的辩证关系，是有关技术哲学的重要问题（技术目的与技术手段），重视对目的与手段关系的讨论，也与技术发展的状况相关。在黑格尔看来，目的通过手段与客观性相结合，只有经过手段的中项，才有目的的实现，正是在这个意义上，手段比目的更高。"手段是一个比外在合目的性的有限目的更高的东西；——犁是比由犁所造成的、作为目的的、直接的享受更尊贵些。工具保存下来，而直接的享受则会消逝并忘却。人以他的工具而具

① 〔德〕F. 黑格尔，贺麟译，小逻辑．商务印书馆，1981。

②

有支配外在自然界的威力，尽管就他的目的说来，他倒是要服从自然界的。”[①]这是在黑格尔著作中少见的清心明目的话，列宁在《哲学笔记》中打框和加重引用了这段话并三次批注说这里有历史唯物主义的萌芽。

在19世纪西方哲学中有较大影响的，还有孔德的实证主义和叔本华的意志主义，这两个流派的观点也具有时代的色彩，也反映着那时的技术发展和技术要求——只不过表现为歪曲的、片面化和极端化的形式。法国实证主义的最大代表孔德（1798～1857）把实证一词解释为实在、有用、确定和精确。德国哲学家叔本华（1788～1860）则认为，无所不在的意志是世界的基础、本源，意志既表现于盲目的自然力中，也表现于人的自觉的行为中。

马克思主义哲学是19世纪哲学发展最有价值的成就。它代表着人类历史最进步阶级的利益，吸取了人类文化发展的精华，包含着极为丰富的内容。马克思主义哲学正确地、全面地总结了同时代自然科学的成果，也反映了人类改造自然、技术和工业革命的伟大胜利。在本书以后的章节中将会陆续论及马克思、恩格斯以及列宁有关技术的观点，这里只作一些综合性的介绍。

从技术哲学生成的角度来讨论马克思主义哲学，首先会碰到一个界说上的、至少是表面的困难，即一方面马克思、恩格斯有许多深刻的技术哲学思想，另一方面在他们的哲学论述中又从未使用过“技术哲学”这个词，因而可以认为，马克思、恩格斯本人从未承认他们有自己的技术哲学。在这个意义上说，“马克思主义的技术哲学”的概念或提法是值得怀疑的。

那么，马克思主义的技术哲学是否就因此不能成立呢？这同样值得探讨。

其一，马克思、恩格斯是作为革命家兼学者而首先是革命家来从事哲学活动的，尽管这种活动涉及自然界、科学、技术、艺术、伦理等许多领域，但工作的中心或重心是要在批判德国古典哲学的基础上，奠定整个辩证唯物主义世界观的基础，而不是也不可能是去建构科学哲学、技术哲学、艺术哲学、伦理哲学的学科体系。

其二，马克思和恩格斯的论述中未曾使用过“技术哲学”一词，并不是否定“马克思主义的技术哲学”的充足理由。至少，我们应当承认有经过他们自觉论证过的自然观、科学观和技术观，而一种经过自觉论证的总体性、根本性观点，是难以同哲学划清界限的。

其三，国外的一些学者已确认了马克思主义的技术哲学，多给予了肯定的评价。当然，外国人承认，也并不是我们就肯定马克思主义的技术哲学的充足

---

① 〔德〕F. 黑格尔，杨一之译，逻辑学（下卷），商务印书馆，1976。

理由，但总可以在讨论中作为参照和参考。例如，德国学者拉普在他的《分析的技术哲学》一书中指出："马克思列宁主义的技术哲学大概最接近一个确定的思想流派了，因为马克思、恩格斯和列宁已经奠定了基础（如对历史的唯物主义解释、关于劳动和生产过程的基本观点等)。"① 美国学者米切姆在他的《通过技术的思考》（*Thinking through Technology*）一书的第二部分（全书共两部分）中，用了 115 页介绍技术哲学的历史，其中就有 10 页（一个小节）是讲"马克思主义技术哲学问题"。在这一节中多处引述了马克思的话（主要是《资本论》)，且引述符合原意，还附有马克思的墓像和头像。

这里，我们暂且不论怎样看待马克思主义的技术哲学问题，而主要从历史的、总体的方面介绍马克思、恩格斯著作中有关技术哲学的某些观点，或马克思主义的技术哲学思想。

马克思和恩格斯十分重视科学技术对哲学发展的影响。他们认为哲学是时代精神的精华，但这种精华绝不仅仅是精神的产物，而是来源于实践和科学技术的。正如恩格斯所指出："在从笛卡儿到黑格尔和从霍布斯到费尔巴哈这一长时期内，推动哲学家前进的，决不像他们所想象的那样，只是纯粹思想的力量，恰恰相反，真正推动他们前进的，主要是自然科学和工业的强大而日益迅速的进步。"②

恩格斯讲的工业进步推动哲学家们前进，也就是肯定了人类改造自然和技术的进步对哲学发展的作用，这种作用表现于哲学家的整个思想体系倾向，也表现于在哲学家们的论述中会包含有自然改造论的观点和技术观。

马克思特别强调哲学家要打开工业这本关于人的本质力量的书。他在《1844 年经济学哲学手稿》中指出，"理论的对立本身的解决，只有通过实践方式，只有借助于人的实践力量，才是可能的"，"全部人的活动迄今都是劳动，也就是工业"，"自然科学通过工业日益在实践上进入人的生活，改造人的生活……工业是自然界同人之间，因而也是自然科学同人之间的现实的历史关系"。针对费尔巴哈把自己的哲学认识称为心理学，马克思深刻地指出："工业的历史和工业已经产生的对象性的存在，是一本打开了的关于人的本质力量的书，是感性地摆在我们面前的人的心理学……如果心理学还没有打开这本书即历史的这个恰恰最容易感知的、最容易理解的部分，那么这种心理学就不能成

---

① 〔德〕F. 拉普著，刘武等译，技术哲学导论，辽宁科学技术出版社，1986。

② 马克思恩格斯选集（第 4 卷），人民出版社，1972。

为内容确实丰富的和真正的科学。”①

马克思在《资本论》中论及机器的发展时也曾指出，技术不仅表现着人对自然界的能动的改造，并且制约着社会精神观念的生产，由此也确认了技术对哲学的影响。对此，马克思讲了一段非常重要的话：“……人类史同自然史的区别在于，人类史是我们自己创造的，而自然史不是我们自己创造的。工艺学会揭示出人对自然的触动关系，人的生活的直接生产过程，以及人的社会生活条件和由此产生的精神观念的直接生产过程。”②

马克思和恩格斯重视人类改造自然的哲学价值，突出表现于对认识论研究的看法上，他们认为自然科学并不来源于自然本身，而是来源于对自然界的改造，来源于技术的需要。正如恩格斯在《自然辩证法》中指出的，自然主义的历史观是片面的，因为这种观点认为只是自然界作用于人，只是自然条件到处在决定人的历史发展，它忘记了人也反作用于自然界，改变自然界，为自己创造新的生存条件。恩格斯针对着自然主义观点指出：“人的思维的最本质和最切近的基础，正是人所引起的自然界的变化，而不单独是自然界本身；人的智力是按照人如何学会改变自然而发展的。”③

马克思的《1844 年经济学哲学手稿》是 1932 年第一次发表的，恩格斯的《自然辩证法》第一次发表于 1925 年，由此判断列宁不可能看到这两部手稿著作。但值得深思的是，在列宁的哲学著作中也突出地表现了对改造自然和技术的重视。列宁在《哲学笔记》的“黑格尔（逻辑学）一书摘要”中，针对黑格尔在颇为晦涩的语言中包含的意思，明确地指出，“世界不会满足人，人决心以自己的行动来改变世界。”“人的意识不仅反映客观世界，并且创造客观世界。”④在这部高度抽象化的哲学笔记中，列宁还在八处提到技术，其中包括列宁在一个方框内强调的：“生命产生脑。自然界反映在人脑中。人在自己的实践中、在技术中检验这些反映的正确性并运用它们，从而也就接近客观真理。”在这个方框的边上，列宁还作了一个边注：“真理是过程。人从主观的观念，经过‘实践’（和技术），走向客观真理。”⑤

在马克思、恩格斯和列宁的著作（包括手稿和笔记）中不仅有丰富的技术哲学思想，而且对技术与社会的相互关系作了深刻的、全面的阐述。

---

① 马克思 1844 年经济学哲学手稿，人民出版社。

② 马克思恩格斯全集（第 23 卷），人民出版社，1972。

③ 马克思恩格斯选集（第 3 卷），人民出版社，1972。

④⑤ 列宁全集（第 38 卷），人民出版社，1972。

四、现代的技术哲学

在尤尔出版其《工厂哲学》时，已经有了创立技术哲学的客观条件，但技术哲学的诞生和创立至少延迟了40年，直到1877年由德国学者卡普（Ernst Kapp，1808～1896）出版了《技术哲学原理》一书，才开始有了名实相符的技术哲学，卡普被认为是技术哲学的创始人。

卡普与马克思是同时代的人，他们的经历和思想也有某些相似之处。他出身于法院职员家庭，获古典语言学博士学位。卡普的思想主要受黑格尔和维特（地理学家）的影响，曾是黑格尔派左翼。1840年他因一本著作的出版与德国当局争吵，卡普被当局以参与煽动的罪名起诉，被迫离开德国而到了美国，在得克萨斯州从事农耕和发明活动。美国南北战争以后，他又回到德国从事学术活动，率先提出了技术哲学并给予系统的阐述。

由于工具、机器在技术活动中的重要性，技术哲学理所当然会从探讨工具起步，加之卡普本人有同工具、机器打交道的实践生涯，他在《技术哲学原理》更着重于研究这种技术手段。在卡普看来，工具乃是人的器官的投影，从器官衍生，人类在工具中继续生产自己，即提出了技术的“人体器官投影说”。他指出，“精神创造的一种财富从而是由手、臂和牙产生的。弯曲的手指成为镰刀，手的凹陷成为钵，在剑、矛、橹、铲、耙、犁和锹中，人们可以看到臂、手和指的各种部位，对适用于狩猎、捕鱼、园艺和田间的工具，这点是很明显的。”①

卡普认为，工具作为人体器官的外化，并不总是自觉的发明，而是“不自觉的发现”——是在发现了工具同人体器官结构相似的许多事实以后，才确认工具是器官投影的。卡普在书中把铁路描述为循环系统的外在化，把电报视为神经系统的扩展，就是指的发现。

俄国工程师彼·恩格梅尔（Pefer K. Engelmeier，1855～约1941）也是早期技术哲学的代表。他1881年毕业于莫斯科帝国技术学院，是一位机械工程师，他不仅写了技术论文和发明家手册，还在报纸上以技术哲学为主题发表多篇文章。他提出，技术工作者或工程师不仅要提供货物和便宜的产品，还有广泛的社会责任包括经济管理，他还认为工程师应有机会成为政治家。1912年，他写出了共四卷的技术哲学通论。

①

恩格梅尔强调要从总体上考察技术，指出："我们必须研究技术代表什么，什么是它的各个分支要达到的基本目标，它应用何种方法，它的领地的终点，它与人类活动的相关领域，与科学、艺术、伦理的关系……我们应当发展一个技术的整体图景，在其中，我们要尽可能分析技术的许多表现形式……因为技术是人类开展的伟大世界之钟的春天。"①

恩格梅尔还提出要有思想家和技术者的共同努力来解决技术哲学的问题。例如，对于什么是技术，许多思想家在论及这点时缺乏技术实践的考虑，而技术者在论及这点时又并非在逻辑上是充分的，因而必须要有双方的协作。恩格梅尔对技术哲学的研究倾注了毕生的心血，他在 1927 年发表了题为"技术哲学五十年"的讲演，1929 年在杂志上发表了《技术哲学是必要的吗?》的论文。

德国化学工程师基默尔（E. Zschmmer，1873～1940）在 1914 年发表了《技术哲学》一书，提出了技术是"物质自由"的新黑格尔主义解释。他把技术的本质归结为人类精神的创造活动，认为技术的目的就是人类通过驾驭物质，摆脱自然限制而获得自由。

在开创和发展技术哲学上最著名的代表是德国工程师、哲学家德韶尔（F. Dessauer，1881～1963），他的主要著作有《技术的文化》（1908）、《技术哲学》（1927）、《技术的核心问题》（1945）和《关于技术的争议》（1956）等。

德韶尔年轻时着迷于伦琴发现 X 射线，并创立了制造 X 射线机器的公司，还开发了 X 射线疗法。为有助于这种研究和开发，他攻读应用物理，于 1917 年获博士学位。之后，他被大学聘用并卖掉了公司。1933 年，他由于反对希特勒被逮捕，逃离德国后在土耳其、瑞士任教，直至 1953 年回到德国。10 年后，由于他的身体在实验中长期受损，后死于癌症。

德韶尔强烈地为技术辩护，认为科学技术乃是人类得以在世界上生存的力量所在，并为人类生存提供新的途径。他的技术观深受康德哲学的影响，他认为技术在本质上不同于工业制造，也不同于产品，而是一种创造行动。德韶尔主张，技术发明来自对技术问题预先建立的解，是对这种预定解的"认识碰撞"，技术创造乃是"从思想而来的现实存在"。

德韶尔对康德的学说也有所补充和修正。他在康德提出的科学认识的批判（《纯粹理性批判》）、伦理行为的批判（《实践理性批判》）和美感的批判（《判断力的批判》）的基础上，加上了第四个即技术制作的批判，认为人们通过制作和技术发明能够建立与"物自体"的积极接触，这也可以说是对康德的超越。

---

① Carl Mitcham. Thinking through Technology，The University of Chicago Press，1994.

由卡普到德韶尔时期的技术哲学，有着明显的工程传统，它主要涉及工程技术本身的性质、意义和发展规律，其创始人本人往往就是工程师（如恩格梅尔和基默尔）、发明家或企业家（如德韶尔）或有技术实践经验的人（如卡普）。

主要和率先在德国创立的技术哲学较快影响到法国、荷兰、西班牙，并在20世纪30年代传到日本。在日本，那时又把德语的技术哲学一词译为“技术论”。日本技术论的早期倡导者是唯物主义哲学家户坂润（1900～1945），他1924年毕业于京都大学哲学系，1932年与三枝博音（1892～1963）和冈邦雄（1890～1971）共同创立“唯物论研究会”，1933年出版《技术的哲学》文集。1938年，户坂润被日本当局以违反“治安维持法”的罪名逮捕，两年后保释又再次被捕，1945年因急性肾炎死于狱中。

日本在20世纪30年代产生了技术论的论争，这场争论围绕什么是技术的本质展开的，论争持续了近30年。以户坂润为主要代表的“体系说”强调要从生产力的角度看技术的本质，认为技术是劳动手段的体系。以武谷三男（1911～2000）为代表的“应用说”认为技术是人类在生产实践中对客观规律有意识的应用，强调要从行为和功能方面而不是实体的方面来看技术的本质。

谈到现代的美国技术哲学，有必要先作一点区分：一是实质上的技术哲学思想，或在很大程度上反映着（包含着）技术观的哲学，但未必明确地以技术哲学为旗帜，如以杜威为主要代表的实用主义；另一是明确地、自觉地在技术哲学旗帜下学者和学派。尽管前者在思想文化领域的影响更广更深，这里首先和较多地介绍后者，而最后才简略地介绍前者（实用主义）。

技术哲学在美国的兴起是略晚的事情。在1963年由美国天主教大学发起的“技术文化中的哲学”的讨论会，被认为是美国的第一次明确地以技术为主题的哲学会议，这个会上研究的内容涉及科学与技术的关系、技术与人类本性的关系，但还没有使用“技术哲学”的概念。直到1966年，在美国技术史协会的《技术与文化》杂志的加拿大哲学家邦格（M. Bunge）的文章，一方面在最后说“我们考察了技术哲学的几个问题”（可以认为这是美国技术哲学开篇作），另一方面在开头说，本文“可以说是一篇关于几乎不存在的技术哲学的论文”[①]（可以认为这反映美国的技术哲学尚待开篇）。

1966年夏由美国技术史协会主办的“技术与文化”为主题的研讨会，是技术哲学在美国兴起的标志。这个研讨会的内容和论文不仅实质上是技术哲学的，而且会议文集以“面向技术哲学”为题在同年的《技术与文化》杂志上刊出。

① 〔德〕F. 拉普编，刘武等译，技术科学的思维结构，吉林人民出版社，1988。

对开创和培育美国技术哲学有重要意义，同时也是美国技术哲学的第一部综合性文献，是由米切姆和麦克主编在1972年出版的《哲学与技术——技术的哲学问题读本》。它包括26篇对美国技术哲学有开创意义的文章，其中有德国、法国、西班牙学者的论文。这本文集在1983年又再版，足见其重要。

在20世纪70～80年代，仍可以说是美国技术哲学研究的初创期或少年期，这时已有较多的技术哲学论著问世。杜尔宾（P. Durbin）从1978年起主编《哲学和技术的研究》，1983年起主编大型丛书《哲学与技术》，至1993年共出10卷。在1985年，出版了由阿伽西（J. Agassi）和邦格分别写的《从哲学和社会的方面看技术》和《科学和技术的哲学》的专著。费雷（F. Ferre）在1988年出版了自己的《技术哲学》。

20世纪90年代以来，可以认为美国的技术哲学已步入到成熟期或趋于成熟，文献数量增长很快，并有了综合性的、具有相当深度和创新特色的专著，如伊德（D. Ihde）在1991年出版的《工具实在论：科学哲学与技术哲学间的界面》，米切姆在1994年出版的《通过技术的思考——工程和哲学之间的道路》。后者系统地论述了作为客体的技术形式、作为知识的技术形式、作为活动的技术形式和作为意志的技术形式。

在现代，除了有以工程传统为主的技术哲学（它产生得早，从事研究的人也较多），还有以人文传统为主的技术哲学。主要由职业哲学家论述的人文技术哲学近些年发展很快，著作日丰，但考虑到本书更侧重于工程的技术哲学（engineering philosophy of technology），这里只对人文的技术哲学只作简要介绍，对此有兴趣的读者请阅参考文献进而深入探讨。

所谓人文的技术哲学（humanities philosophy of technology）大体上是指从“非技术”的观点探讨技术的意义，主要是由哲学家和社会学家提出的。他们并不着重于考察技术本身的特点和发展的规律性，而是从广泛的角度（文化的、历史的、宗教的、人类学的等）来论述技术的价值。

美国哲学家芒福德（L. Mumford，1895～1988）是人文技术哲学的代表，他的主要著作有《技术与文化》（1934）、《机器的神话》（1967）等。他主要从人性和心理的观点讨论技术，把技术的历史分为三个相互重叠和渗透的阶段，即直觉技术（用水和风，在1750年以前），经验技术（用煤和铁，从1750～1900年），科学技术（用电和合金，1900年至今）。他认为人类的本质乃是精神的创造，用脑思考、自我设计和自我控制，而不是工具的制作。

芒福德以人类学为基础，建构了“综合技术”和“单一技术”这两种基本的技术类型。综合技术在历史和逻辑上是技术的早期形式，它有广阔的生活来源，与人类生活的多种需求和意愿相协调，能在民主的姿态中起作用和实现人的潜力，而不是以工作为中心或以权力为中心，综合技术与人性相一致。而单一技术则以科学智力和定量化生产为前提，它主要指向经济增长、物质充实和军事优势，指向权力，现代技术是单一技术的典型，它不符合人性。

德国哲学家海德格尔（M. Heidegger，1889～1976）是现代欧美国家中流传最广、影响最大的哲学流派——存在主义的最主要代表，同时他也是人文技术哲学的主要代表，他认为在技术中有很多值得哲学反思的东西，应当以一个非技术人的身份从哲学上考察技术，尽管他本人没有使用过技术哲学的提法。海德格尔的著作甚丰，其中有《存在问题》（1955）、《事物问题》（1967）和《关于技术的问题》（1954）等。

与把技术看做是单纯的手段的观点不同，海德格尔认为技术是一种展现（revealing），现代技术尤其是一种要求自然界产生可以独立地贮藏和转化能量的展现，一种迫使事物进入非自然状态的展现，他所说的“展现”是指技术具有限定自然、强求自然的特点。例如风磨、水车和发电厂虽然都利用自然界的能量并使之服务于人类的目的，但风磨、水车是依赖于自然的（仅仅转移运动），且有鲜明的自然地理特点（适宜于田间），而火力发电却要从燃料的方向限定土地，使之交付煤，进而榨取和限定在煤的形式中贮藏的热能，再把它改造为电能，而且发电厂很少适宜于进入或补充自然环境。

海德格尔认为现代技术把事物限定在某一方向上，自然事物就成为贯彻技术意志的被限定、被谋算、被利用的“持存物”。正因为他对技术的本质持这样一种观点，因而又认为技术绝不可能与机器相同，甚至人成为主体也是因技术在本质上乃是展现决定的。他指出，“利用机器与机器生产都根本还并不就是技术本身，而只是把技术的本质在技术的原料对象中加以设施的过程中适合于技术的一种手段，甚至人变成主体而世界变成客体这回事都已是技术的本质要把自己设施出来的结果，而不是倒过来的情况。”①

海德格尔虽然对技术持批判态度，认为技术的发展是危险的，因为技术使人从存在中异化，但并不简单地否定和排斥技术。他讲道不应抛弃和打碎技术，而应达到技术的自我认识，回到真理的基础上来，避免对科学技术的膜拜。

海德格尔是人文技术哲学的大师，在他的论著中也能找到工程技术哲学的观点，这主要表现于他对科学与技术关系的考察。他区分了技术、技术科学与自然科学（如物理学），认为现代技术只有在自然科学的基础上才能发展，乃至

---

① 洪谦主编，西方现代资产阶段哲学论著选辑，商务印书馆，1964。

在原则上把科学等同于技术，忽视了自然科学与技术之间的界限。

法国社会学家埃吕尔（J. Ellul，1912～1994）也可以看做是人文技术哲学的代表。他主要从社会的、政治的观点考察技术，在他看来，在现代社会中占支配的力量已不再是资本，技术乃是现代世界的最重要的社会现象。他的主要代表作《技术的社会》（1954 年初版）被译为多国文字并再版，该书共 6 章，包括技术与技术的特点（第 1、2 章），技术与经济（第 3 章），技术与国家（第 4 章），人文技术（第 5 章）和展望未来（第 6 章）。

埃吕尔的思想是以技术的自主性为中心展开的。他认为技术是独立于人和社会的干预而自我决定的，在社会中技术的活动越多，人的主动性自主性就越少。他对技术也持批判的态度，在他看来，“技术社会不是，也不可能是一个真正合乎人性的社会，因为它把物质事物而不是把人放在首位”，“技术决不会带来自由”，“它妨碍价值的形成，禁止我们对道德精神的追求。而且，哪里有技术的地位，就意味着哪里的文明不可能发达。”埃吕尔关于技术自主性的论述为许多人引述和评论，法兰克福学派对技术的批判性观点与埃吕尔的论断有相似之处。我们将在本书后面再较为具体地分析这些问题。

现代哲学家的技术观与作为学派的技术哲学的差异，工程的技术哲学与人文的技术哲学的区别，都不是泾渭分明的。在这方面，实用主义是一个典型的流派，它不自称是技术哲学，但确有技术哲学思想——而且难以把这种思想仅归结为人文的技术哲学，或归结为工程的技术哲学。

实用主义（pragmatism）的词根源于希腊文的“行动”、“行为”，由于它的代表人物的观点不尽相同，因而又有实效主义、工具主义、实验主义、人本主义的名称。美国实用主义的奠基人和早期代表是詹姆士（W. James，1842～1910），他直率地宣称有效、有用、成功就是真理，真理就是有用。由于这种观点过于简单化，尔后的实用主义都对之有所修订。

现代美国实用主义的主要代表和影响最大者是杜威（J. Dewey，1859～1952），他不像詹姆士那样主张“真理＝有用”，而是提出了工具主义的解释。他认为：人通过工具干涉和改变着自然的性质和关系；人们的思想、概念也不过是为了达到预期目的而设计的工具；如果某种思想观念对达到预期目的有用便是真理，反之就是谬误；效用并不是指对个人有效、有用，而是对公众即大家的效用。

杜威的思想涉及哲学、心理、教育和社会历史的诸多领域，仅从技术哲学的观点看，他的实践观和效用观是很值得分析研究的。

现代的技术哲学在中国也有所反映。在《1984 年中国哲学年鉴》中已有了

“技术哲学研究简况”的栏目，其中提到中国较系统地研究技术哲学始于1982年。近10多年来，已有了较多的关于技术哲学文献问世，在国外的文集中也有*Philosophy of Technology in China*（《技术哲学在中国》）的介绍①，此文还附录了从1983～1997年我国报刊上发表的约80篇有关技术哲学的论文名录。在1994年出版的《自然辩证法百科全书》（中国大百科全书出版社）中，列入了工程技术哲学和技术论的分支学科。科学技术哲学在我国，已是国务院学位委员批准可招收硕士和博士研究生的学科。但整个来说，中国的技术哲学研究目前仍处于起步阶段，技术哲学创始人和开拓者的论著大部分未译成中文乃至未见之于图书馆，我们在技术哲学领域与国外学者的学术交流也很不够。

参考文献

陈昌曙．1986．技术对哲学发展的影响．自然辩证法研究，2（6）：1～8

陈昌曙．1999．美国技术哲学文献简介．自然辩证法研究，12（8）：14～17

陈振明．1992．法兰克福学派与科学技术哲学．北京：中国人民大学出版社

高亮华．1996．人文主义视野中的技术，北京：中国社会科学出版社

刘文海．1996．技术的政治价值．北京：人民出版社

孟宪俊．1992．技术哲学的历史、发展及其在中国．科学技术与辩证法，9（4）：1～5

舒尔曼 E〔荷〕．1995．科技文明与人类未来．李小兵等译．北京：东方出版社

Frederick Ferré. 1988. Philosophy of Technology. New York：Prentice Hall

Ihde D. 1993. Philosophy of Technology. New York：Paragon Press

① Durbin P (edited)，Philosophy of Technology，New York：Kluwer Academic Publishers，1989.

第三章　从天然自然到人工自然

技术哲学或自然改造论能否成为一门相对独立的分支学科，是否有理论价值和实际意义，在很大程度上取决于它是否有其特有的范畴和原理。可以认为，“人工自然”就是自然改造论的一个基本概念，是技术哲学的逻辑起点。关于天然自然与人工自然的关系、人工自然的特点及其演化过程、人工自然的意义及其带来的问题以及人与自然的协调发展，是自然改造论和技术哲学的中心内容。

怎样看待我们周围的自然界，看待人与自然界的关系，历来是世界观的基本问题。确认自然界的物质性和第一性（意识第二性），是很重要的，但这主要是面对天然自然应持的观点。而我们的自然界早已超出了天然自然的界限，人的意识在这里也不仅仅是第二性的东西，人作为主体创造出了“属于自己的自然界”。

一、人与自然的分化

人从自然界分化出来并成为自然界的“对立物”，乃是人类改造自然的前提。人作为特殊的存在物不仅区别于一般的生命体，区别于一般的动物，而且区别于其他的高等动物，正因为这样，他们才能创造和拥有自己的自然界。

对于人与动物的区别，古往今来的人们有诸多的意见。宗教家断言人是上帝唯一地按照自己的形象造出来的，因而上帝又让人管理别的活物。生物学家认为只有脑容量达到600毫升以上才得称之为人，如在300毫升以下最高级乃属猿类。有的逻辑学家甚或在讨论能否把人定义为“两足直立而没有羽毛的动物”。

对我们大多数人来说，人与其他动物的区别几乎是不成问题的，简言之，一般动物是自然生物，人乃是社会动物。然而，如果要略为具体地问及人与其他动物究竟有哪些本质区别或根本不同，就会得到如下一些不尽相同的回答：

人有智慧、有思维、有理性，而动物只有刺激感应能力、有感觉；

人的活动是有目的、有计划进行的，动物的活动只是本能的、盲目的；

人有语言，通过语言实现社会交往，动物不会讲话；

人会改变自然界，在自然环境上留下自己的印记，动物仅仅是适应自然环境；

人会生产，创造出满足自己需要的产品，动物则仅仅消费现成的自然物。

应当说，这样一些回答都是有理由的、重要的，但仔细分辨起来，它们又可能偏于简单，从而难以真切地把握人与动物的界限所在。在这个问题上，过高估计了其他动物的能力和水平，人就不成其为万物之灵；过低估计了其他动物的能力和水平，也难以看出人比万物灵在何处。也许，首先应当的是防止把其他动物估计过低的倾向，在这个基础上再来考察人与动物的不同。

第一，要看到许多动物也会进行有目的、有计划的活动，不能把目的性、计划性视为人的专有。低等的动植物的活动已有了一定的计划性，“动物从事有意识有计划的行动的能力，和神经系统的发展相应的发展起来了，而在哺乳动物那旦则达到了已经相当高的阶段。在英国猎狐的时候，每天都可以观察到：狐是怎样正确地运用它关于地形的丰富知识来躲避它的追逐者，怎样出色地知道和利用一切有利的地势来中断它的踪迹。”① 虎豹在搜寻和捕杀猎物的过程中，也表现出高度的目的性和计划性，表现出有意识、有计划行动的机灵和惊人能力。

第二，要看到一些动物也是有智力、能思考的，不能把智能看做是人所特有的。例如一只狗已能把四足动物和两足动物分类看待，猴会剖开果核。恩格斯曾对动物的悟性说过一段应予认真研究的话：“整个悟性活动，即归纳、演绎以及抽象（狄多的类概念：四足动物和两足动物），对未知对象的分析（一个果核的剖开已经是分析的开端），综合（动物的机灵的动作），以及作为二者的综合的实验（在有新的阻碍和不熟悉的情况下），是我们和动物所共有的。”②

第三，要看到动物之间也是有信息交换的，各类动物也有自己的语言，人并非是唯一群居和唯一拥有信息交流手段的。尽管动物语言要比人的语言简单和低级得多，但它们确能通过姿态、声音达到相互理解，实现群体的有组织的

①② 马克思恩格斯全集（第3卷），人民出版社，1972。

协同。正因为动物界也有信息交流，从而才能发生，像狗、马这类动物，经过与人的接触或驯养，能够听懂人的某些语言。

第四，要看到动物通过它们的活动也改变外部自然界，虽然在程度上不如人所作的那样。要看到动物也生产，它们也会创造出满足自己需要的产品，如蜂房、蚁穴。而且，某些动物在其活动中还会使用工具，如黑猩猩会用树枝、草棍钓食白蚁。

总之，动物与人之间有许多相通的、共同的东西，人和人的活动并不神秘，人与其他动物并无天壤之别。但另一方面，我们又要充分估计到人与动物界的巨大差异，这种差异不仅仅是二者有量的不同，而主要是它们之间的根本性的、质的区别，这种区别比它们的相似点更多、更大。

第一，动物虽有意识、有智能，有知性或悟性，但却没有理性的思维，没有以概念本性的研究为前提的辩证思维。

第二，人的活动不仅是有目的、有计划的，他们的目的还是自觉的——人自己知道其目的是什么，并使其意志服从这个目的。而且，人们在从事有目的、有计划的活动之前和过程中，能预先知道其活动的结果，这是最高明的动物无法做到的。马克思说过："蜘蛛的活动与织工的活动相似，蜜蜂建筑蜂房的本领使人间的许多建筑师感到惭愧。但是，最蹩脚的建筑师从一开始就比最灵巧的蜜蜂高明的地方，是他在用蜂蜡建筑蜂房以前，已经在自己的头脑中把它建成了。劳动过程结束时得到的结果，在这个过程开始时就已经在劳动者的表象中存在着，即已观念地存在着。"① 也可以说，人与动物的区别是人先想后做，想出来再做，想好了去做的。

第三，动物只生产它们自己直接需要的东西，不超出维持自然生命的范围，人不仅生产食衣住必需的生活资料，而且生产满足多种物质需要和精神需要的产品。人不仅为自己生产，还为他人生产，以及为其他动植物生产（如饲料和肥料）。人可以按照对象的极为多样的性质和极为多样的目的，生产出极为多样的产品。马克思在比较动物的生产与人的生产的区别时说过："诚然，动物也生产，它们也为自己营造巢穴或住所，如蜜蜂、海狸、蚂蚁等。但是它们只生产它们自己或它们的幼仔所直接需要的东西；动物的生产是片面的，而人的生产是全面的；动物只是在直接的肉体需要的支配下才生产，而人甚至不受肉体需要的支配下也进行生产；动物只生产自己，而人生产整个自然界；动物的产品直接同它的肉体相联系，而人则自由地对待自己的产品；动物只是按照它所属

① 马克思恩格斯全集（第 23 卷），人民出版社，1972。

的那个种的尺度和需要来建造，而人却懂得按照任何一个种的尺度来进行生产，并且懂得怎样处处都把内在的尺度运用到对象上去。”[①]

第四，个别动物偶尔使用天然工具，但整个来说动物是以其躯体（爪、牙等）作为工具的，动物的活动形式和动物的生命活动是直接同一的。而人的主要特点是能制造工具，或像富兰克林那样把人定义为是制造工具的动物（toolmaking animal）。通过制造和使用工具，意味着人把自然物本身变成他的活动器官，从而延长了他的自然肢体。

第五，人们制造和使用工具，有目的、有计划地改造自然、变革自然，才有了名副其实的生产劳动。劳动首先是人以自身的活动来引起、调整和控制人和自然之间的物质变换的过程，是人们支配自然界使之为自己服务的过程。正是劳动实践从根本上把人同动物划分开来，正如恩格斯在其《劳动在从猿到人转变过程中的作用》一文中指出的：“一句话，动物仅仅利用外部自然界，单纯地以自己的存在来使自然界改变，而人则通过他做出的改变来使自然界为自己的目的服务，来支配自然界。这便是人同其他动物的最后的本质的区别，而造成这一区别的还是劳动。”[②]

第六，某些动物虽也有组织化的群居生活，但它们的活动决定于生物性的本能，而人的活动一开始就是社会性的，是在一定的社会关系中进行的。人们的活动离不开财产关系、经济关系，并受到政治、法律和意识形态的制约。人在本质上是社会关系的总和，这与动物界的自然属性有根本性的不同。

总之，人不仅是高等动物，而且是理性动物、实践动物和社会动物；从人与自然界的关系看，人主要是实践动物。人类的理性来源于实践，以实践为基础。人类的社会属性和社会关系，是在实践中形成和发展起来的。

人与动物的分化，是生物进化史上的重大转折。但是，这个转变却是以渐进式飞跃的过程实现的，这里既有质变又并非突发，既有非此即彼（如非猿乃人）又有亦此亦彼（亦猿亦人）。考古研究表明，从猿到人经历过从古猿、猿人到现代人的演化。只有把人猿相揖别作为一个过程来理解，才能免于陷入“只有劳动才成其为人，只有人才能劳动”的逻辑矛盾。

尽管人从其他动物特别是猿的分化难以有截然分明的界限，这种分化仍然有着（应有）相对明显的划界。或许可以认为，以下三点是分化成人的主要标志，这就是打制石器、人工用火和语言的形成——这也是从材料、能源和信息

① 马克思恩格斯全集（第 42 卷），人民出版社，1979。
② 马克思恩格斯选集（第 3 卷），人民出版社，1972。

三要素来看的。

打制第一件石器可说是人类产生的最主要的标志，也可说是人工自然创造的第一章，从考古资料看，这发生于距今约 300 万年之前，即旧石器时代的开端。对此，有的学者持不同的观点①，认为在制造石器工具以前，还有一个长约 1000 万年的从猿到人的过渡时期和“萌发期技术”，如对木棒、天然石块的选择和使用，这才是技术发生过程的真正起点。尽管年代的分界有待把握，这个观点是合乎逻辑和应接受的，我们只不过把打制第一把石刀作为划时代的标志而已。还可以设想，人类制成的第一个砍砸器，很可能比捡选到的天然片状碎石还粗糙，但前者却是真正的人的工具。

二、自然界的人工化

自然界分化出了人类，使自然界本身也发生了根本性的变化。自然界从此有了自己的对立物——一个把自然界作为认识对象和改造对象的主体。也可以说，自从有了人，自然界就进入到一个能自我认识和自我改造的阶段，自然界分化出人，同时又使自己成为被认识和被改造的客体，开始了自然界被人工化和人工自然的生成的进程。

自然界的人工化，即人以自己的意志、知识、能力和价值观给自然界打上印记，自然界按人的需要和尺度改变自己本来面貌的过程。人工化有多样的、复杂的形式和状况，可以作程度和层次的不同划分。人工化的程度可能很大，也可能很小，简而言之和不很确切地说，最小，小到人工化的程度为 0，最大，大到人工化的程度为 100%，中间还会有无数的阶梯。

自然界的人工化当然是以有人存在即人类产生为前提的。没有人，就无从讨论人化或人工化。人类起源于距今大约 300 万年以前，即人类的年龄大约为 300 万年，而地球的年龄大约已有 46 亿年，地球上原始生命大约出现在 30 亿年前。这就是说，在距今 300 多万年前的自然界，那时的太阳、地球、地球上的山川和生物，以及那时的宇宙射线、化学元素、基本粒子，都不仅不依赖于人的意识，而且与人的存在毫无关系。也可以说在那时只有自然界的自身同一，只有“绝对非人的自然界”，只有“纯自然的存在”或自然界的“纯客观存在”（当然这只是从本体论意义上讲的，尽管一些哲学家原则上批判本体论，甚至宣

① 高亮华，论技术的发生，自然辩证法研究，1996，12（4）：20～23。

称人不看见地球则地球就不存在）。

人类产生以后，就出现了人同产生他的母体即天然自然的关系问题。随着人类的进化，人与自然界的关系也日益复杂化、多样化，大体上有以下几种情况。

第一，在人与自然界（天然自然）之间存在着“可以设想、推论，但不能影响或直接影响”的关系。

在人类产生以后，原本那个“非人的自然界”，除了在“很小范围”被人工化以外，依然按照其自身状态继续存在和演化，这是人们不能影响或无从影响的。

为了说明这种“不能影响，只可推想”的关系，有必要在这里插入一段对“很小范围”的解释。所谓很小范围，基本上是指现实地球的表层，也就是说，尽管现代人已能够在月球上刻上自己的脚印，已能够使航天探测器登上火星或别的行星，人类能进行人工化的领域仍主要限于地球表层的狭小领域。这个很小范围里的人工化有着极为伟大的意义，而且是我们讨论的最重要的主题，但在目前和可预见的未来，人类对于自然界的影响和人工化，毕竟只限于很小范围。现代最先进的地下采矿才达到地下约 1.5 公里，最深的石油钻井达到地下约 10 公里，而地球半径约有 6300 公里。在这个范围以外，人们不仅不能对地幔和地核实现人工化，更不能用人力去影响太阳、银河系和星际物质的演化。即使在这个较少的范围内的事物也不都与现实的人工化有关，地震、火山仍是人力无法影响的，原始森林在人迹未到时仍不属于人工化的范畴。

然而，对于人们不能影响或直接影响的自然现象和自然过程，却是可以间接地去推论和设想的。我们不仅可以设想距今 400 万年前乃至 40 亿年以前的太阳物质及其引力收缩，还可以推及距今 50 亿年以后太阳如何急剧膨胀为红巨星。也可以说，从人类产生特别是抽象思维发展以后，尽管人们的影响所及和人工化只限于较小的范围，原来的绝对非人的自然界已可能在相当程度上成为被人推知的自然界。仅仅从认识论意义讲，有了人作为主体，自然界成为推知客体，而不再仅仅是纯客观的自身同一。

第二，与前一点相关，在人与自然界之间还可以存在着“有所影响，但不能控制和改造”的关系。当然，“影响”一词的含义是模糊的，大体上是指对另一物的有所触及、有所作用、有所扰动。人与自然界之间的影响又有多种情况，例如一种是自然界影响人，使人直接感受到自然的物性和力量，而人还不能（或未能）给自然界施加影响；另一种是人会能动地影响自然界并接受自然界的影响，只是人的影响还未达到对自然的控制、加工和改造的程度；当然还会有中间的状态。

天然自然的力量作用于人，干扰人，使人们感知（直接经验）到和认识到大自然的威力和“奇妙”，而人却无能为力（或基本上无能为力），这类事比比皆是。火山爆发、台风袭击、暴雨成灾、地震破坏，都是自然影响人而人不能控制的，至少在可预见的未来几乎无法控制。

在人们对天然自然进行直观观测（非实验观测）的某些场合，尽管人显示出自己的主动性和能动性，如制作和利用仪器，但却只能接受自然信息而不能影响天然自然。这就好像在天文观察中用望远镜接受天体的光，或用照相机在飞机上拍摄地形地貌。

在人们对天然自然进行直观观测的多数场合，人则是要影响天然自然的——尽管这种影响在实际工作中常应忽略或可忽略。例如，要了解风速、河流水速、人体温度……总要用风速计、流量计、温度去“作用于”被观测对象，造成某种人为的差值，才能得到反应，获取信息。这类仪器所进行的实际上是人为干扰的观测，严格地说它观测到并不是对象的真正的、精确无误的性状，而是某种人为差值下的反映。

例如，流速计的机械阻力不可能等于零，要用它测量流速就必然要使被测水流或气流的本来流速有所改变。温度计不可能与被测对象同温、同比热，用它测量温度必然要分走一点被测对象的热量，从而会使其本来温度有点变化。即或是现代的非接触式测量，也会对被测对象有一点点干扰，使被测对象（至少是其微观状态）的“本来面目”有一点点改变。只不过这种干扰和改变要比接触式测量小得更微不足道。

总之，在这样一类观测中，一是要干扰或影响自然，二是这种影响造成的改变很小（远谈不上对被观测对象的改造或加工），三是还要尽量减少对被测状态的改变（而不是做“破坏性”实验）。人们通过这类观测实现的是感知对象的目的，而主要不是致力于把自然过程人工化，也不可能通过观测来控制自然界的运动，被观测到的天然自然仍然是天然。

人们通常进行的自然考察或调查也大体上属于这类有所影响但不能控制和改造的关系。开一艘考察船到南极同南极的人工化是两回事，也许还正相反，考察南极的目标是为了尽可能保持南极的天然自然本来面目。对野生动植物品种的调查活动也许会吓跑一只野兔，但这个调查在根本上不同于把某个地域人工化，而可能是为了建立自然保护区。对原始森林的实地考察会在森林里留下人的脚印，从这点看它似乎不那么原始、不那么天然了，已有了一点点人工化，但如果只从几个脚印就断言这里已经人工化了，也不足服人。

第三，人与自然界之间还存在着“控制、变革、改造、创建和加工”的关系，在这里才有真正意义上的、更大程度和更高层次的人工化。自然界的人工化，又可以分为若干不同的情况或层次。

人们不仅是对天然自然进行观测或考察，而且还从事并做到了对天然自然的控制，这里就已经带有人工自然的性质了。进行野生动植物的资源考察，同建立自然保护区，有着重要的区别（尽管后者以前者为前提或前者可能是为了后者），野生动植物资源考察可能不破坏资源，而建立自然保护区乃是要保护（即控制）自然资源免受破坏。自然保护区中的野生动植物虽然在很大程度上仍是天然自然，自然保护区却是人造的，在天然自然无所谓保护区。而且，自然保护区不仅有人对自然条件的控制，还有着对社会因素的控制，甚至主要是对社会的人的控制，是法律的和伦理的控制。

人对自然过程的控制表现于诸多的情形。在建筑物上设置避雷针，并不能改变天然自然中的雷电过程，但它却可以限制雷电的破坏范围和程度，在建筑物附近形成人工的安全区，这也是具有人工自然色彩的控制。某些疾病的预防接种，某些药物的保护性疗效，并不从根本上改变人的自然机理和病理，而主要是一种控制（防患、减轻或维持）。

把天然自然作某种形态上的改变（变形），具有多一点的人工化因素。把野生的牛马鸡鸭驯化为可作为动力的牛马和家鸡、家鸭，加深天然港湾使之成为有相当规模吞吐量的口岸，大体上属于这种情况。

创建和加工出天然自然界本来没有的东西，是更高程度的人工化，这里有典型的人工自然。古代的人们就有了这种创建，例如在没有天然水道的地方修一条运河，近代人则兴建了诸如引滦入津这样的工程。修成运河与疏浚港湾有很大不同，前者是创造出了人工河。

近代工业充分地体现了人对自然界的创建和加工。人造毛、人造卫星、人工肾、塑料、录音机、计算机、激光器、核电站、航天飞机等，都是天然自然界没有的，乃至是没有“自然原型”的，它们是高层次的人工化产物。

人们对社会制度、社会组织、社会文化的建构，可以说是最高层次的人工化，尽管归根到底它们也同人与自然的关系有关，但已超出了一般人工自然的范畴。

对自然界的人工化作上述的大致划分，会留下许多仍待分析的问题。首先，天然自然与人工化的自然、天然物与人工物，它们的界限是不易分明的。我们可以在长江沿岸修堤人工控制洪水免于泛滥，可以疏通长江的河道使之更利于通航，可以在长江上建造葛洲坝这样的人工物，但我们是否可以说长江已经实现了人工化或基本上不再是天然自然呢？大量合金（如钼铁合金、铝硅合金）是人造物，而且其中有许多是在天然自然条件下无法生成或找到的，我们是否可以说它们呈现的主要是人工属性而并非天然属性呢？

其次，还可以问，自然的人工化究竟有何规律。如果自然界的人工化规律就是天然自然规律，根本不存在特殊的人工化规律，人工化过程和人工物何以有自己的特点。如果人工化有其特殊的规律性，人工化是有章可循的，这种规律性又是什么，是否可以说存在着非天然的“人工规律”？

再次，自然界的人工化该作何评价，是否人工化就好，人工化程度越高越好。除了人工化，是否还可以设想人工自然和人工自然物创造中的天然化，在人工化与天然化，人夺天工与回归大自然之间，应有怎样的关系，以及人工化的实现有何限制和弊端。

诸如此类的问题在后面的章节还要讨论，这里只分析自然界的人工化、人工自然的基本概念，并涉及“人化的自然”、“社会的自然”等提法。

首要的前提是人与自然的分化。在没有人的时候，无所谓自然界的人工化和人工自然，只有天然自然。而从严格的概念关系讲，在没有人的时候，其实也无所谓天然自然。只是因为有了人，有了人工自然，天然自然的概念才有意义，天然自然与人工自然是因互相区别而存在的，就好像生物中如没有家鸡，也无所谓野鸡，没有野鸡则无所谓家鸡。

从逻辑上讲，天然自然的概念是因人、人工化和人工自然的出现而建立的，有人工自然以后天然自然的提法才有意义。但从现实的基础和演化的过程看，人工自然发生于天然自然之后，是天然自然演化的产物，立足于天然自然的根基，从这个意义上，天然自然是第一自然，人工自然是第二自然。

天然自然可以定义为是不依赖于人和人的力量而存在的物质世界。这里所说的不依赖于人，不仅是指天然自然存在于人们的意识以外，不依赖于人们的感觉、精神而存在，而且还指根本不依赖于人、在人类产生以前乃至在人类消亡以后的自然存在，这里的“自然”既指日月星辰等自然实体、自然物，也指“自然而然”的客观规律性。在人类产生以后，非人工化的自然界依然存在。

人工自然也有其物质性、客观性，不能把人工自然物归结为感觉的复合或神仙的造化，但人工自然的产生毕竟是依赖于人的存在、人的力量、人的创造和人的意识（如设计）的，尽管这里的精神变物质，要以物质变精神为前提和基础。

总体说，无论是天然自然还是人工自然都有物质性、客观性，无论是物质变精神的“物质”，还是精神变物质的“物质”，都是客观的存在。就物理化学构成看，无论是天然自然物还是人工自然物，都由“统一的”分子、原子构成。人工自然的概念，主要是突出地表明人与自然界关系中的主体地位，是明显地标志人在创造“自己的自然界”中的主导作用。人工自然仍然是自然，只不过不同于“自然而然”的自然。

我国的大多数哲学工作者、自然辩证法工作者采用了人工自然的概念，但又略有差异。如于光远同志既认为，与“天然的自然”相对立，最好使用“人工的自然”的术语，同时又认为人工的自然范围狭窄，主张用“社会的自然”与“纯粹的自然”相对应。①

作为技术哲学（尤其是侧重于工程的技术哲学）的基础内容，也为了叙述的简明，本书采用了人工自然的提法，并同时认为它与“社会的自然”没有什么原则的不同，甚至没有宽窄的区别。人工自然的创造当然离不开社会条件、社会基础，当然有其社会内容、社会意义，人工化会推进社会发展，也会造成对社会的消极影响（环境污染也是人工化的产物），但这些问题未必一定要用“社会的自然”的概念去分析，或只有用这个概念才讲得更清楚。

还有一种解释，是采用“人化的自然”或“人化自然”的概念。这种解释，多半引用马克思曾提到过“人化的自然界”。马克思曾写道：“不仅五官感觉，而且所谓精神感觉、实践感觉（意志、爱等等），一句话，人的感觉、感觉的人性，都只是由于它的对象的存在，由于人化的自然界，才产生出来的。五官感觉的形成是以往全部世界历史的产物。”②

如研究马克思这段话的前后文和原意，应当认为，马克思在这里讲到的人化的自然界，实际指的就是人工化的自然界、人工自然或社会的自然界。要是这样来理解，似乎就没有什么可争辩的问题。

问题是有人把“人化自然”同“人工自然”做了有重要区别的解释。即认为凡属由人所认知、感受、推理、想象的自然存在都是人化自然或属人的自然，电子、原子、月亮、地球、太阳、银河系等都是人化自然。这样的人化自然或者把人工自然也包括进去，至少是与人工自然并列存在。

这里不能来讨论这样的“人化”——这应是科学哲学、自然哲学要研究的问题。但对“人化”的这种界定是费解的，说人们不可能看到电子本身、月亮本身，说也不存在着电子本身、月亮本身，而只能讲到“人化电子”、“人化月亮”，固然有其认识论上的“理由”。说用望远镜看到哈雷彗星就使这个天体人

① 于光远等主编，自然辩证法百科全书（“自然”条目），中国大百科全书出版社，1994。

② 马克思，1844年经济学哲学手稿，人民出版社，1985。

化了，用温度计测得北极气温就使这个地区人化了，这样的解释也许始终只有个别哲学家感兴趣和能懂得，我们这里不再讨论这类对人化的特殊理解。

三、人工自然的特点

考察自然界的人工化，已经论及人工自然的特点，人工自然同天然自然之间的区别和联系。这里再作一些补充的、展开的说明。

对于人工自然的特点或本质特征，已有不少文章做了有益的分析。如有的文章认为人工自然的本质特征是：目的性、对科学技术的依赖性和被改造过的物质性。有的文章认为它的本质特征有五个，即①改造过的客观物质性；②满足主体需要的价值性；③对象化了的人类意识性；④凝结着的社会实践性；⑤人与自然相互转化、协调发展的中介性。①

这里，更侧重于同天然自然的比较中，分析人工自然的特点。为了说明问题，多少采取了极端化的方式，故意把某些区别讲得更泾渭分明。

第一，天然自然是“第一性客体”，人工自然属“第二性客体”。在天然自然与人之间有物质第一性、意识第二性（唯物主义的最根本的观点）的关系，在人作为主体反映天然自然的客体时，自然客体作为第一性的客观存在，在内容和形式上决定着主体意识，简而言之，这里有客体→主体的关系。

但是，就人工自然的形成和创造看（而不是仅从解决认识论的基本问题看），就人工自然与人之间的关系看，则有“意识第一性、物质第二性”，更确切些说，是主体意识决定着客体的结构和功能，即有主体→客体的关系。

作为一种简化，可以认为“（天然）自然—人—（人工）自然”同“物质—精神—物质”，同“客体—主体—客体”，有某种一致性。而正像可以把（天然）自然叫第一自然，把（人工）自然叫第二自然，也可把“客体—主体”中的客体称第一性客体，把“主体—客体”中的客体称第二性客体。

这种区分绝不只是词语上的，决非文字游戏，而是对精神变物质的说明。人工自然是第二性客体，作为客体，它有自己的物质性；作为第二性，它又依赖于人和人的意识。也就是说，在这里总是先有人们头脑中的某种观念、设想、理性、计划、希望、幻想，然后才有意识的物化、对象化，才有自然的人工化。第二性客体与第一性客体的划分，同时也就否定了对唯物主义的

---

① 巨乃岐，试论人工自然的本质特征，科学技术与辩证法，1995，12（4）：11～14。

简单化理解。

第二，与前一点相关，在天然自然中存在的是“自发性作用”的规律，在人工自然过程中则有“应用性作用”的规律，虽然“自发”与“应用”并非贴切对应的概念。

无论是在天然自然中起作用的自然规律，还是在人工自然领域起作用的自然规律和社会规律，都是客观的、普遍的必然性，在人们还没有认识（经验地或理性地把握）和利用它们时，会以人们意想不到的、盲目的力量起作用。

在人类产生以前的天然自然界，以及在人类出现以后尚未被人们意识到，或虽有所认识但尚未能影响和控制的天然自然中，自然规律依然按照自己的力量起作用，谈不到被人自觉地或不自觉地利用。例如，运动必然趋向于平衡，热量必然从高温状态趋向于低温状态。例如万有引力必然使物体从高位能趋向于低位能，水往低处流。这种自然规律按自己的必然性起作用，乃是一种自发的作用。在这里，尤其在无机自然界，无所谓成功或失败，或只可能有成功(实现其必然趋向)，不可能有失败。

在天然自然界，事物在客观规律的自发性作用下有其必然趋向，从一定意义上说，也有其运动的目标，或者说有其目的地，如热量趋向于熵最大，水流趋向于最低处。但这种必然趋向于某种目标，只是在借用意义上可称之为“目的”——自发性、盲目性同目的性是词语的或逻辑的矛盾。

在人工自然界，客观规律的自发作用仍会存在。然而，由于人可以自觉地应用或实际上应用自然规律和社会规律，情况却有了根本性的变化。在这里不仅有水往低处流，还有人往高处走，而且由于人的应用还会有水往高处流。

人们行为的选择性，实际上是有选择地应用客观规律。万有引力和动能可以转化为位能都是自然规律，前者的自发作用是水往低处流，后者的自发作用的一种表现是鸡毛飞上天。在人们的实践中，可以造出火箭并利用动能转化为位能的规律把重物送上天，从而抵消、削弱重力规律的自发作用。化学反应趋向于平衡是自然规律，在反应条件（如浓度、温度等）发生变化时，化学反应的平衡点移位也是自然规律，只有化学反应趋向于平衡规律的自发作用，人们就不可能连续地生产农药或化肥。但人们却可以造成“打破”或“反对”平衡的条件，如不断添加反应物和取出生成物来使自发平衡点移位，从而源源不断地得到化工产品。

在人工自然领域的“应用性作用”规律，也可以说是一种“定向作用”规律，只不过这不是自发趋势的方向，而是人的目的方向，是人所选择的方向，就好像人们应用自然规律进行定向培育、定向爆破。既然是应用规律，既然有定向目的，就相应有所谓成功或失败，顺利或挫折。

人们对客观规律的应用，可能是实际的、暗合的（如古代的人们筑坝），也可能是自觉的、理性的（如现代的人们修三峡工程），当然这种区别只是相对的。

第三，天然自然只有“一重性”即自然的属性，人工自然则有两重性即自然属性和社会属性。

天然自然和人工自然都有自然属性似无需说明，人工自然的创造必须利用自然物质、自然能源和自然信息，必须遵循自然规律，人工制成物必然具有自然性质，它们都是自然科学的研究对象和内容。

人工自然与天然自然的重大的、本质的区别，是前者有多方面社会的属性。尽管本书采用了人工自然的提法，而没有统称“社会的自然”，但决不反对人工自然在一定意义上就是社会的自然。

人类对自然界的利用改造，自然界的人工化是始于人的自然属性的，人必须首先作为肉体的存在，作为自然人，满足吃喝的自然需要才能活动。自然的人工化，首先是要提供满足自然需要的生活资料。现代的农业、食品工业、纺织业、建筑业、家电业中空调等产品的前提条件必然是符合自然人或人的自然属性的要求，而不是以美观大方作为最基本的标准。

人类对自然界的利用改造，自然界的人工化是基于自然规律的，任何迫切的社会要求和无比强大的社会力量，如果与自然规律不符，都不会成为现实。制造永动机的失败，大炼钢铁运动中的失败，根本上不是由于缺乏社会支持，而是因为没有“自然支持”。

然而，人工自然的始于自然属性和基于自然规律毕竟只是前提，它的社会属性乃是更本质、更重要的方面，人工化的程度越高，人工自然越发展，这个方面就更加明显和突出。

人类一开始就不是作为单个的自然人或相加的自然人而产生和存在的，人类的劳动一开始就是社会的活动，社会的需要、社会的利益、社会的意识制约着自然界的人工化。古代文明的代表性业绩（如罗马竞技场、埃及金字塔和中国万里长城），现代文明的顶峰性成果（如回旋加速器、电子计算机、航天飞机），都不能或主要不能用人的自然要求和自然人的属性来解释。在阶级社会中，自然界的人工化、人工制品的种类和功能，在很大程度上要受到阶级的动因和阶级利益的影响。

人工自然的创造要靠人工，但却不是自然能做到的，这不仅需要利用社会规律（如生产关系要适合于生产力的规律、经济核算的规律、劳动心理的规律等），还必须要有足够的社会支持，如适宜的社会经济体制、资金和法律保证。

人工自然建造的规范和评价的标准也是社会性的。这里不仅有节约的准则、坚固耐久的准则，还有着美的准则。正如马克思曾指出的："……人却懂得按照任何一个种的尺度来进行生产，并且懂得怎样处处都把内在的尺度运用到对象上去；因此，人也按照美的规律来建造。"① 人工自然的建造不仅在各个时代有异，在各个国家、各个民族间也有区别，尤其在建筑、服饰方面。

第四，天然自然的演化是慢节奏的，人工自然的演化是快节奏的。

在天然自然中也有快节奏和极快节奏的演化，现代天文物理认为，基本粒子的生成、化学元素的生成，在宇宙早期以秒计的时间就发生了。但在宏观和宇观领域，对于地层积淀、元素蜕变、物种的自然选择、恒星形成等演化过程，以百年计常常是微不足道的。

人工自然领域也有相对慢节奏的演化。例如，农业（可理解为对天然自然中植物生长的模仿）和烹调以及其他的一些手工制作，在上千年以上的时间没有很明显的改变，即使发达国家的农业在今天仍在颇大程度上是靠天吃饭的。

但是，由于人们可以定向地、强化地、集约地应用自然规律，由于有诸种社会因素的支持和协同作用，特别是由于人们的经验和知识的世代积累，相对来说，人工自然的演化速度要比天然自然更高，尤其是那些人工化程度较高的过程和创造物，更以快得多的速度在进化着。

人工自然是按加速度规律发展的。人类使用石器的时代经历了 200 多万年，铁器时代有几千年，蒸汽时代不到 200 年，电气时代在几十年中就达到了兴旺阶段，电子计算机甚至会在三五年里就更新换代一次。人工自然变化之快，是近现代人都未曾料及的，在人工自然的演化中，真正有现代的一天超过历史上的 20 年的情况。正因为人工自然的变化甚快，例如，在不到 100 年的时间里出现了电灯和电话、广播和电视、飞机和火箭、人造纤维和抗生素、核电站和人造卫星、电子计算机和激光器，才使人工自然具有极为重要的意义。

人工自然与天然自然相比的这些特点都不应绝对化。从人工自然是主体有意识的创造，是精神的物化（精神转化而来的物质）看，人工自然是"第二性客体"，但人工自然（如工具和其他种种人造物）又可以作为人们再反映和认识的对象（如技术科学、工程科学），这时，人工自然又是物质存在的"第一性客体"。在人们实际地而不是自觉地、经验地而不是理性地应用客观规律时，也很难明确地排除客观必然性的自发性作用。至于自然属性同社会属性的界限、快

① 马克思，1844 年经济学哲学手稿，人民出版社，1985。

与慢的界限，更常常会模糊不清的。医生究竟何时应把患者主要地作为自然人对待，何时应把患者主要地作为社会人，画家感受到的自然美究竟主要是自然属性，或主要是社会属性，或许还会讨论下去。

四、人工自然的意义

天然自然对人类文明尤其是早期文明有重要影响，古代的四大文明区都与大河流域的自然地理条件有关，这就是古巴比伦（幼发拉底河与底格里斯河）、古埃及（尼罗河）、古代印度（印度河）和中国（黄河）。河流附近的土壤和灌溉条件使农业文明得以生成。

天然自然条件的多样性是人工自然创造的基础，有利于人工自然发展的环境是自然条件的差异性。马克思说过："资本的祖国不是草木繁茂的热带，而是温带。不是土壤的绝对肥力，而是它的差异性和它的自然产品的多样性，形成社会分工的自然基础，并且通过人所处的自然环境的变化，促使他们自己的需要、能力、劳动资料和劳动方式趋于多样化。"①

在现代，天然自然的资源条件（如石油、煤和矿产的丰度，森林和土壤的广度和沃度），对一个国家和地区的发展和富裕程度仍有重要的影响。

但是，对现代文明有最重要意义的并不是天然自然的状况，而是自然的人工化和人工自然的创造，也可以说，文明化与人工化是成正比关系的。马克思曾区分了两类对人类文明的自然富源，一类是提供生活资料的天然富源，如肥沃的土壤、大量的鸟兽和鱼类等，另一类是提供生产资料的自然富源，如金属、煤炭、石油、水力等，并指出，"在文化初期，第一类自然富源具有决定性的意义；在较高的发展阶段，第二类自然富源具有决定性的意义。"②

对马克思的这段话可以作如下的理解：在早期，天然自然的富源对人类文明有决定意义；在近现代，对人类文明有决定意义的是人工自然的富源——由自然界的人工化所提供的富源，更适应于自然界人工化需求的富源。

历史和现实都表明，人类文明的发展与天然自然的关系趋于减弱，而更多地依赖于人工自然。人们发明和制作的纺织机、蒸汽机、电机、计算机等是世界文明的标志已人所共知，这里再举一点例子。

在有的土地面积不大、天然资源不多的国家或地区，主要依靠远洋轮、加

①② 马克思恩格斯全集（第 23 卷），人民出版社，1972。

工业或金融，却有了相当高的物质文明发展；我国的一些经济相对落后的省份或地区，根本上并非天然资源（如地下的煤或原油）贫乏，而是由于人工化加工深度低和交通运输条件差；在一些热带国家和地区，夏季炎热的天然条件使人们难以工作、生活和娱乐，制约着那里的经济发展，自从兴建了电站并有了空调器，就有了较大的变化。人工化造成过火车文明、汽车文明，也造成着计算机文明、空调器文明。

现代人一出生，就要在更加人工化的环境中发育成长，在不满周岁时要接受多种疫苗的注射，但这样一来他们就能活得更健康（婴儿死亡率更低），也更文明。

在古代，只有帝王将相可能有高水平的生活享受，尽管这样，他们也不可能坐沙发、看电视，冬天没有暖气，轻易不能沐浴……而这些是当代的普通家庭、普通居民都可享用的，仅从这点也可认为是人类文明的进步。

人工自然的创建和发展，有着重要的社会文化意义。戏剧、音乐、绘画、电影，从形式到内容，都随人工化程度的提高而发展，例如有了由多种精巧乐器组成的交响乐和特技摄影。人类按照美的规律生产出人工自然，又从人工自然得到美的享受。

自然科学的进步在更大程度上取决于人工自然的状况。物理学的内容曾经主要是反映天然自然的声、光、电、热过程的，作为现代物理学的研究对象，则有超导体、超流体、核裂变、等离子体等人工造成的客体，用于物理学研究的又有超高温、超低温、超高压、超真空等人工造成的手段，这就使现代的物理认识达到了极为丰富和深刻的水平。现代物理学已成为真正意义上的人的科学，至于应用物理、工程物理则更是人工化程度很大的科学。

自然界的人工化和人工自然过程对哲学发展的影响在前面已有论及，这里再作一点补充。就一定意义上可以说，马克思以前的唯物主义、旧唯物主义乃是天然自然的唯物主义，对天然自然作直观理解的唯物主义，而马克思主义的唯物主义是能动的唯物主义、实践的唯物主义，也就是立足于人工化的唯物主义，是既反映天然自然又反思人工自然的唯物主义。

在马克思、恩格斯的著作中没有见到“人工自然”的提法，但他们曾讲到“人的现实的自然界”、“人类学的自然界”。如马克思说过，“……在人类历史中即在人类社会的生产过程中形成的自然界是人的现实的自然界；因此，通过工业——尽管以异化的形式——形成的自然界，是真正的、人类学的自然界。”[①]

① 马克思恩格斯全集，(第 42 卷)，人民出版社，1979。

可以认为，这里讲的在人类生产过程形成的自然界、通过工业形成的自然界、人类学的自然界，就是人工自然。

马克思和恩格斯不仅一再指出：生产（创建人工自然）是人们认识天然自然的基础和源泉，而且指出了人工自然（而不仅是天然自然）乃是人们认识的对象。他们针对费尔巴哈所主张的“纯粹的”唯物主义和对感性世界的直观，强调指出：“他（费尔巴哈）没有看到，他周围的感性世界决不是某种开天辟地以来就已存在的、始终如一的东西，而是工业和社会状况的产物，是历史的产物，是世世代代活动的结果，……甚至连最简单的‘可靠的感性’的对象也只是由于社会发展，由于工业和商业往来才提供给他的。”①

马克思和恩格斯在这里讲的“开天辟地以来就已存在的、始终如一的东西”也就是天然自然、非人工化的自然，费尔巴哈只看到这点，而没有看到人们在实践中由可靠的感性所感知的乃是世世代代活动的结果。马克思和恩格斯在写了上面这段话后紧接着举了一个例子：樱桃树在德国并不是从来就有的，只是在几个世纪以前由于人们的商业活动才在这个地区出现，“由此可见，樱桃树只是依靠一定的社会在一定时期的这种活动才为费尔巴哈的‘可靠的感性’所感知”。

我们还可以补充说，现代人特别是城市居民的感性世界对象更不是纯粹的天然自然，人们放眼看到的台灯、书架、壁钟、楼房，听到的马达声、喇叭声，嗅到的香味、异味……几乎都是人造出来的，除了室外的阳光（还被人工化大气折射）甚至很难感到天然自然的气息。尽管人们可以对此持批判态度，但并不能否定人工自然已成为主要的认识对象的现实。

人工自然是人的创造，人工自然的存在和发展又是人的力量和认识价值的证明，其中包括对交通和商业作用的证明。例如对于农作物和家畜家禽的培育，这里当然有农业畜牧业的作用，即如恩格斯所说“植物和动物经过人工培养以后，在人们的手下改变了它们的模样，甚至再也不能认出它们的本来面目了”，然而，我们不可忽略在动植物人工化中起同样重要作用的还有商业、商人及旅行家，不可忘记恩格斯在同一处还说，“他们把有用的植物和家畜从一个国家带到另一个国家，这样把全世界的动植物都改变了。”②

近代和现代的人工自然创造，更证明了人的认识和知识的伟大力量。当然，天然自然的力量是极其巨大的，而且至今在许多方面仍是人力无法抗拒的，但

---

① 马克思恩格斯选集（第 1 卷），人民出版社，1972。

② 马克思恩格斯选集（第 3 卷），人民出版社，1972。

就人工物和人工自然看，又确实只有人才是唯一的、真正的造物主。马克思讲过一段话深刻地说明了人工物创制的意义，他说："自然界没有创造出任何机器，没有创造出机车、铁路、电报、走锭精纺机等等。它们是人类劳动的产物，是变成了人类意志驾驭自然的器官或人类在自然界活动的器官的自然物质。它们是人类的手创造出来的人类头脑的器官；是物化的知识力量。"[①]

技术是实现自然界人工化的手段和方法，人工自然的意义也可以说是技术化自然或技术的意义。技术哲学也可以理解为就是关于人工自然的哲学，或首先是关于自然界人工化的哲学。技术及其意义将是后面各章节会继续讨论的内容。

前已提及，对于人工自然或自然界人工化的意义，不能仅从其对人类文明和社会文化有推进的方面去理解。事实上，化学污染、噪声、环境病、生态恶化以及毒品、细菌武器等等都是人造的，它们的造物主也是人而并非天然自然。但这样一来又可能发生"概念矛盾"：人工自然是由主体的需求和目的创造的；不少人工物又不利于人的生存和发展。为此，有的人提出要再划分出"常态人工自然"和"异态人工自然"，从而免于人工自然的良莠不分。当然，人工自然中的两重性是颇为复杂的，我们在后面的章节还会涉及这个问题，例如技术的两重性。这里只涉及一点，对于自然界人工化的"消极意义"或人工自然的弊病不能仅由"人与自然的矛盾"去解析，也不能仅从人们在创造人工自然中会破坏自然和得到出乎预期的结果去说明，这里还有今人创造人工自然与后人创造人工自然的关系，一个民族、一个国家、一个地区的人们创造人工自然与另一些民族、另一些国家、另一些地区创造人工自然的关系，而认识与处理这些关系是科学技术哲学不足以胜任的。同时，在这些关系中存在着诸多的矛盾和困难，又不是否定人工自然意义的理由。

参考文献

陈昌曙 . 1985. 试谈对"人工自然"的研究 . 哲学研究，(1)：40～46

黄顺基等 . 1991. 科学技术哲学引论 . 北京：中国人民大学出版社

李伯聪，1988. 人工论提纲 . 西安：陕西科学技术出版社

西蒙 H〔美〕. 1987. 人工科学 . 武夷山译 . 北京：商务印书馆

① 马克思恩格斯全集（第46卷下），人民出版社，1980。

第四章　创造人工自然的技术领域

人工自然的创造取决于技术的手段和方法，自然界的人工化也就是技术化，人工自然的范围等同于技术圈，讨论人工自然与考察技术过程是不可分割的，或本质上是一回事。

作为技术哲学引论，可以从技术的定义和技术的系统入手来阐述。本书从讨论人工自然及其特点和意义入手，相应的，也先来说明创造人工自然的基本内容，技术活动的基本形式和类型，在作这种略为具体又略为概括的分析之后，再（于下一章）进入更抽象的层次——考察技术的本质和构成。

对于人工自然创造的基本内容和方面，国外的学者已有所论及，尽管其出发点和侧重点各有不同。例如美国学者把人们活动分为手工制作（crafting）、发明（inventing）、设计（designing）、制造（manufacturing）、开动或加工（working）、操作（operating）、维护（maintaining）等类型。日本学者吉谷丰把劳动过程分为采取、精制、加工组装、建设、能源、给水、信息和运输共八类。星野芳郎则认为有七类劳动过程，即采取、原材料精制、机械生产、建设、输送、信息处理和能源生产。本章拟把创造人工自然的内容和过程分为①采取，②加工，③控制，④保障作概要的分析。本书整个来说是尝试性的，这里的“四分法”尤其是尝试性的；它似与产业划分相关，又不同于产业分类；它有别于劳动过程类型，又接近于劳动领域划界。首先和较多地讨论“采取”，可能是本章的一个特点。

一、人工自然创造的基础——采取

人工自然是人靠双手创造的，确切些说是由人手加天然自然造成的，在这里没有也不可能有真正的白手起家。所谓人手加自然的“加”首先是向自然采集、开采、采掘、索取，或统称“采取”。

人工自然起始和立足于对生活资料的采集，包括采集野果，“采集”林中的兽、水中的鱼，特别是培植和采集农作物果实。把农、林、牧、渔归之于“采集”或采取，并认为在这个基础上才有农产品和林木的加工，固然很重要，又似乎没有特别理由可讲。

需要讨论和多说几句的是对地下资源的开采或采取，包括对煤炭的采掘、对金属矿和非金属矿物的开采，对石油和天然气的开采。在这个问题上，也许该说的话都已由采煤专家、采矿专家和采油专家讲过且讲周全了，无需再从自然改造论或技术哲学上发一番空论，更无需用工程界不通用的“采取”概念来表述本已清楚的采掘或开采。至少，如果还要从自然改造论的角度去讲点话，就需要回答这种“再分析”究竟有无一点用处或新意。

让我们暂且在“采取”的概念下来考虑一下采煤、采矿和采油的共性——作为人工自然创造基础的共性，这种共性大致上有以下的八个密切相关的方面。

第一，采取是直接面向天然自然的，是直接向天然自然索取，是人工自然与天然自然之间的通道和桥梁，是加工制作和制造的前提，而加工制作则是间接地与天然自然联系。

在任何条件下，采取（广义的采集以及采掘）都是人类生存发展的基础，尽管随着历史的演进，从事农业和采煤、采矿和采油的劳动者比例已有大幅度的减少，但人们创造、利用和消耗的原粮、原煤、原矿和原油是不断增多的。从前一方面（减少）看，似乎可说采取业正趋于夕阳化，从后一方面（增多）看，采取仍在发展中。人类从天然自然的采取是永远不可缺少的，也不应短缺，除非人类自身的再生产趋于下降。我们切不可只看重于加工制造和服务，低估了采取的意义，不可盲目地、不加分析地使用“夕阳产业”的提法，而且要注意到一些发达国家在相当程度上是在消耗别国的煤、油、矿石和木材。

既然是采取，向大自然索取，前提乃是大自然已经或可能拥有，这个前提首先不取决于人，不决定于人手和人脑。没有最起码的土层条件和气象条件，就不可能有农林的采收。同样，天然资源在地下的储存量和储存条件，决定着采取的方式方法。也许正因为农业和采掘业（采煤、采矿和采油，虽然石油和天然气的开采未必贴切地属于采掘）都直接面向天然自然，都受制约于天然自然，又有类似的劳动加工（提供足够的采收量）和劳动特点（更与人力和经验相关），以及类似的社会作用（为了下一步的加工制作）和价值（人类生存发展的基础），因而应把采取（包括农业和采掘业，而不仅是农业）称为第一产业

(多数学者认为采掘业属第二产业)。

第二，人们在采取中面对的是黑箱性对象。在这点上，采煤、采矿和采油与农林渔的采集有不小的区别。尽管在土壤、气象和农林作物上也有不少未解之谜、但人们面对的基本上是看得见的实物和过程。在机械性的加工制造中，被处理的对象也大体上是看得见、摸得着的。人们通常把农业、纺织叫生产，把获取煤炭、矿和石油叫开采，或许是因为后者要在一定程度打开地下黑箱才能采取。

当然，对地下资源的开采是要有勘探的，现代勘探已有了很高水平，但再高明的对地下黑箱的勘探仍远不及X射线、CT和核磁共振对人体黑箱的探查。勘探所得与地下的实际情况仍有很大差距。地下高度复杂的岩土层走向、厚度和结构，地下水、瓦斯、地压的状况，矿石、煤、油的丰度和分布，不可能靠勘探搞得一清二楚，在多数情况下又不能采用露天开采的方法去打开黑箱，露天开采也要以对黑箱的勘探为前提，并只得在有限范围内开启黑箱。

正因为采取是对地下黑箱中资源的获得，它不仅是艰苦的，而且经常会碰到未能预料的不确定性和风险（如冒顶、井喷等），人们虽高度重视安全并日益更为安全，仍难以全然避免会有一定的伤亡。一家纺织厂没有也不该把生产与伤亡率联系起来，而煤矿则可能有每产百万吨或千日伤亡率方面的要求。

第三，在采取中对产品的品种和质量，特别是对增加品种和提高质量，往往难以作为重要的指标要求，而更侧重于要有足够的或应有的数量。一方面，采出的矿石、煤和石油需要满足加工制作在原材料和能源上供给量，避免供不应求；另一方面，采出的矿石、煤和石油应当尽可能接近当采地域的资源储存量，避免回收不足。

采取中产品的品种和质量，取决于后续的加工制作的要求和能力，又制约于天然资源的储存状态，后者乃是人力无法左右的。某地的自然资源就是烟煤、高硫石油或与钒钛共生的铁矿石，只靠开采无法使之成为无烟煤、低硫石油或单一铁矿石。只靠采矿，也无法使采出的铁矿石含铁量增加一个百分点。

采取本身不能增加产品品种，但并不是没有任何质量要求，也并非全然不能“提高质量”。实际上，无论是采煤、采矿还是采油，都难以原封不动地把地下资源拿出来，而会在采取过程中混入某些异物或杂质。采煤、采矿通常都要实施爆破和凿岩，使相当部分的矸石和岩块掺于原煤原矿，采油往往要实施注水加压，使水分混于原油，从而降低煤、矿石或石油在天然储存状态下的纯度或质量。采取中的提高质量乃是力求在开采过程中减少杂物和异物的掺混——这种提高质量乃是一种减少质量降低的相对提高，更确切些说乃是要保证质量，保持天然资源的原来质量。

简言之，对采取来说，最重要的不是也不可能是多品种和高质量、而是稳产高产及其持续性。人们关心和担心的不是一座矿山或油田有什么新的优质产品，而是它在多少年里能维持年产多少吨，在多少年后其年产量将会递减乃至产量衰竭。对于采煤、采矿和采油的历史发展，也着重于从产量吨位的增加来反映，一国、一地、一座矿井或油田在采取上的重要性或地位，主要从其产量大小来比较，而不从何者产品新、质量高来衡量。而且，这种数量上的尺度，不仅要以吨计，而是要以万吨、百万吨来衡量。就相对单一的产品（如原煤、原油）来说，采取乃是人类为创造人工自然而进行的规模最大和最“沉重”的活动。

第四，人们在采取活动中，在很大程度上要用相对众多的人力的双手，去使用大而重又相对粗笨的手段，并依靠主要由重复和熟练得来的经验。

各种人工制品的加工生产需要大量的原材料，对天然资源的采出又需剥离数倍乃至几十倍于资源量的岩石和土层，采煤、采矿、采油都需要大型设备（如大型钻机、电铲、重型汽车、海上石油平台），而且常常要有多台大型设备同时作业。对于开采用的设备，出力大或“威力”大是其主要特点，却可能未必都很精密和精确。

由于采取面对着复杂多样的、黑箱性质的天然自然条件，更需要人们随机地视情况不同确定对策，它的整个进程以及各部分的活动（如勘探、开拓、生产、输送等）的自动化程度都相对较低，因而无论在过去和现在都需要较多的人力，即或在发达国家，采煤、采矿和采油也属于劳动密集的活动。

同样由于对象的复杂性和黑箱性，采取天然资源的过程的规范性、明确性较差，许多工艺参数难以较准确和精细地确定，常需留有更为宽裕的余地（如安全系数），从而又会更多地凭借于经验。在采取活动中的指挥者、操作者，更类似于在军事作战中的司令员和各级官兵，对他们来说最可贵的乃是要身经百战，见多识广，有处置各种事变的勇气和能力。

第五，在采取活动中，必须不断地进行基本建设，不断地研究新环境，才能保持简单再生产，更不用说扩大再生产了。对此，可以把一家纺织厂（汽车厂或制药厂亦可）同一座煤矿（金属矿山或油井亦可）作一比较。

例如，一家正常地设计和建成的年产 100 万平方米布的纺织厂，在通常情况下，只需按时供应原棉，可以无需新建或扩大厂房，也无需增加织机台数，就能持续地保持这个年产量，至少能在一段较长时期维持简单再生产。而对正常地设计和建成的年产 100 万吨煤的煤矿来说，在通常的情况下，如果不能每年每月扩大其“厂房”即采煤巷道，不能连续地增加“设备”如井巷支架，就无法在第二年、第三年仍然生产出100万吨煤，即连简单再生产也不能保证。煤、矿石或石油不可能在原矿井或油井源源不断地等量采出或涌出，必须要月月乃至天天都有新的建井活动，才不会衰落减产。在采油中有时虽可在原油井中加压注水来维持稳产，但为此也要添置加压注水设备。

即或简单再生产的采取也必须不断地进行基本建设，这种“基本建设资金”也理应成为采取活动的成本，并必须得到保证。从采取要求持续投入“基建资金”看，它又有资金密集性的特点，是劳动密集和资金密集兼而有之。不充分考虑到这种资金持续投入，就要求持续地稳产高产，就好像又要马儿跑又要马儿少吃草。

不断地进行基本建设，与不断地研究新情况和新问题，是密切相关的。一家纺织厂要维持简单再生产也会遇到需要重新考虑的问题，如棉花品级改变，但总的来说纺织厂要处理的对象相对波动不大，可以大致按固定的工艺和稳定的规范进行，其过程和结果均较易纳入计划。而煤矿由于天天月月都要向新的地层、煤层进尺，每进略大的一步都不能全部照搬前一步的做法，而必须随时研究岩层结构、支护要求和各有关因素（如瓦斯、地下水）的变化，及时调整开拓方案和作业措施。在采煤、采矿和采油过程中较少有常住的流程和规范，较难按确定不移的计划控制，更需要有不断总结、经常研究和适时变动。

当然，人们在采取中要不断探索的，大都不是科学前沿课题，但就其时时要关注新情况新问题，经常要积累和分析资料来说，又可以认为采取有其知识密集性——尽管其中经验知识的成分居多，甚或可称为经验知识密集性。这里主要强调的是采取要不断建设、不断研究，为此既需要有持续建设资金，也需要有持续的研究投入。极而言之，有的纺织厂甚至无需研究开发人员也能维持生产，至少可以再生产三五天乃至三五个月，煤矿一天不搞研究就难以持续正常开采两三天，采矿、采油也都必须要有自己的研究队伍，如果要实现扩大再生产，要使产量有较大幅度提高，就更必须有更多的建设和研究投入。人们向天然资源索取是要付出代价的，索取越经常、越多，代价也相应如此。

第六，作为一种总的过程和难免的趋势，采取乃是一种难度不断加大，成本日趋提高的活动。

开采的效率和成本是受多种因素制约的。一方面，科学技术水平的提高，经验的积累，会加快掘进和钻井的速度，加大对地下有用资源的回收比例，更多地实现机械化作业减少人力，应用更节约原材料的工艺，从而提高了开采的效率，降低开采成本。这个方面在近百年里，在经济发达国家，表现明显或是主导的趋势。

另一方面，人类对天然资源的开采又有着多种会降低效率和提高成本的因素如：

无论是采煤、采矿、采油，总是先采距地表较浅的再采深层的，在地下100米或300米去采出同样吨数的原煤，决不会消耗同样的人力、物力和财力，通常还相差较大；

开采总会先去采品位高些的肥煤、富矿，再去采低质些的瘦煤、贫矿，也就是说，得到同样数量（重量或体积）的资源却只有更小一些的价值；

开采通常先在有水源、气候适宜、较易于运输的地方进行，尔后才到高寒、缺水、运输困难的地区，先在陆上采再在海上和到海底采，虽然后者要有更多的投入。

以上这两方面表现于人类对原煤、原矿和原油的开采量迅猛增大（尤其在近百年），煤、铁和各种有色金属以及石油的价格明显上涨（尤其在近30年）。采取天然资源的成本加大，价格上扬，必然导致各种原材料和制成品的成本加大，价格提高。如果不考虑其他因素，仅仅因为采取必然有其难度趋大、成本趋高这一点，通货膨胀也就是难以完全避免的或也有其必然性。当然，科学技术的进步又可能和应当对通货膨胀有抵消作用。

第七，采取活动与经济效益的关系有较明显的间接性、模糊性，采取的水平与其效益往往是非线性对应的。在这里并非总是十分耕耘十分收获，十分的努力也可能只有七八分结果，十分的结果又可能只有七八分回报，当然这只是比喻而已。

采取的效益评价有其间接性，对采取活动的管理水平的高低，与其效益的大小常不成正比。甲纺织厂年投入（成本）100万元产出（利润）30万元，乙纺织厂年投入100万元产出15万元，通常可以判定甲厂的经营管理水平高于乙厂。而甲油田（或矿山）年投入1000万元产出500万元，乙油田年投入1000万元产出100万元，通常却未必是甲油田的经营管理水平肯定高于乙油田，或许在经营管理的努力和水平上它们是相差无几的，乃至还是乙略高于甲。乙油田的产出比低些可能主要是因为油层深、油区偏远、油质天然性能较差，而不是管理水平低。

采取的效益报偿也有其间接性，采取活动的价值和作用，与其得到的收益常不能及时反映，并常被“打折扣”。这种情况，与生产流向、资金流向之间的逆行或相位差有关。

从人类生产生活看，采取是基础，是源头，是采取→初加工→精加工→制作→成品→用户，作为基础和源头的采取，理应作为上宾，不会也不该受到亏待。这种关系同样也适用于农、林、牧、渔的采集或采取。

但从资金的付给流向看，采取又是下游，是源尾，是用户→成品→制作→精加工→初加工→采取，由于采取不是向人们提供消费用的最终产品，它的价值和效益要通过若干中间环节的传递或折射才能实现。

这两种流向是同时存在的、互补的，后者乃是前者的保证。但是由于资金流向中有折射，就难免或可能有滞阻、延迟、低估乃至克扣，又会影响或妨碍生产流向。当然，前一种流向终究是根本的、更有力量和必然被认可的，第二种流向中的阻力是一时的必会被消除的。

第八，采取作为一种创造人工自然的活动受到特殊的社会关系和社会文化因素的制约、影响。煤田、矿山和油井的开发会造就城镇，但它们大都在远离大城市的山区，边远偏僻的地区；采煤、采矿、采油是工业，它的环境、劳动条件、劳动力和影响又与农业紧密相关，如采取必然会涉及土地占用和地下资源的归属问题；采取还是艰苦的、相对更强体力的、蓝领活动。也就是说，采取过程相当集中地体现着城乡差别、工农差别及体力劳动与脑力劳动的差别。

与采取的环境相关，导致了多方面的社会问题、困难和纠纷，诸如文化娱乐条件较差，教育和医疗水平较低，与周边居民的矛盾较多，职工和技术人员队伍不够稳定等。

把采煤、采矿、采油以及部分地包括农、林、牧、渔统称为采取，并大致地列举了上述八个方面，可以认为是对创造人工自然的基础性活动，即采取技术及其应用的描述，这种分析与专门的采煤技术、采矿技术或采油技术相比，显得不够具体，偏于“空泛”；但与一般地讨论技术的本质和技术定义比，又不是那么抽象。或者说，这是一种自然改造论的技术过程特征分析，从中可以得到应当怎样看待和对待采煤、采矿和采油的有用结论。

二、加工在人工自然创造中的主导作用

对天然资源的采取是人工自然创造的基础，但采取本身还不能实现和完成对人工自然的创造。创造人工自然物的主体活动，乃是人们对采得的天然资源进行持续地加工——从初加工、精加工到器物的制作，统称加工。对人工自然的创造，本质上是对天然自然的加工、变革。

加工过程的特点，在说明采取活动时已有涉及，这里再作一些总体性探索

和讨论。

第一，无论从历史和逻辑上看，加工都是采取的发展，是人工自然创造和人类文明的进步。古代的人们在早期（蒙昧时代和野蛮时代）虽已有了石器加工，但主要是采集天然产物和扩大天然产物的生产，到后期（古代的文明时代）才有了较多的农产品、畜产品、木器和金属的加工。正如摩尔根提出和恩格斯概括的："蒙昧时代是以采集现成的天然产物为主的时期，人类的制造品主要是用作采集的辅助工具。野蛮时代是学会经营畜牧业和农业的时期，是学会靠人类的活动来增加天然产物生产的方法的时期。文明时代是学会对天然产物进一步加工的时期，是真正的工业和艺术产生的时期。"①

在现代，物质文化的创造更经历着由采取→矿物冶炼和石油分馏加工→对钢铁、有色金属和基本化工原料的加工和制备→再加工或制成最终产品的历程。经济发达程度与加工的进展和深度成正比：某些资源不丰富和开采量少的国家，因加工强而发达；另一些资源丰富的国家，靠出口资源或初加工产品，或虽富却不够发达，或仍是欠文明的。

第二，加工立足于采取，天然资源的状况规定着加工的方向和可能性、难易程度、方法和结果；加工又制约着人们对天然资源的采取，规定着采取的方向和现实性、规模小大、方式和手段。这种相互关系有点像生产决定着消费，消费又制约着生产并能在若干方面决定生产；本来，加工可以看作是对采取产物的消费。

采取对象的质和量，取决于加工的可能和需要。除了少量无需什么加工就可利用的自然物（如水果、矿泉水），人们究竟去开采何种资源决定于加工利用它的能力和水平。确切地说，天然自然物只有在可能被加工利用的条件下和时期里，才能称之为资源，而可能被加工利用是与成本承受、经济效益、时代和国家的科学技术水平相关的。

在采煤、采矿、采油中，对采取对象要求达到的最起码的质量要求，即由加工能力决定的、可称为资源的最低质量，乃是一种边界质量。例如并非任何含铁或含铜的矿石都是铁矿资源或铜矿资源，在当今尤其在中国，只有含铁量至少达到15%～20%，或含铜量至少达到0.3%～0.5%，才有采取价值或属于资源。达不到这样的临界质量，就无法进行选矿的加工和下一步的冶炼加工，也就无需去开采。当然，采取的临界质量并不是一成不变的，它的变动也决定于加工的需要和加工水平的提高。

---

① 马克思恩格斯全集（第21卷），人民出版社，1965。

加工对采取的作用，还表现于采取所用的手段是由加工制作提供的。不仅采煤、采矿和采油的动力机械和工作机械乃是加工制作的专门任务（如矿山机械厂），采取尤其是露天开采的运输手段也需很大的加工工作量。

向天然自然采取资源的规模和数量，直接取决于一次加工的需要，而这又决定于二次加工及加工为制成品的要求。近百年来，汽车制造和其他方面的机械加工需求的迅速增长，金属材料加工任务的猛增，以及加工动力供给的增加，高分子材料加工的崛起，乃是扩大采取量的根本原因，从1900～1980年，世界钢产量增加约27倍，铜产量增加约18倍，铝产量更增加2000多倍，采矿数量也按相应比例增加。仅1980年，世界钢产量达6.9亿吨，按炼出1吨钢需耗3吨铁矿石计算，相当于当年世界上无论老幼男女，每人都要承担开采出约半吨铁矿石。

加工还会在很大程度上决定采取的命运和前途。加工（连续不断和规模日益扩大的加工）当然要对某种、某地、某层的资源（如煤、石油）的采空耗尽“负历史责任”，同时，它又会对新资源的认定和开拓做出巨大贡献。煤的地下液化或气化的加工工艺进展，可能会根本改变采煤的面貌。核聚变“加工”的成功，将会使海洋成为取之不竭的资源库。归根到底，采取是要靠加工为其开辟道路的。

加工对下一节要讲的控制和物料输运来说亦居主导地位，这不仅因为控制和输运的手段是由加工制作提供的，主要在于控制大多数是对加工过程的控制，必须满足加工工艺和程序的要求。物料输运也取决和服从于加工。

第三，加工在更大程度上体现着人类改造自然的能动性和创造性。在采取活动中人们在很大程度上要靠天吃饭、靠地吃饭，而在加工过程中则有着人们的创造性越来越大，对天然自然的直接依赖性相对减小的趋势，甚至可以说，随着加工的一步又一步向前进展，人们离开天然自然一步比一步走得更远，而他们的创造性则一步比一步加大。

当然，人类在任何时候、加工在任何一个阶段都要依赖于天然自然，人工自然的创造永远需要人加自然，而不能只靠人的白手起家。当今的制盐、酿酒、制糖与古代相比几乎没有根本性的不同，现代的卫星发射仍要看天象，房屋建筑要考虑地震因素，药品的加工需顾及到生物适应性。只是相对来说，在加工制作的整个进展中有着创造性增强和依赖性衰减的反比关系，而且这两者是互为条件、互相转化又互相牵制的。

这种对天然自然的直接依赖性减小和人的创造性加大，也可以从人类的早期加工与现代加工的比较，以及加工的初始阶段（一次加工或初加工）与后续阶段（二次加工、精加工或深加工）的比较明显看出。

古代的石器加工可能只是对天然碎石略作“修饰”，木器加工（杠杆、车轮的加工）更多地决定于天然树木的质地和纹理。古代的冶铜、冶铁和打铁已是那时的高级加工，但仅限于对熔点低的少量天然富矿的利用，开始还可能是利用自然铜或陨铁。在古代还有海水制盐、粮食酿酒、甘蔗制糖和把某些植物叶茎榨成染料的加工，这里有人的智慧，又在相当程度上是对天然自然过程的模仿或复制。很可能，做豆腐的加工已有了较大创造性。在古代，几乎没有对煤和石油的加工，被采得和取得的少量煤和石油大多未被加工就作为燃料烧掉了。

现代的加工日益多样化、复杂化、高级化，也日益“远离”自然。烧煤、烧油无需有很高的创造性而主要是顺应天然物性，把煤和石油加工成纤维、塑料、药品乃是创造和赋予它们以人工物性，这类创造是古人无从设想的。

在现代加工的各阶段中情况又有区别。现代的一次加工，如炼铁炼钢和有色金属材料的加工中，其工艺方法、达到的性能和产量，仍在较大程度上由采得的矿石的天然成分和结构来规定，在冶炼加工中人们只能发挥有限的、受到较大制约的创造性。而在有了钢锭、钢板、铜、铝以及酸碱、乙烯、苯等初加工成品之后，人们再加工、深加工以及制造各种成品的创造余地则要大得多，乃至可以说这里有无止境的创造性，一个炼铁厂、炼油厂必须顾及它们所用的矿石、石油或天然气从那里采来，一个汽车厂、冰箱厂则可以较少考虑它们所用的钢板产地，而更多地关注于产品的开发和设计。

第四，加工一开始就是按人们规定的质量要求进行，随着加工过程的进展和深化，质量的意义越来越大，产品数量的重要性趋于减小，这里有着质量和数量的相对的反比关系。

把采得的天然资源加工制备成金属材料、基本的化工原料，乃是整个加工制作的基础。对初加工产品仍有相当大的数量需求，因而其规模大，使用大型重型设备（如高炉、反应塔），资金密集。初加工产品的质量规范主要是其纯度和均一度，这对后续的再加工（精加工、深加工）有重要的影响，从而在根本上决定着各种人工创造物的品质。

把初加工产品再加工为各种机械零部件或塑料、药品等的半制成品物料，其产品的品种增多，批量则减小，再加工产品的质量规范主要是在纯度和均一性基础上有精确的标准化和通用性，这对后续的整机制作和成品生产又有重要影响。

整机和成品的品种更为繁多，批量又更小些，最终产品的质量规范主要是其先进性和可靠性，并更直接由消费市场验证。

加工的每一步进展，质量的高级化，都以上一步为前提。但人们往往更注意到成品质量，精加工的质量，而忽视初加工的质量要求，乃至把它作为“粗加工”。实际上，成品或精加工的质量问题，正常常是初加工太粗引起的。例如由金属材料纯度的均一度不足→零部件标准化程度差→整机的匹配性低→整机的性能欠可靠。某些药品的质量不佳（如引起过敏反应或副作用是由于化工原料的杂质偏多。可见，加工一开始就需要质量高，且一步步精益求精。

第五，加工的进展取决于工艺的高级化和复杂化，大体上有从力学（机械）加工过渡到物理化学加工，和从分离加工到合成加工的规律性。这是与自然界物质运动形式的推移和物质结构的演化，以及对这种推移和演化的认识相关的。

古代的石器和木器制作就是机械加工，尔后的制糖、酿酒、冶铜等乃是物理化学加工。近代的物质文明发端于纺织——对棉花、纱的力学加工和纺织机械的制作，蒸汽机主要是物理过程，金属冶炼和其他重化工的大规模发展是略迟的事情，高分子化工的兴起则更晚些。或许，再往后起主要作用的很可能是生物性加工，生物工程。

从加工的进展可以看出，对人工自然的创造，人工物的制作，有一个从机械技术、物理技术为主，过渡到以化学技术、生物技术为主的过程，当然，机械技术、物理技术永远不会过时，机械加工、物理加工将大量存在并起积极重要作用，而且构成化学性加工、生物性加工的基础，物理化学加工又是生物工程的基础。

长期以来，人们对自然物质的加工主要是分离（提取）性的。不仅古代的果实采集、石块破碎、木料切割和糖、盐、染料等的制取是分离，古代的冶铜、炼铁也是分离，即从铜的硫化物或氧化物提取出铜，从铁的氧化物提取出铁。当然不是说在古代就没有任何的合成（聚集）性加工，例如炼金术和炼丹术中就合成过某些东西（如丹砂，由水银与硫黄合成），但即使这种简单合成也不占主要地位。

现代加工中分离仍是起很重要作用的，如提纯硅和稀有元素，分离是现代合成的基础，但标志现代加工水平和人类创造性高峰的乃是各种人工合成，尤其是合成天然自然界根本不存在的人工物。包括机械合成（精密机床、汽车）、物理合成（合金、集成电路）、化学合成（人造纤维、人造橡胶、塑料）和生物合成（细胞融合、基因重组）。在天然自然中不可能自然杂交的物种，通过基因重组却可能合成为新的人工合成物种。由电子计算机网络实现的信息合成，对人类文明的创造起着无可估量的作用。

第六，被加工制作出来的人工物有千万种，但如果要选出一种最大量、最重要、最典型的产品，或许并不是某件生产和生活用的器物如机床、汽车，而是建筑、住宅。人们通常只对生产建筑材料称加工，其实造房子也可称为加工制作。建筑物、住宅对创造人工自然和人类文明的发展有特殊重要的意义。衣食住行是人们生活的最基本的要求和条件，其中更具规模、更经常和固定的是住，或应叫做住食衣行，住应居首位。住乃是人们从事人工自然创造和一切活动的基础、保障，安居才能乐业。住，又是人们的主要生活财产所在，如果不谈资本家、企业家拥有的生产资料，就一般人的个人财产论，占更大份额的并不是我们常说的“几大件”或拥有私人汽车，而是拥有家庭住宅。

建筑是文明进步的一个很重要的标志。代表铁器时代文明最重大成就的，并不是那时的锄剑，而是万里长城、宫殿、竞技场、摩天大楼，跨海桥梁和隧道、地下铁路是近代文明的主要景观。近百年来文明发展的一项重要内容是居民住宅条件的改善，在发达国家这点表现明显。我国自改革开放以来城乡人民生活水平的提高，特别是广大农村人民的富裕，主要反映在有了自己的更好的住宅。

建筑物最能反映人工自然创造的特点，建筑的合理性不仅是要有力学的、经济的尺度，而且还一定要有宜人性和艺术性。人们在设计和加工制造机床时着重于考虑的是它的效能、效率和效益，只是兼顾它是否适于操作使用，而宜人性乃是设计和建造住房的主要出发点，为此就必须注意到有某种艺术性。建筑还较充分地反映着人工自然创造的“人工性”特点，它不同于对汽车、家用电器等的加工制作，即使在现代化水平较高的条件下，建筑的设计和施工仍是要靠人、靠人手和技能实现，其自动化程度相对较低。这是建筑的特点，一定意义上说乃是建筑的优点；从某种程度上说，高度的自动化与高度的宜人性是难以兼容的。

第七，能源转换的加工在创造人工自然中有特别重要的地位。人工自然的创造总是要有能耗和动力的，在相当长的时期里人们主要是利用直接的能源，如利用自然火，利用畜力、人力和风力，同时古代的人们也开始学会了把机械能转化为物理能（摩擦生热、钻木取火），从而开创了定居、熟食、制陶、冶炼。

近代人工自然创造的特点和基础是发展了能源转换的加工，把能源“加工成为”动力，蒸汽机、内燃机、电机的伟大意义正在于它们是这样的能源转换器，从而成为人类文明的推动者。能源转换加工的要求是它能造成更能被人方便和合理利用的动力，并不断提高转换效率，但不能创造或增大能源的量。

人工自然的创造总是要从某种变革和“毁灭”为代价的，物质（原材料）

的毁灭会生成新的、更高级的物质（制成品），而能源转换不仅不可能百分之百地实现，能源和动力的使用还是消耗性的毁灭，是一种熵增过程。为此，文明的进展除了要求尽可能提高能源利用的效率，减少由耗能导致的污染，还要不断开发新的能源。新能源除了要靠“采取”（如扩大煤、石油和水力资源），也要靠“加工”（核能和太阳能的利用或许也可以看做是一种加工，如进行分离、聚合），或要靠“加工性的采取”（只有实现了可控核聚变才能把海水中含的氘作为能源物质去提取）。人工自然创造面临的巨大任务，是要创造出推进人工自然持续发展的动力，为此就必须大大提高人们的加工水平和加工能力，从而造就出新的采取。

三、人工自然创造中的控制

马克思指出：“劳动首先是人和自然之间的过程，是人以自身的活动来引起、调整和控制人和自然之间的物质变换的过程。”① 如果作一种不大确切的理解，引起人和自然之间的物质变换可认为首先和主要是对自然资源的采取；调整人和自然之间的物质变换，主要是要通过加工，实现加工；而控制人和自然之间的物质变换，则是本节要讨论的内容。

已有许多文献对控制的基本原则和方法作了考察，形成了经典控制理论和现代控制理论，涉及开环控制、闭环控制、最优控制、自适应控制、大系统控制等丰富内容。这里不准备也没有能力探讨具体的控制技术，而仍是从自然改造论的一般观点，对控制活动的总体性特点作一些分析。这种分析必定会见笑于控制专家，因为它不仅会大而无当，而且还会有“不合情理的”怪论奇谈（如认为人工手动控制优越于自动控制）。

第一，控制是创造人工自然的相对独立的过程，与采取、加工相并行，又与采取和加工结合，特别是指挥和服务于加工。

人工自然的创造，包括开采资源和制造人工物，还包括非采取、非加工的控制，特别是对天然自然力的控制。前已指出，人们对天然自然的控制和影响是很有限的，自然界中存在着大量不受人力影响至少是不能直接控制的过程（例如宇观的星系和微观的基本粒子结构），但正是人们对自然力的有限的控制，乃是创造人工自然和人类文明发展的重要条件及组成部分。

---

① 马克思恩格斯全集（第23卷），人民出版社，1972。

古代文明的创造开始于对自然物的“采取”（包括农业、畜牧业）和加工（手工业），也开始于对自然力的控制，如古巴比伦和古埃及的文明就与兴修大坝、水库和灌溉网紧密相关。水利工程不同于资源开采，也不同于器物制作，它主要是对江河和雨水的控制，兴修水利从古代起就是人工自然创造的重要内容和保证。

但古代的人们对自然力的控制能力和水平是低下的，水灾洪涝、旱灾、风灾、虫灾特别是传染病不仅严重地妨碍着他们的创造，而且威胁到他们的生存。近代文明的发达不仅立足于更大规模的采取和加工，而且依靠着更为有力的控制——尽管对天然自然的近代控制是以防御为主的。近代人除了继续兴建水利工程、防坡堤，建造了防风林、避风港、避雷针，特别在预防控制鼠疫、霍乱、结核等传染病上，取得了重大成就，不仅保证了人类的劳动生产，而且在很大程度上保证了人类自身的再生产（生存与繁衍）。

在现代条件下，控制仍相对独立于采取和加工，在人工自然创造中具重要地位。总的说，现代控制（的内容和特点）主要表现为：①继续对天然自然的控制，如防震、防火、防病。例如当今人们对传染病的控制已使其危害（死亡率）小于非传染病。②发展了人对自然关系的自我控制，如人口控制、环境控制、资源控制，尽管这方面的控制还远为不足，有待完善。③强化了对创造人工自然特别是对加工过程的控制，特别是以电子计算机为手段的自动控制，这是现代控制的最突出的作用。

第二，就人工自然创造的诸方面的关系看，控制对采取和加工处于统帅、指挥的地位，又听命于采取和加工的要求，须符合采取活动和加工过程的规律性。

采取和加工都是以实物为对象的，是要获得和处理实物，主要是材料制备和成品制作。能源的转换加工直接针对的运动形式的改变，也要以处理实物为条件，控制虽离不开实物，各种控制都要利用实物手段，但控制本身却既不会创造新的实物，又不会毁损或消除已有实物，亦不会（直接）改变实物的性质和构成，而主要是改变实物之间的相互作用关系和时空过程，即主要是对关系和过程的调节。控制所处理的是关系和过程，并且是通过信息传递（施控指令）的程序实现的。

采取和加工中控制的顺利实现，自然取决于听令执行。不按规章作业、闯红灯、对矿产和森林资源乱采滥伐，属于抗旨不遵的失控。另外，指令的恰当合理，也是顺利实现控制的必要条件。制造永动机、“大跃进”中的炼铁运动，属于指令失当的败控。

正确的或合理的控制，要符合被控对象的特点，对采取活动的控制就区别于对加工过程的控制，如前所述，对采取可能主要是数量控制，对加工可能主要是质量控制；而且，在采取中更多地应当是手动控制，在加工中更多的则是自动控制。控制的性质、内容、力度、形式和方法（如究竟是负反馈还是正反馈）等首先取决于被控物的性质和被控过程的目标要求。

第三，对人与自然界关系包括创造人工自然的控制，大体上可以分为定常性控制和随机性控制两大类，前者又可称为机械性控制，可能有较高程度的自动化，更可能是自动控制；后者更对应于生物性控制，相对难于自动化，更需要的是手动控制。当然这两者区别是相对的。

定常性控制中的定常性，类似于自然本体论讲的确定性、必然性和决定论，也类似于数学上的线性方程，即可以充分肯定和足够精确地判断由 $A \to B \to C \to D$ 的全过程。例如人造卫星的发射就是高度定常化的，其确定性表现于每一个细节。再如发电厂的作业定常化程度较高：一定的水流量（A）→一定的水轮机转速（B）→一定的发电机转速（C）→一定的电网电势（D）。

所谓定常性控制或定常化控制，就是要通过调节措施保证这类确定性过程一步步地、准确地实现，或按照某种确定性程度去规范、约束对象的活动步骤和规模。用人工的方法（双手）是无法实现精确的定常化控制的，尽管人们在活动（如农业生产）中也会计算，也要一步步进行。严格意义上的定常性控制必须要靠自身就定常化的机械（如离心装置、继电器），电子计算机的发明和应用，对实现定常化过程的自动控制有决定意义，可以说真正的定常性控制就是现代的计算机控制、自动控制。

对自动控制（计算机、现代科学）的意义，当然必须有充分的估计，而不应像本书那样寥寥数语，但是，这里还要讲的，是对手动控制（技能、熟练、经验）的意义，也必须有适当估计。

定常化过程是相对于随机性过程说的，随机现象不仅在天然自然大量存在（如气象），在人工自然领域至少在它的许多环节上也有大量的随机过程。无论在天然自然或人工自然，随机过程都是普遍的、大量的，定常过程则往往是特殊的情况。

所谓随机性控制，就是要通过调节措施来适应被控对象和环境的偶然性变化，灵活地去规范、约束对象的活动，以达到某种目的。尽管现代机器、电子计算机能学会自适应控制，只用机械的方法仍难以充分实现敏捷的随机性控制，随机性控制要借助于机械包括电子计算机，同时又必须要有或更需要人的双手，从本质上可以说随机性控制是生物性控制、手动控制。

把火箭发射到10万公里远的太空某点，或把汽车开到10公里远的城郊某地，前者是定常性的，是自动控制，后者则主要是随机性的，更需手动控制。当然，现代汽车有自动车和手动车之分，但自动车只是在换挡调速上自动，驾驶仍需手动。当然，从理论上设想，可以让汽车从北京机场到北京饭店实现无人驾驶的自动控制运行，然而，这种设想不仅在近两三年旦难以试验，或者根本就无成功的希望。至少，在繁华市内开10公里小汽车要遇到的变量参数可能比火箭在太空飞行10万公里还多万倍！从而，在市内让小汽车自动运行要比让火箭在太空自动飞行要难得多！

随机性控制的特点，是它涉及颇为复杂的因素，各个因素又有相当多样的变化和有不少事先难以或无法预料到的情况发生，又需要适时反映处置或决策，对此，除了要有高灵敏度的机械如电脑，必须还要有“真正灵敏”的人脑的分析和脑手并用。例如，采煤、采矿由于对象复杂，自动化程度就较低，手动控制较多；炼铁和房屋建设的自动化比例也较低；飞机、轮船可以把自动控制驾驶作为辅助手段，主要地仍是手动控制；至于除草、擦皮鞋、理发等轻而易举的小事至今仍必须主要地求助于双手。

鉴于此，就应当足够重视人工自然创造的动手能力和技能、经验的重要(后面章节还会论及)，我们不仅要有关于确定性、定常化和自动控制的理论，而且要有关于随机性、非定常化和手动控制的理论，至少不应当只想自动化，只求自动控制，以为自动化程度越高越全面就越有用越好。

第四，自然系统（如动物）通过诸多的负反馈环节保持其稳定存在，对于人工系统也常通过负反馈控制以保持其稳定性，如恒温、恒压、液面的恒定、音量的恒定等。因而，通常认为控制、自动控制就是负反馈控制，这是合乎情理和常规的理解。

但是，就整个人工自然的创造过程来讲，正反馈性质的控制也有重要作用。这不仅是指电器中的振荡源要利用正反馈效应，而且是人工自然的进化发展是包容着正反馈的。例如蒸汽机的早期发明和应用要求有机械生产能力的提高，机械加工又要求钢铁生产发展，钢铁和运输发展再要求更多的动力，于是又扩大了蒸汽的应用，总之是一环促一环地上升，而不是一环限一环地平衡。

人工自然的创造就其社会的方面来讲也是要有正反馈控制的。例如，涉及生产的可以有两种反馈，一种是负反馈，如：生产量加大→单位产品价格下降→单位产品收益减小→生产量缩减，这种反馈的总结果是保持生产量的大致均衡；另一种是正反馈，如生产发展→职工及个人收入增加→劳动积极性提高→生产更进一步发展→收入再增加，这种反馈的总结果是形成一种促进式上升的良性循环。当然，现实生活中也有促退式下降的恶性循环，这也是一种正反馈。

总之，不能简单地说负反馈就是好的，正反馈是坏的；也不能说正反馈就应提倡，负反馈应反对。在创造人工自然的活动中，需要的是负反馈控制和正反馈控制的合理并用。

四、创造人工自然的保障

采取、加工、控制，是创造人工自然的三个重要的方面，三个相对独立的领域，人工自然的创造是否还有可与它们并列的第四、第五个领域呢？也许，可以把包括支持、保护、服务在内的“保障”，作为这样的领域。

人工自然和人工物的创造是需要多方面的支持和保证的，从技术上讲主要是要有信息的交流（通信）和物质的流通（输运）。输运尤其是采取和加工的保证，通信则主要是控制的保证，当然，输运和通信又依赖于采取、加工和控制。

输运有点像控制，它并不获取、创造或消除实物及其结构和性质，而只是改变人或物的场所。输运要解决快捷、经济、安全（可靠）和舒适（方便）的矛盾，对人的输运更要求有高度的宜人性。输运有较大的随机性，无论是用汽车、火车“航陆”，尤其是航海、航空，尽管输运的路线是有定常的，每一次的输运活动又都是新的、变动的，至少有气象、环境的不同，有固定轨道的铁路运输就不能完全定常化和自动控制，汽车、航空、航海更甚。

输运对人工自然的创造和社会文明的发展的作用，有如循环系统之于人体。在其他条件类似的情况下，输运的便利程度往往成为经济生活的决定性因素，输运还是人类享受大自然（旅游）的基础。

通信本身并不创造信息而是实现信息的传递和交流，但它对人类文明的创造有巨大的意义。人是社会的动物，人在本质上是社会关系的总和，人工自然的创造决不是孤立的个人行为，而是在彼此协同中进行的。然而，如果没有通信，协同动作和社会关系的结合，就不过是抽象的空话。通信也使人类文明得以继承和发扬，而无需重新发现已经发现的东西，不必再次发明已有的发明；在通信很不发达的古代，科学技术和其他文明成果的失传则是经常发生的。

广义的通信包括信息交流的一切形式：口头（语言）交谈，信函（文字）传递，书刊发行、电话电报、广播电视（音像传输）和电子计算机信息网络等。通信的基本要求是迅速、灵敏、传真、有合理的容量，通信还常会要求有一定的专有性和选择性，如对某些知识的加密和对“黄色信息”的过滤。

通过电子计算机进行信息交流，特别是计算机通信的国际联网，是通信发展的高峰。它使人类的一切文明成果真正变成人人可能得到的财富，使不同岗位、不同行业、不同地区乃至不同国家的人们真正可能在一起工作和互助，具有多媒体功能的计算机通信网络的发展将会使人类文明传播得名副其实的有声有色。我们将在讨论技术的社会意义（第九章）时，再略为具体地说明这点。

同时，我们又不可低估了传统的通信方式的特点：口头交谈的亲切，书面信件的真切，电话的快捷，电报的准确，广播的普及，电视的通俗，报刊的易浏览……相对来说，这些方面是计算机不完全能够做到和替代的。

人工自然的创造不仅必须有输运和通信的支持，还必须有防御性的保护，这就是医药卫生和环境保护的活动。人们在这类活动中主要不是担当向自然界挑战、进攻的角色，而是处于自我防卫、守护的地位。人类改造自然必须以人的自我防护为前提，这种保护也是对创造人工自然的一种支持和保证、保障，类似于排球运动的前排扣球必须有后排保护。

人工自然创造的保护，首先是对人自身生命存在和发展的维护，医护，至少有着与采取、加工同样悠久的历史，同等程度的重要性，从人们的日常需求说，“医”的重要甚至超过了输运（行）和通信。医疗从根本上说是为了保护生命，医疗活动同时又有向自然斗争、抗争的性质，医疗是人类特有的相对独立的实践领域。我们较早时曾讨论过社会实践的类型或形式，曾说过在阶级社会里有三大革命实践，即阶级斗争、生产斗争和科学实验，但无论在哪个时代，医疗实践是都可列为一大实践的。

医疗保护的是人工自然创造的主体，也就是保护了整个人工自然。如果说人工自然的创造在根本上是生产，医疗则是保障人自身的生产。恩格斯曾指出，“生产本身又有两种。一方面是生活资料，即食物、衣服、住房以及为此所必需的工具的生产；另一方面是人类自身的生产，即种的繁衍。”[①]

医疗是最典型的人的技术，它要求人道、公正又能准确诊治，既重视治疗疾病又关注于增进健康，帮助人们延年益寿又保持合理的生命质量。婴儿死亡率的降低，人平均寿命的延长，是医疗对人类文明的主要贡献。解放前由于我国的缺医少药，婴儿死亡率高达 200‰，目前则低于 30‰。人均寿命则从约 40 岁提高至 70 岁。

医疗科学和医疗技艺已有了巨大的发展，但相对于其他技术领域看，现代

① 马克思恩格斯选集（第 4 卷），人民出版社，1972。

医疗仍是不完善的。它一方面能进行很高级的脑外科、心脏外科手术，而对不少常见病（如癌症、类风湿关节炎和精神分裂症）却不能给以特殊有效治疗，也不能给以有效预防。各民族各地区的医疗常有区别，如何恰当处理它们的关系和结合也尚待进一步解决。

人工自然创造的保护，还有对自然界本身的保护，如环境保护、生态保护。在早期农业中就开始有了植物保护，对土壤肥力的保护（如休耕轮作），但从近代工业发展以来直至20世纪初，人们并未意识到自然界也是需要保护的对象，也没有造就出相应的技术。环境技术、生态技术至今仍处于较幼弱的发展阶段。

除了支持、保护、保障人工自然的创造还需要有服务。对于广义的服务和第三产业的重要性，已有了许多论述，很明显，如果没有交通邮电，没有商业、金融业、保险业、饮食业等等，工业、农业就不能正常运转和发展起来，服务既是创造人工自然的保障，也是人工自然创造的成果和内容。

值得研究的是，服务作为人类活动的重要领域在技术上有什么特点，为了推进服务在技术上有什么要求。我们可能比较易于写出题为“工业技术”“农业技术”的著述，而在目前却可能尚未和较难写成《第三产业技术论》。有人或许还会认为服务几乎就是态度问题，没多少技术，至少没有特殊的服务技术。

服务显然是有其技术方面的，不仅输运、通信作为广义的服务有很高水平的技术，饮食业有烹调技术，商业有仓储技术、销售技术（如广告、赊销和分期付款的设计和运作），金融保险业有风险预测技术、灾害评估技术。对于“服务技术”，人们也不可能不学就会和轻易精通。

服务技术的特点可能是：它是以第一、二产业的技术主要是工业技术为基础的，现代服务在很大程度上立足于电子计算机技术，电子计算机从其本性来说就是“服务机器”；它与人们之间的社会关系密切联系，更直接广泛地表现着人们通过金钱实现的买与卖、借与贷、收与发，服务技术也属于社会技术；它并不创造衣食住行的物质资料，却满足人们衣食住行的生活需要，服务技术必须有宜人性，服从于人，适应于人，便利于人；服务技术在更大程度上应当是无差错技术，至少它的应用应当是持续无差错的。

人工自然的创造需要有输运、通信、医疗和服务的保障，更需要有科学和文化教育的保障，以及社会政治的、法律的、意识的和管理的保障，这里就不多说了。

采取、加工、控制和保障，是人工自然创造的基本领域，相应的就有采取技术、加工技术、控制技术以及输运技术、通信技术、医疗技术等。我们在略为具体地考察了这些技术领域的内容和特点之后，当可较易于转入讨论何谓技术、技术要素、技术系统、技术活动过程等问题。

参考文献

陈昌曙．1994．产业研究论纲．自然辩证法研究，10（11）：48～54

陈昌曙，罗蒨．1992．立足矿业特点，加强矿山开发．金属矿山，21（4）：34～38

克劳斯G〔德〕．梁志学译．1981．从哲学看控制论．北京：中国社会科学出版社

项浙学等．1989．化工技术论．杭州：浙江教育出版社

中国科学院自然科学史研究所近现代史室．1985．20世纪科学技术简史．北京：科学出版社

第五章　技术及其系统

人工自然的创造离不开技术，创造人工自然的活动也就是技术的过程。自然改造论的一个最重要的内容是要探讨技术的本质和作用，技术哲学的最基本范畴就是人工自然、技术及与之密切相关的技术系统、技术方法、技术价值等。

技术究竟是什么，不是本章也不是本书能完全讲清楚的，但有一章比较集中地讨论技术概念的界说、技术系统的构成，对以后各章节的叙述可能是必要或有益的。而且，作为技术哲学的引论，总得回答什么是技术的问题。

讨论技术定义、技术要素、技术结构，会涉及诸多的不同观点，可以写成“大列举”、“大批评”和“大辩护”。为了保持学术争鸣的性质又不至过于细碎，本章将会提及一些不同意见，但更着重于有针对性地讲一家之言。

一、技术的定义问题

给技术下一个贴切的定义是必要的，但人们对何谓技术又众说纷纭，莫衷一是，我们也会见到这种情况：工程师说自己是搞技术的，管理者说要发展高新技术，却说不清技术究竟是什么，乃至几乎未想到过技术界定的问题。对此，书生们或有理由问：对技术是什么都弄不清楚，没有一个公认的、统一的看法，还怎么搞技术，怎么当工程师，怎么订技术规划，怎么奖励技术创新？

对于这一点，首先需要说的是不要过于重视技术的定义，甚至可以说技术定义对工程师并不是很至关重要或最至关重要的。工程师不是或主要不是靠技术定义干事的，对于大多数工程师来说，他们无需考虑和研究技术定义，也可以做好工作，成为优秀的工程师。就像某某未见得能给“物理”下定义，但并不妨碍他成为杰出的物理教师或物理研究者。人们并不是单凭定义工作，也不能只靠定义搞研究，包括研究技术、研究物理、研究生命。正如恩格斯在论及生命的定义所说，“在科学上，一切定义都只有微小的价值。”①

但是，给一个对象、特别是给重要的、经常使用的概念下定义终究是不可缺少的。作为词典、百科全书不可以没有“技术”的条目；讨论技术与经济、技术与文化以及技术管理、技术开发等问题的论著需要界说什么是技术；规范技术的定义还有助于确切理解诸如科学技术化、技术产业化和科学技术一体化等提法。

给技术下定义，正像给科学、物理、文明、信息等“大概念”下定义那样，是相当困难的事情，至少是难于把它们包容到一个“更大的”概念中去，难以用通常的“种加属差”的方式表述。

技术定义的困难，还在于它本身就是多义的。例如，在“技术水平”、“技术力量”、“技术改造”、“技术培训”、“技术开发”、“技术创新”、“技术诀窍”、“技术专利”、“技术标准”等提法中，“技术”一词的内涵就不尽相同：或主要指设备及其先进性，或主要指工程师的数量和能力，或主要指知识、经验、工人的技能，或主要指发明、工艺、效率、产品性能、效益。

定义“技术”一词之不易还在于它与外文的对应。在英语里，在英汉辞典里，有多个词可以表示或译为技术，如 art、skill、technique 和 technology。前两者常主要指技艺、技能，后两者则都与汉语中的技术相当。但英语中的 technique 与 technology 又有所区别，前者多指事物的“制”（making）和“做”（doing）的具体操作和专门方法，如干燥、酸洗、超声波探测，就二者关系讲，technology 乃是对多种 technique 的系统研究。

汉语中的技术究竟是英译为 technology，还是该译为 technique（技术出口一词常译为 export of techques，技术转移却常译为 technology transfer），要费点推敲。在一般的（多数的）情况下，人们是把技术与英语中的 technology 作为对等同义词的，但即使在英语类的百科全书和词典中，对 technology 的界定也不尽相同。

汉语中“技术”一词由谁首先译来和使用有待考证（汉语中“科学”一词是康有为于 1893 年率先引用的），界定技术有必要搞点词源探究。当然，要认真推敲汉语中“技术”一词的“家庭出身”、“本人成分”是复杂和困难的。

---

① 马克思恩格斯选集（第 3 卷），人民出版社，1972。

古汉语中最接近于生产技术的概念是“工”和“巧”。“工”除了指工具、官名，常指加工制作技术，如“发调工巧，造作器物”（《宋书》），如“天工开物”。“巧”泛指灵敏、技巧，如巧工、巧匠，如讲某人“工巧过人”。古人还讲到技巧离不开工具，“无弓矢则无见其巧”（《荀子》）。

古汉语中的“技”和“术”的概念或许恰好离开技术远一些。“技”除有时表示某种艺术（如歌舞），但主要是泛指才能、本领，如“凡执技从事上者，祝、史、射、御、医、卜及百工。”（《礼记》），柳宗元讲的“黔驴技穷”故事中的技就是指活动本领或能力。“术”的意思就更广泛了，凡是能用于达到目的的均可称之为术，“夫圣贤之治世也，得其术则成功，失其术则事废。”（《论衡》），方法、手段、策略、方术、计谋、权术都是“术”。

古汉语中偶尔也有“技”与“术”连用者，如用“技穷术尽”表示既无本领又没办法，如说道人多技术表示有方术、法术，与我们当今讲的技术内涵不同。

讨论技术概念的定义会发现一个颇有趣的现象，一方面大家都认为要定义技术是困难的，另一方面人们又给出了上百种的技术定义，这两个方面又是互补的。对此，可以有以下几点认识：

第一，给技术下一个简明的定义是必要的，但更必要和更有助于理解的，是从诸方面展开地描述技术的特征，从技术与科学、技术与生产、技术与工程、技术与社会的种种关系中来把握技术的属性。正像只给科学下一个简明的逻辑的定义，莫如从诸方面来分析科学的特点。本书将在后几章中，通过与诸方面关系的考察来说明技术现象，这对技术哲学更为有益。

第二，定义技术要考虑到汉语中“技术”一词与国外同一概念的对应，也要从我国现实中人们在应用技术称谓时通行的观点。固然，大家普遍接受和意会的见解未必很科学，但合理的意见又应当尽可能有较广泛的可接受性。

或许，在未作特殊限定时，我们今天讲的技术既可看做是英语中的 technology，也可看做是 technique。本书中论及的技术，大都可以这样并行并列看待。但在一些（不少的）场合，我们讲的技术就似应更同一于 technique，并同时把 technology 对应于工艺或工艺学。在汉语中，炼钢技术与炼钢工艺学、机械技术与机械工艺学、建筑技术与建筑工艺学，还是有些区别的。在需要区别技术与工艺学，或不能把技术全同于工艺学，或表述有异于工艺学的技术时，用 technique 对应于技术可能更好些。

这种看法会引起争论，因为技术与 technology 的互译已经“标准化”了。无论是科学技术委员会、科学技术协会、科学技术大学、科学技术哲学中的

“技术”都同一于 technology，而不是 technique。

为了说明上述观点，简略的汉俄英对照或有必要。俄语中的技术一词的标准化表述乃是 техника（对应于 technique），而与英语的 technology 对应的 технология 则主要指工艺、工艺学。汉语中的技术、工艺学的概念及其差异，与俄语似更接近些。在俄语中说“科学与技术”是 наука и техника，而不是 наука и технология，不像英语中通常用 science and technology 来表述科学与技术。

第三，技术定义的大类划分，可区别为广义技术与狭义技术。

所谓狭义技术就是人们通常所说的技术，是搞“技术工作”中的技术，是生产技术、工程技术、医疗技术，是针对人与自然关系的技术。

在这方面，中文工具书中有代表性的、“老资格”的定义，是《辞海》界说的，它认为技术“①泛指根据生产实践经验和自然科学原理而发展成的各种工艺操作方法和技能。如电工技术、焊接技术、木工技术、激光技术、作物栽培技术、育种技术等。②除操作技能外，广义地讲，还包括相应的生产工具和其他物资设备，以及生产的工艺过程或作业程序、方法。”在这个定义中虽然有“广义地讲”几个字，但仍属于“狭义技术”范畴。从这个定义也可看出这里的技术一词更接近于 technique 或 техника，当然也可译为 technology。在《辞海》中另还有工艺学和工艺两词的定义。

有代表性的、新一点狭义技术定义，认为技术（technology）是“人类为了满足社会需要而依靠自然规律和自然界的物质、能量和信息，来创造、控制、应用和改进人工自然系统的手段和方法。”① 这里讲的手段既可以指知识手段，也可以包括物质手段——尽管对此是有争论的。

本书中所讨论的技术基本上是狭义技术，是创造人工自然的技术，并基本上认同这两种定义，只是不要忘记一切定义都只有不很重大的价值，不能只从定义出发来讨论技术问题和研究技术哲学。

对于技术还有一种更广义的定义，或有广义技术的定义。所谓广义技术大体上指人类改造自然、改造社会和改造人本身的全部活动中，所应用的一切手段和方法的总和，简言之，一切有效用的手段和方法都是技术（technique）。

通常认为，广义技术定义是本书第二章提到的埃吕尔界说的，他认为，“技术是合理、有效活动的总和，是秩序、模式和机制的总和。”② 他在《技术的社

① 于光远等主编，自然辩证法百科全书，中国大百科全书出版社，1995。

② J. Elull. The technological order，*In*：C. Mitcham（edited）. Philosophy and Technology. The Free Press，1983.

会》一书中还把技术定义为是“在一切人类活动领域中通过理性得到的（就特定发展状况来说）具有绝对有效性的各种方法的整体”。

本书更多地讨论狭义技术，并不反对广义技术，显然，管理技术、宣传技术、军事技术以及弹钢琴的技术、游泳技术等是有别于工程技术、生产技术的。但对广义技术的界定似更费周折，我们在后面讲到社会技术时还会涉及这点。

二、技术的要素

讨论技术的本质，必会涉及技术的要素和构成，关于技术本质的许多争论都与对技术要素的不同理解相关。对技术系统的构成，有人将其表述为客体要素、主体要素和结构要素，这里只换用一个大同小异的说法，表述为实体要素、智能要素和工艺要素。

工具、机器、设备等物质实体（substance）是不是技术的要素或技术诸要素之一，对于多数人似乎是不成问题的，通常都认为这些实体性手段是技术中不可缺少的、同时又并非唯一的成分。就如同古人讲的工（技术）欲善其事，必先利其器（工具）。但在这个技术构成要素问题上，却存在着“技术不是物”和“技术就是物”这两种颇为相左的观点。

一种意见认为技术是不包含物质成分的，或说技术中没有一个物的原子。新大英百科全书讲到，技术一词来源于希腊文 technē（相当于英语中的 art 和 craft，即技艺）加上 logos（相当于英语中的 word 和 speech，即言词），技术这个词 technology 首先出现于 17 世纪的英国，表示对实用技艺的讨论，到本世纪初这个词仍表示除工具、机器以外的方法、工艺和观念。

另一种针锋相对的意见则认为技术在本质上就是物，特别是劳动手段。苏联的许多学者持这种观点，如认为“技术是社会生产的劳动手段的总和”（兹沃雷金），“技术是劳动手段、生产工具和一切用以提高劳动生产率的实物”（奥基戈夫）。[①] 日本技术论中“体系说”的代表户板润和相川春喜也认为，“技术就是社会一定发展阶段上的劳动手段的体系或体制”。

这里不准备就这两种意见展开是非之争，而仅补充一点——对于不同的技术，物的因素所占的份额和所起的作用是有所区别的。或者说，在人工自然的创造或技术活动中，人们可以让物质实体扮演各种角色，如载体角色、对立体

① 参见关锦镗编著，技术史（上册），中南工业大学出版社，1987。

角色、匹配体角色和包容体角色（这当然是不确切的划分）。所谓以物为载体，就如同用舟车运物或人，用缆线传送电能，用光盘储存信息。以物为对立体，就如同用轧机、铣刀和钻头向钢锭或工件“开战”。以物为匹配体，就如同用流水线装配汽车或电器。

把人工自然过程包容于物（设备）之中，在包含物内实现和完成创造人工物的过程，是广义化工技术（包括金属冶炼技术）的特点。炼铁炼钢和化工原料的制备是在高炉、转炉和反应塔中进行的，钢铁冶炼技术基本上就是高炉技术、转炉技术，炼钢技术的发展大体上就是由平炉到转炉和转炉吹氧及大型化的过渡，老钢铁企业技术改造的重要内容是要用转炉替换平炉，冶金行业的技术引进必然包括设备引进。钢铁冶金技术以及其他一些资金密集型技术，在相当大的程度上可看做是设备技术，而较明显地有别于相对劳动密集的建筑技术，或知识密集的软件技术。

知识、经验、技能等智能要素对技术不可缺少，也为大多数人认同。当然也有一些不同见解，如认为技术就是智能，古代技术就是经验、技能，现代技术就是知识。“技术是关于如何行事，如何实现人类目标的知识”（西蒙），技术是“为按照某种有价值的实践目的用来控制，改造和创造自然的事物、社会的事物和过程，并受科学方法制约的知识总和”（邦格），“技术是人类在争取征服自然力量、争取控制自然力量的斗争中，所积累的全部知识与经验”（中华书局出版的《辞海》）。

毫无疑问，在技术活动有人们的知识在起作用，知识是技术系统的组成要素。可能成为问题知识：①技术在本质上能否归结为知识，或技术就是知识；②技术知识在内容和形式上有什么特点；③技术知识是通过何种途径和方法得到的。这里主要从智能要素方面讨论技术中的知识，在后面的章节中还将分析技术知识的特征和由来。

技术的智能要素（知识、经验、技能），也就是技术中人的因素、主体因素，正像不能把技术仅仅归结为物的因素、实体因素（工具、机器、设备），也不能把技术仅仅归结为知识——尽管标明了这乃是关于“做什么”和“怎么做”的知识。技术要素应当既有实体又有智能，似不应多费口舌。

值得注意的是，技术中的知识是分层次的，它既可能是理性知识，也可能是经验知识，乃至是“非语言的”技能体验，共同之处是它们均不是实体，均要用脑，均可以记忆，均可以传授。

在技术特别是现代的高技术中有高智力、高知识，掌握尖端技术需要坚实的理论基础，也无需多作论证，从事核技术活动的必须懂得原子物理学的定律、原理和学说，研制和开发激光技术的必须懂得光受激辐射的理论、电磁理论，搞生物技术、遗传工程的必须懂得分子生物学和DNA结构。技术中的理性知识，乃是对自然事物既知其是（what），知其然（how），又知其所以然（why）的认识。

古代的技术知识、近代的大部技术知识、现代的许多技术知识，乃是经验性的，即属于经验知识。这里所说的经验性，有区别于心理印象感知，经验知识也并不是杂乱无章的材料堆积，或只停留于现象的特殊性和偶然性，而是已经达到了对事物共性、通行性和规律性的认识，并常以定律、定理来表述。之所以仍是经验知识，只由于它对自然事物只知其然（是然、何然）而不知其所以然，至少是它只指出了自然过程如何进行，而不很关心或未作出因果性解释。

大量实践表明，经验知识对技术活动有重要意义。技术书刊中的大部分公式是经验公式，技术手册中的绝大部分数据是经验数据，工程师的工作是必须要查手册，不能只凭学理的。中医可以不追究某个穴位为什么与痛感相关，有效地运用针灸止痛技术。瓦特不了解热力学第二定律为什么起作用，就发明了冷凝器，提高了蒸汽机效率。现代的多数计算机操作者未必要通晓电子学学说的奥秘和信息概念，就可以成功地进行程序设计和自动控制。

在技术智能、技术知识中，还包括“非语言的”技能体验，关于技能、技能体验要略多讲一些话。技能大体上指依靠反复实践和熟练而获得的执行一定作业的能力，技能达到迅速、精确和运用自如的程度，可称为技巧。技能可以指体能、手能，凡用得上双手、手工活动或手工劳动的地方都有技能，弹钢琴、游泳、骑自行车、开汽车、装修钟表、计算机打字等都有技能或用得上技能。农业、手工业和烹饪中技能和技巧更多，如锄草、刺绣等。

技能本身是活动能力，有别于知识尤其是理论知识。书本知识多的人未必多有技能，技巧出众者也未必善解典籍。同时，又不应把技能仅仅看做是动手，仅仅是多用手而熟能生巧，实际上，人们的技能活动是需要手脑并用的，是心灵手巧，即心灵与手巧的并用、结合。技能要用心、专心，要有认知、辨识和知识，而且，经过反复的技能活动，人们还会不断积累体验，增长辨识水平。

人们的技能体验又有情况的不同。技能体验可能被总结、概括、记载表述和传递，这种技能体验也属于上面提到的经验知识。如把某些烹调方法、编织手艺、焊接技艺写入读本，使之得以流传，得以传授，这就是一些技工学校和职业高中的教科书或参考书。

然而，有的技能体验是更为个体化的，它只赋存于亲身从事特定技能活动的特定主体，是“只可意会（体会、感受），不能言传”的，至少是很难用语言表达和传授的。例如，从力学道理和经验知识上，人们可以说骑自行车的要领是掌握好平衡，开汽车时手握方向盘既要把住又要有柔韧性，游泳时身体要自然放松漂浮划水，但仍说不出究竟是怎样驾车、游水，而必须由自己去切身体验。当然，这种非语言的技能体验仍是可以通过培训得到的，但这就要靠手把手地教，靠言传身教中的身教。当然，非语言的技能体验与可记载表述的技能体验的划分是相对的，且常常是交叉渗透的。

值得思考的是在现代技术活动中经验知识和技能体验是否仍是必要的和重要的因素，由于技术的科学化和更多地受理论知识的指导，传统的经验技能正退居次要地位，在可以自动化的环节甚至已失去意义。然而，即使在现代技术中，经验和经验知识仍是不可缺的，高技术活动中也会有要排除故障和处理突发情况的时候，这时就不能只凭理论还要靠经验，高技术环节上也会有要动手去做的场合，也不能只凭知识还要靠技能。装配激光器，操作计算机，都要用技能。

在现代条件下，资源的采取、机械和电器的加工、房屋的建造、车舟的驾驶、疾病的医护仍然占很重要的地位，基本技术和基本技能仍然有很重要的作用。仅在机械加工中，仍有大量的操纵机床、焊接、装配和维修的活动，仍需热练的技能和技工，才能保证有高质量的产品和可靠的作业。然而，在现实生活中却有忽视和轻视技能和倾向，例如对青年工人注意了进行中学课程的文化教育，放松了职业技能的培训，对大中专学生注意了科学理论课程，不强调动手能力和实验技能的训练。

在技术系统中，除了工具、机器、设备的实体要素，知识、经验、技能的智能要素，还有表征它们的结合方式和运作状态的工艺要素。“工艺”一词可以从 technology 译来，也可以译为 process，这里基本上是从后一种意义上用的。

对于工艺，不少人把它作为技术的同义词，认为技术就是工艺。德国学者贝克曼（John Beckmann，1739～1811）把技术定义为“指导物质生产过程的科学或工艺知识。”拉普则认为狭义的技术（指 technique）就是工艺。也有人提出工艺是技术的构成部分，认为“技术是工艺过程和劳动手段的总和”（别洛舍尔契夫）[①]。还有一种说法至少从词句上看，认为工艺的外延还大于技术，如把工艺定义为：“人类在生产劳动中利用各种技术手段对客体进行加工和处理，以改变其形状、尺寸、性质或表面状态，使之成为预期产品的各种方法和技术的

① 关锦镗编著，技术史（上册），中南工业大学出版社，1987。

统称。”[①]

工艺可否等同于技术，能否作为技术的要素是一个讨论得不多的问题，尽管人们经常使用炼钢工艺、机械工艺、造纸工艺之类的提法。而且，对工艺问题的讨论又似乎主要不在其定义上。人们通常都认为技术离不开工艺，工艺与人工物的创制相关，是这种创制活动的程序和方法。人们也通常认为工艺是一个过程，如冶金工艺有选矿→烧结→冶炼→轧制→精整，机械工艺中有铸造→锻造→成型→热处理→装配，纺织工艺中有梳棉→粗纱→细纱→织布→印染。

工具书对“工艺”的定义大同小异。《牛津辞典》将工艺定义为一系列审慎采用的步骤、手续、程序，指用于生产和工业中的方法。我国《辞海》认为工艺是利用一定的物质手段将某种原料或半成品加工成成品的方法。《自然辩证法百科全书》中则把工艺定义为“利用生产工具和技术装备对原材料、半成品进行加工或处理的过程和方法。”

值得推敲的是工艺与实体、工艺与智能的关系。显然，工艺要利用物质手段去进行加工处理，不能把工艺等同于知识、经验（尽管工艺中有知识、经验和技能）；同时又不能把工艺等同于实体，工艺没有重量也没有大小。可以说，工艺乃是把工具、机器、设备等客体，与知识、经验、技能等主体要素相组合而形成的过程和方法，工艺乃是实体要素和智能要素在加工活动中的结合，是技术的结构性要素。

对技术要素的上述说法大体上是从生产要素的观点转化或引入而来的，与生产力两要素、三要素的分析类似，少有新意。上述讨论也未涉及技术价值、技术目的是否属于技术要素的问题，例如能否认为技术是由目的、实体、智能和工艺四要素构成，或认为技术目的和技术手段两大要素构成技术，其中技术手段又再分为物质手段和知识手段。

认为技术有其目的性要素是合理的，在人们的技术活动中，动机、愿望、打算、需要和意志乃是不可缺少的成分，在诸种技术定义中包括着以下一些“导语”，认为技术是“为了共同的目标而……”“是满足公共需要的……”“是为按照某种有价值的实践目的用来……”“是人类按照自己愿望的方向来……”“是为满足社会需要而……”与技术中的“目的因”相关，应认为实践目的乃是实践系统的一个要素。

还有一种意见认为技术中不仅有物质实体要素，还应把能源（动力）、信息（情报）、原材料（技术对象）作为相对独立的要素。

---

① 姜振寰等主编，技术学辞典，辽宁科学技术出版社，1990。

由于作者对技术要素问题缺乏专门的分析研究，加之不想在这一章一节中涉及过多的定义、关系和争辩，对技术的最基本构成只能作如上的概略介绍。其中的某些方面，如技术知识与科学知识的同异，技术原理的内容、性质和生成，及技术目的与技术手段的相互关系，在后面还有所探讨。下一节对技术系统的讨论也会再涉及技术要素构成。

三、技术的系统结构

众所公认，技术是由若干相互依存、相互作用的要素联结和组成的系统。不少文章已从系统论的观点、方法考察了技术系统的整体性、综合性和层次性，考察了技术系统的结构和功能的关系。但对技术系统的外延界定，对技术系统的类型划分上，则有不同的表述。这里不可能对有关技术系统的问题（如技术体系模式）作全面探讨，而仅限于说明以下两点。

第一，技术作为一个系统，它的诸构成要素就都是必要的，一般来说（或在一般情况下），其中没有哪一个是决定性的和主要的。例如，对于工具、机器、知识、技能以及材料、能源和信息等要素，不要轻易去寻找何者为主，去论证何者为纲、为帅。在这里最好是多讲要素间的匹配和系统的结构，少讲或一般不讲某个要素居于支配和主导地位。与其笼统地议论技术中以人为主或以物为主，或抽象地确认是人脑优于电脑，还是电脑优于人脑，莫如多着眼于探讨人机系统的功能和人脑与电脑的结合。

但是，在讨论技术要素的关系时，有关何主何次的争论却不少见。多见到的是认为技术中人的因素起主要的、决定性的作用，也会有物（机器设备）是技术中主要因素的观点。

可以有“充分的”理由来论证在人与物之间，人的因素是矛盾的主要方面，它决定着物的因素，即人的因素第一，物的因素第二。因为，工具、机器都是由人来设计的，是由人加工制作出来的，在人们的利用、操纵和控制之下才发挥作用，否则乃是一堆废铁，总之，没有人的因素就没有（或不会有）技术中物的因素。应当说这样的论证是有道理的，而且符合“人本主义”原则，是对人以充分尊重，对人的能动性和创造性的充分肯定。

然而，也可以有“足够的”理由来论证相反的意见，即认为物的因素是矛盾的主要方面，它决定着人的因素，即物的因素第一而人的因素第二。这种理由主要是：技术活动中的人只是在使用着工具、机器等物质手段时才能发挥作用，才是现实的技术者或技能者，而不可能白手起家；同样的人在被不同功能的物质手段武装时，其作用有巨大差别；技术中人的因素，人的本领、能力、知识是靠物的作用“造就”和“养成”的；总之，没有物的因素就没有（或不会有）技术中人的因素。应当说这样的论证也是有道理的，而且符合“唯物主义”原则，尽管唯物主义本意并不在此。

认为物的因素培养和造成了技术中人的因素，是一个值得注意的理由。所谓技术中人的因素并不只是抽象的自然人或生理个体，而是在生产或其他活动中现实的劳动者，如拖拉机手、车工、司机等，他们的产生和作用确实离不开物。固然，拖拉机是由人来造、人来开的，拖拉机手作用的发挥在农机技术中头等重要；另一方面，又可以说，拖拉机手是由拖拉机“培养”出来的，是人（如农民）在开拖拉机的实践中和实践后才逐渐被“造就”成为拖拉机手的，是先有拖拉机再有拖拉机手。

这种先有技术中之物，再有技术中之人的观点，似乎不合情理和常识。可是，如果不讲抽象的人与物关系，难道不是靠蒸汽机车“培养”了火车司机，靠内燃机“造就”了汽车司机，靠各种飞机“练成”了各类航空驾驶员吗？如果说先有火车司机再有蒸汽机车，先有拖拉机手再有拖拉机，先有喷气飞机驾驶员再有喷气飞机，反而不大合乎情理和事实。

当然，这里仍可以说，无论是拖拉机、火车头或飞机终究是由人造出来的，但拖拉机毕竟并非拖拉机手所造，火车头也并非司机所造，制造拖拉机、火车头和飞机的铸工、车工、钳工、钣金工等依然是靠物质手段，如电炉、铸模、车床、铆焊枪等来“练就”和“养成”的。

于是，我们就陷入了“怪圈”：要有技术中的物先得有人，要有技术中的人先得有物；技术中的物离不开人，技术中的人离不开物；既可以说人的因素决定物的因素，也可以说物的因素决定人的因素。但并未真正令人信服地证明人对物来说是主要的，也同样未充分有力地确认物对人来说是主要的，使人想起鸡生蛋蛋生鸡的悖论。

实际上，陷入这种怪圈的原因很简单，它来自于人们思维和辩论中常见的一种失误——用是否可以缺少，是否必要来论证何主何次的从属关系。我们常可听到一种争执，一方说没有 A 就不可能有 B，可见 A 对 B 起决定作用，A 是主要的；另一方则说没有 B 亦不可能有 A，可见 B 对 A 来说是主要的。其实，说没有 A 就不可能有 B，或没有 B 就不可能有 A，都只是说 A 或 B 乃是不可缺少的、必要的乃至可能是基本的、重要的，却并没有论证 A 比 B 更主要，或 B 比 A 更主要。从逻辑上说，必要因素、必要条件，与主要因素、主要条件并不是等同的。

在一般情况下不必或不要对构成系统的要素作主次之分，这似乎不是辩证法而是折中主义，其实不然。采取、加工、控制都是创造人工自然的必要活动，材料、能源、信息都是构成人类文明的必要因素，能说何者在一般情况下就是主要的，而其余只是次要的？一个工厂、一个学校的各部门都有必要和不可缺，却不能笼统地说某科室就是主要的。

这样一来，作为技术系统的各个要素，以及作为矛盾的诸方面，是否就原则上不容许讲主次，永远不可能有主次了呢。当然不是。在某种特殊的情况下，经过具体的比较分析（包括可定量的估计），对不同要素在系统中的作用仍可以且应当作主次之分。例如，对于特殊的时代（古代或现代），对于特殊的领域（粮食生产或汽车制造），就可以从贡献率比较去讨论科学知识、经验规则何者何时何处有主要意义。例如，在已经生产或购入了一批拖拉机或飞机，但又缺乏足够的合格拖拉机手或驾驶员的情况下，那时要有人或人的因素当然就成为第一位的、主要的问题；而在有了耕作或快速输运的需要，又有了要求劳动致富或勇于上天的人，却缺乏拖拉机或飞机的情况下，那时要有物或物的因素就成为第一位的、主要的。抛开这类特殊情况去泛论经验与知识何者为主、人与物何者为主，以及泛论内科与外科何者为主、生产与营销何者为主，是很难讲得清楚的。

这种所谓“一般不分主次的技术系统观”不仅可用于讨论技术的基本构成，而且是对辩证法的一种理解。本来，在若干矛盾中找到主要矛盾，在矛盾的两方面确认主要方面，就不是在一般情况下得以解决的，而必须有对特定时间、地点、场合的具体分析。毛泽东在《矛盾论》中论述主要的矛盾和矛盾的主要方面，就是放在“矛盾的特殊性”而不是放在“矛盾的普遍性”中讲的。对我们来说，一则要研究为什么不在矛盾普遍性的角度上区分主次，二则要研究怎样去分析、寻求和确认主次关系。对于特定的情况，只要有恰当的比较或定量估算，则可以判定某一因素有主要的地位或意义。

第二，认为技术是由实体、智能、工艺等因素构成的系统，是从普遍性上说的，即任何一个或各个特定的技术系统都包含着这种普遍性，都是物质手段与人的智能等的结合。但只讲这种普遍性，还不是现实的、具体的技术系统，研究技术系统，必须考虑到最重要和最基本的现实技术系统——产业或企业的技术系统。

一个产业或企业的技术也有它的组成要素和系统结构。但这里的要素已经不只是一般意义上的工具、机器或知识、技能，而是若干种的基础技术和支撑技术。复杂点说，某一产业或企业的技术系统，乃是“产业基础技术”和“产业支撑技术”的有机结合和统一。

所谓产业基础技术，乃是代表该产业本质特征的，标志该产业与其他产业性质不同的技术，如机械产业的车、钳、铣、刨、磨、钻和铸、锻、铆、焊等，电厂的汽轮或水轮动力、发电、输变电、配电，制塑料和合成纤维产业的聚合、催化、高温氧化、酯化、脱灰，医疗行业的各种预防注射、病理诊断、人体手术。一个大型的企业产业基础技术相当复杂，钢铁冶金企业就可能既有选矿、炼铁技术，又有炼钢技术、轧钢技术；仅就炼钢来说，包括转炉技术、电炉技术、制氧技术、炉外精炼技术、浇铸技术等。

基础技术与产业命运紧密相关，产业的兴起依赖于基础技术，基础技术的重大创新和变革，会从根本上改变产业的面貌。在炼钢产业中长期使用的平炉技术，早些年前已被转炉技术特别是吹氧转炉替代，这不仅是炼钢工艺的巨大进步，而且对整个冶金产业有很大影响，如使连铸连轧也成为钢铁业的基础技术。如果原有的产业基础技术完全被淘汰，而采用了性质不同的新技术，那就会出现原有产业消亡和新产业产生的情况。例如，要是煤的地下气化技术试验成功并得以有效推广，采煤工业就不再必要，而会出现“地下造气产业”，原来的采取变成为加工，从而有另一种产业技术系统。

产业基础技术之所以叫基础技术，部分地也由于它与所谓“基本技术”有关。（在这里又提出了基本技术的概念，在这一章里概念太多是无可奈何的事）基本技术可以用某种某类技术实际上立足的自然规律的性质或其功能所实现的自然过程来划分，与物质运动形式的类型一致，如大体上可区别为五种：①力学技术，是只改变对象的形状和外观的造型技术如打制石器、纺织和大部分的冷加工；②物理技术，是物态技术，它改变物质及其运动的存在方式，如钻木取火、热机（蒸汽机和内燃机）和录音录像；③化学技术，是改性或变性技术，它改变物质的结构和性质，如制陶、酿酒、制酸碱和合成橡胶；④生物技术，是改变生命物质状态的有机技术，如种植、嫁接、杂交和解剖；⑤社会技术，是解决人与人之间关系的技术，如管理、作战和谈判。把客观世界的几种运动形式对应于人类改造世界的几种基本技术，虽有些简单化，但大致如此。

一个产业的基础技术不可能仅仅是一种基本技术，如机械行业中就不仅有切削、装配的力学技术，还有物理技术的热处理、化学技术的酸洗，乃至用生物技术净化废水，至于化工产业中有力学技术如切片成型，有物理技术如高温加压，更不待言。然而，这里也许仍可以大致说机械产业的基础技术多属力学技术，电厂的基础技术多属物理技术，制塑料和合成纤维产业的基础技术多属化学技术，农业和医疗行业的基础技术多属生物技术。

一个产业的基础技术大都是该产业所专有或特有的，然而，对于任何一个产业或企业，除了要有专业的产业基础技术，还要运用与之相匹配和协同作用的支撑技术，其中大都是与其他产业共有的通用技术。基础技术与支撑技术，专业技术与通用技术，只是按特殊领域作的相对划分，其界限是灵活的、可转化的。各种技术都会在一定领域或部门具有基础技术的资格，而在另外的领域或部门则扮演支撑技术的角色。供电、供水、供热、运输、通信等方面的技术都可能是某行业的基础技术，但对一般机械加工行业或机械厂来说则是支撑技术。支撑技术是不可缺少的，有时会成为一个行业或企业发展的关键性环节。某些技术开始时只是特殊产业的支撑技术，后来发展为产业基础技术，对于冶金、造纸等行业来说，除尘技术、水净化技术就经历了这样的演变。

基础技术和支撑技术结合构成了产业技术系统。在通常情况下，一个产业、各个企业都必然会更加关心自身基础技术的完善和高级化，企业的技术创新、技术改造、技术进步也应当立足于基础技术的改进和更新。基础技术发展了又会要求支撑技术相应地改变匹配。当然也有另外一种情况，即企业的技术变革首先开始于支撑技术环节，然后波及和影响到整个产业技术系统。对机械行业来说，利用电子装置和仪表进行检测曾只是辅助性的，但后来有了很大的发展，乃至造成了机电一体化的产业。

由若干个产业部门（行业或领域）的技术系统，又会结合形成更大的经济技术系统。研究一个产业的技术系统的发展和特点，对有关企业来说是必要的；研究与整个社会有关的大技术系统的要素、结构和运行，或许对国家、对政府的技术选择有更重要些的意义。

怎样界定技术大系统的要素，是更为复杂的问题，它可以从采取技术、加工技术与控制技术诸方面考虑，可以从劳动密集型技术、资金密集型技术与知识密集型技术，或第一、二、三产业技术去考虑，可以只从采矿技术、冶金技术、机械技术、化工技术、建筑技术、交通运输技术、通信技术等的关系去考虑，也可以把大技术系统归之于高新技术与传统技术的相互匹配。通常，人们是从支柱产业或主导产业与其他产业的关系为基础，再扩大至生态技术、文化技术及军事技术等方面，去建构大技术系统的。

四、关于高技术

探讨技术概念与技术系统，尤其是论及现代技术，自然会联系到高技术，考虑到高技术问题有很重要和普遍的意义，讨论这个问题会广泛涉及对技术的理解，在这里也对高技术概念的界定作些咬文嚼字的分析。

已有大量的论著阐述了高技术的含义、特点、领域、重要意义和我们对其应持的态度，这些论著大都讲到人们目前对高技术尚无统一的定义和标准，同时又对什么是高技术提出了各自的、大同小异的说明。“高技术”一词进入我国的工具书最早可能是在20世纪80年代末①。

对于科技工作者和工程师来说，正像不要过于重视技术的定义那样，也不必过于重视高技术概念的定义，重要的是要了解当今在计算机、新材料、新能源和生物工程等领域的实际进展，在运用和发展有关成果上作出实际贡献。但是，他们也不妨分出一点精力去思考有关高技术概念的理论性问题，要回答什么是高技术在一些场合是难以回避的。

笔者对高技术实在是知之甚少，对高技术定义也难以提出中肯意见，只是想到以下几点或许可以讨论。

第一，高技术是何时才有的，怎样理解高技术是历史的概念。

在论及高技术时有的著述既认为它是现代的新兴技术，又认为它是相对的、因时因地而异的。如把高技术界定为“是指基本原理及概念主要建立在最新科学成就基础上的现代技术，是对20世纪40年代中期以后出现的一系列新的技术领域的统称”，同时还指出高技术应是历史的、动态的、发展的概念，“不同的时代，会有不同的高技术”。②

很可能，高技术因时因地而异或不同时代有不同的高技术的提法，会引起多解或疑解。如20世纪、19世纪乃至古代各有自己时代的高技术，如各国、各地乃至各厂各有自己地方的高技术。然而，这种理解虽合于常识却未必恰当。“高技术”作为专有名词并非是“高水平的技术”的简称，而有其特定的指称。开始，高技术主要是标志产业群的概念，美国商务部按照研究试制的费用排列各工业部门，把研究开发经费高的前10个部门称为高技术工业。之后，日本的一些专家认为高技术主要是标志技术的知识密集度的概念，即高技术就是知识密集型技术。

高技术一词并非出自于技术水平高，有如我们不必把“低水平的技术”专称为“低技术”。对于难以明确判断其是否可列入知识密集型范畴的技术，通常也不说它的“高技术”或“低技术”。刺绣、微雕，巧夺天工，球赛、体操，世

① 参见曲钦岳主编，当代百科知识大词典，南京大学出版社，1989。

② 王久华主编，高技术开发与管理，企业管理出版社，1994。

界冠军，都有极高水平的技术，我们通常都不断言这属高技术。基于此，似应认为高技术乃是20世纪50年代以后才出现的，在这以前虽有高水平技术，但没有知识密集度高的技术。

高技术是历史的概念正应当作这样的理解，高技术并不是从来就有的，而是历史地形成的，是在历史发展到可能出现知识密集的情况下才出现的。当然，高技术产生后也并不是固定的，而是动态的、相对的，但并不能由此认为各国家各地区都可以把自己的高水平些的技术，就命名为地方高技术。实际上，知识密集度低些的技术不仅常常是很需要的，而且可以达到很高的水平，只是知识密集度高乃是构成高技术的基本条件。

尽管如此，可能只作为一个学究问题，高技术仍是要与“低技术”相对而言的。作者未见到中文工具书列有“低技术”的条目，我们的报刊和文件中也不用低技术一词，而仅在一部技术史文献中发现其载有“高技术和低技术”（high and low technology）的词条①。为避免引起更多的混乱和麻烦，不在这里展开和讨论。

第二，怎样理解高新技术的概念。

在我国的报刊和文件中，在讨论科技发展和科技成果的应用时，还经常会见到“高新技术”的提法。虽然我们不要把问题过于复杂化，不要过高估计定义的价值，仍可以或难免于要推敲以下一些问题：高新技术的外延和内涵该如何界定；它是高技术与新技术的合一或兼顾；还是指高的新技术和新的高技术；高新技术是我国特用的提法，还是世界通用的概念。

高新技术比高技术多了一个“新”字。无疑，高技术乃是现代新技术，那么新技术即或是现代新技术都属于高技术吗？有什么理由可以把高技术与新技术联结起来呢？或许这里主要是工作上、实践上的理由，即我们不仅需要知识密集度很高的尖端技术、高技术，也需要知识密集度一般或略低的各个领域中的技术进步，需要有这些领域中的新兴技术、先进技术。这个实践上的理由十分重要，即使一下子难以说清为何高技术要加新技术。

在学理上，高新技术的提法也多少是能成立的。作为一个科学概念，“新兴技术”并不就是指某种技术在时间上后出现或新产生，而是指其适应时代需求、有生命力和有发展前景。从总体上看，20世纪的新兴技术与高技术是基本上同一的。即或在传统产业部门，真正有潜力的新兴技术也有较高的知

① Bunch B, Hellemans A (edited). The Timetables of Technology. New York: Simon & Schuster Inc. 1994.

识密集度。

总之，我们对“高新技术”不能仅仅限于常识的理解，如简单地把1996年出现的技术均冠以“新兴技术”，或把本地本厂过去未曾有过的技术均列为新兴技术，但也不必过于担心这种不准确性，因为毕竟大部分后出现或新产生的技术是更有生命力的。

第三，高技术与传统产业的关系。

有高新技术自然有高新技术的产业化，以及高新技术产业与传统产业的关系，我们经常听到的，还有用高新技术改造传统产业的提法。用高技术改造传统产业乃是经济问题，哲学插不上嘴，只是硬要讲点保守的系统观。

在高技术与传统产业的关系问题上，或许在两个方面均有失衡。一方面，对于传统产业本应讲两条：一条是传统产业很重要；另一条是传统产业要改造。另一方面，对于传统产业的改造（这里讲的是技术改造）也本应讲两条：一条是要在传统产业自身的基础技术上创新，使产业基础技术完善化、高级化；另一条是要用高技术特别是电子计算机技术、自动化技术来武装传统产业。

从宣传看，这两个方面的各两句话都是要讲的，更强调那一个点当然要视具体情况而定，但基于个人的感受和偏见，我以为常出现对其中一条讲得不够，或对另一条讲得多些的情况。例如对传统产业，人们常把它与“老”、“衰退”联系起来，称之为老工业、夕阳工业；而且，“传统”一词还往往是贬义的，如传统观念或某某太传统了。其实，冶金、机械、化工、建筑、纺织等作为产业是永葆青春的，至少，某种产业得称之为传统总有益处，就类似某些文化成为传统会包含着有益的和必要的成分，如传统美德。总之不能只把传统说成是保守的、过时的东西。

传统产业的技术改造要靠高技术武装是极为重要的，完全可以说，某些传统的产业部门如机械的加工与制造，如果不以计算机武装起来就没有出路。传统产业只有依靠计算机和自动化，才能真正谈得上科学化生产而不仅是经验摸索，才能可靠地提高效率而不仅是以过度消耗人力物力为代价，才能充分发挥人们的群体智慧去共创奇迹而不是个体的独自奋斗，才能超越无个性的批量化去满足人们多方面的需求，才能把人们从繁重或有危害的作业中解脱出来得到人道和人权……对于传统产业的人们来说，认识到高技术在近二三十年里的惊人进展和巨大意义是非常重要的，而这不能只靠一般的说教，还必须有对高技术如计算机应用的接触、实践和体验、感受。

但是，问题终究还有另一点，即计算机以及其他的高技术，必须以传统产业及其基础技术的发展为基础。而且，计算机再高明，容量再大和速度再快，它本身并不能去炼铁炼钢，去铸锻切削，去荷重输运。电子计算机和自动化作用再大，也要通过传统产业自身的技术基础发挥作用，必须在炼钢中使用转炉(吹氧转炉而不是平炉)，在铁路上实现高速化和使用内燃机车或电机车（而不是蒸汽机车)，计算机才有用武之地。总之，应当把高技术或高新技术，与传统产业的基础技术，尤其是与支柱产业的基础技术，看做是一个系统，要强调它们之间的协调匹配。在一般情况下，要立足于产业基础技术的完善化、高级化来进行技术改造。

与此相关，对社会和企业管理的改造也要讲两条：一条是要把计算机运用于管理，一条是管理自身基础的完善。这两者是可以互相促进的，但并不能相互代替。如果管理的自身基础差，例如原始数据就不准确、有虚夸，用计算机管理（处理）其结果甚至会更糟！在强调把计算机技术用于改造产业、改造管理时，千万不能低估了产业基础技术和管理基础的重要。

参考文献

陈昌曙．1985．工具与机器的区别．自然信息，(4)：26～28

陈昌曙．1986．论经验．社会科学辑刊，(4)：3～11

陈昌曙．1987．技术与生产的联系和区别．科学技术与辩证法．(4)：1～3

陈念文等．1987．技术论，长沙：湖南教育出版社

童天湘．1992．智能革命论．香港：中华书局

杨沛霆等．1985．科学技术论．杭州：浙江教育出版社

张斌．1994．技术知识论．北京：中国人民大学出版

第六章 技术活动过程

技术作为人类改造自然的手段，是由实体、智能等要素构成的系统，但它并不是某种可以拿过来就用的既成工具，不是一旦创生出来就随用随有的静态体系，技术的本质的、固有的特征是它的过程性、动态性。只有把技术作为动态过程来理解，才能把握技术的本质及其发展的规律性。

已有不少学者强调，不能只把科学看做是认识世界的结果和知识系统，而且要把它看做是认识世界的活动和认知过程。在1996年远德玉教授与笔者合写《论技术》时，他就特别倡导了技术过程论的观点，论述了“作为动态过程的技术”。

对技术过程的探讨，可以从技术史、技术方法论或工程师的劳动特点等多种角度展开，也可以分别考察技术发明的过程论、技术扩散的过程论或技术产业化的过程论，本章只是在技术起因、技术形态演化等方面作一些补充性讨论。

一、技术的起源

在前面讨论人工自然的创造时已讲到远古技术的发生。最早期的技术，如人类开始学会加工石器工具，也要经历一个漫长的过程，或许要上千万年。本节泛论技术的起源，是指任何技术包括近代和现代技术，都有其孕育、成长过程，都是“从无到有”地演化出来的。

对于技术的起源，技术史家、技术哲学家们已提出了多种观点，如技术起源于生存需要，起源于巫术，技术起源于劳动，起源于好奇心、兴趣，起源于游戏，起源于玩具，技术起源于知识，起源于科学，或技术起源于经验直觉，起源于机会（机遇），这种种说法从其提出看都是有其理由和根据的。

在这些说法中，仅有技术起源于巫术一说是只就原始技术或远古技术而言的。持这种见解的人认为原始宗教的自然崇拜和模仿自然的祭祀仪式乃是那时技术，尽管巫术是以祈求和讨好自然的方式进行，它毕竟是人对自然采取的一种行为（如表演）。我们没有材料来讨论远古技术同原始宗教的关系，但可以设想早期人类的祈求降雨、祈求丰收以及他们对某些动植物的图腾崇拜，是与那时的采集、捕鱼和种植相关的。

更值得分析的，是技术起源于游戏（或玩具）、起源于机遇（或直觉）、起源于知识（或科学）的观点，后者将在分析技术与科学关系时再讨论，这里只涉及前两者。

为说明技术起源于游戏，例如，美国学者列文森（P. Levinson）在《玩具、借鉴和艺术》一文[①]中就列举了许多由好奇心和玩具发端的技术发明，包括中国古代的炸药和印刷术，近代的电话（贝尔）、留声机、照相机、电影、矿石收音机，以及现代的电视机、火箭等。他指出，这些技术的起源都不是为了实际应用或创造美，而是来自游玩（play），起于玩具（toy），而且开始只是个人在玩。

关于技术起源于游戏，尽管似乎是与技术起源于社会需要相悖的，但确有事实为依据，而事实是胜于雄驳也驳不倒的。这里还可以补充一个重大事例——蒸汽技术起源于游戏。早在公元前 2 世纪，在埃及人希罗写的《汽学》一书中就提出了一种游戏方法，即在锅上装一个有轴的球，锅下烧火，当产生的蒸汽通过轴进入球内并从球上小孔喷出，球就转动起来。

西班牙技术哲学家奥特伽（J. Ortega，1883～1955）在《人与技术》一文中则认为技术进化起源于机遇，一个技术必须简单地靠运气发现。可以找到许多事例来说明这个观点，尽管故事的细节难以考证：1608 年荷兰眼镜商利贝斯海从孩子玩耍老花镜片、近视镜片偶然发明望远镜，并取得专利权；1754 年英国织工哈格里沃斯下班回家正巧他的家人无意中打翻纺纱机，从而发明了纺锤竖装的珍妮机；1839 年美国的古德伊尔不留神把掺了硫黄的生橡胶碰到火炉上，导致了硫化橡胶的发明；1867 年瑞典化学家诺贝尔偶然将棉胶倒进硝化甘油里，从而发明了安全烈性炸药；1928 年英国医生弗莱明从培养葡萄球菌，无意中找到了青霉素药物。

说新技术起源于机遇，也似乎是与技术起源于某种规律性（普遍的必然性）

---

① Hickman L (edited). Technology as a Human Affair. McGraw Hill, 1990.

相悖的，至少，机遇本身不同于社会需求，只从“无意中”、“未料到”和运气还不能解释技术的发育。然而，技术发明中有机遇又毕竟是大有事例，没有任何机遇的新发明才不可理解。技术起源于机遇论，与技术起源于游戏论，都不很令人折服，又确成一家之言。

更正统和得到公认的，是技术起源于需求论，可以举出更多的史实，说明人们的生活需求、劳动需求和其他的种种需求决定着技术的发展。如工业革命中纺织需求导致新的工作机的发明，矿井排水和其他的动力需求引出了蒸汽机技术的改进和发明，火炮控制的需求促成了计算机的发明和完善化。某个时代（如近代）、某个方面（如军事）、某个领域（如医疗）的社会需求越强烈、越多样化，在该时代、该方面、该领域的技术发展越有动力，越为多样。简言之，“需求→技术”的观点是持之有故的。

然而，技术的需求起源论也不是没有困难。在不少情况下，人们并没有明确的或强烈的社会需求，却有了某些新技术发明，如上面提到的由游戏或机遇得到的发明，并不是由于人们有了看电视的需求尔后才发明电视机，也并不是先有了使用糖精、味素的需求之后才有糖精、味素的发明。在另一些情况下，则是虽有明确和强烈的社会需求，却没有相应的技术发明出现，如人们早就有根治某些疾病的需求，或高效地利用太阳能的需求，但至今并没有令人满意的新发明。

从根本上说，本书是赞同技术是起源于需求的，同时，我们又不可把技术与需求的关系简单化，很可能，它们之间的关系是双向的，即应理解为需求⟷技术，这里既有需求⟶技术，又有技术⟶需求，和二者的统一。

第一，在讨论需求与技术，以及需求与科学、需求与艺术时，不可把人的需求看做是某种抽象的、自在的、始终如一的东西，以为有一种神圣的“人的需求”作主宰，会源源不断地产生出各式各样的技术发明、科学发现和艺术创造。事实上，除了人的自然生理需求千百年来几乎没什么变化，社会人的需求或人的社会需求本身就有一个起源、形成的过程，人的需求是具体的、受多种条件制约的、历史的东西。

从根本上说，各个时期的人们有着与当时的制度类型、生产水平、技术和文化状况相对应的需求，在这个基础上又有着适应时代需求的科学技术进展。例如，在1900年的条件下，人们就没有X射线透视的要求，没有用电冰箱的要求，也不会有建造原子能发电站的要求，自然也谈不到CT技术、无氟制冷技术、核安全技术等的发明。

第二，人们只可能有自己时代的需求和时代的技术，这是从总的方面或大致上说的，对于探讨技术起源和新发明产生而言，还要注意到人们的需求和愿望又常会“超越时代”、“脱离现实”，成为幻想性的追求。幻想或“幻想需求”不同于现实需求，但它对技术的发展却有着不可忽视的影响。

在各国古代神话中均有诸如千里眼、顺风耳、腾云驾雾之类的故事，反映了那时人们的幻想，但我们并不了解这类幻想与遥感、飞机等发明有何关联。而古代的炼丹术和炼金术则更能说明幻想需求对技术活动的作用，炼丹术的出发点——追求不死成仙显然是一种幻想，求得长生不死仙丹是“幻想需求”，但由这种需求出发的炼冶实践却导致许多科学技术成果，在长年累月的炼丹活动中，炼丹家们“发明了火药、冶锌和湿法炼铜等技术，制造出硫酸、盐酸、硝酸、酒精、硫锡合金、锌黄铜、砷白铜以及治疟疾的太乙神精丹、治恶疮的红升丹等许多有用的物品。”[①] 由于幻想毕竟是缺乏可靠根据，由它出发的技术活动往往不能实现需求愿望，还可能带来损失或危害。

在现代，主要基于科学昌明，人们更多的是关注有现实可能性的需求，而不是以幻想、畅想、胆量来指导技术发展，即使这样，想象、假说、幻想以及大胆假设等仍然是影响着技术活动的，在新发明尤其是创造性强的技术过程中不可能百分之百地都从实际出发，而总有一定的幻想成分。原子能利用曾被物理权威认为是痴人说梦（因为元素不会解体），在光波波段实现电磁受激辐射（即激光）曾被激光技术创始人自认为是可能做不到的设想（因还没有激光发生器的先例），超音速飞行也曾被认为只是幻想（因为超越声障只能加剧声障），然而，正是这种大胆幻想加上不懈实践导致了现代技术的许多重要贡献。

幻想需求与现实需求是有区别的，又难以作明确划分。这两者本来没有绝对分明的界限，而且，人们还往往会把某些非现实的空想说成是异常现实的要求，或把某些有现实可能的追求说成是纯属胡思乱想的东西。但对了解技术起源来说，只能从原则上讲到幻想与现实需求是有异又有同的。

第三，无论是从现实需求，还是从幻想需求引导技术发展，都属于需求——→技术，事情的另一方面，是需求不仅要依赖于已有的技术条件，新的技术发明还会诱发出、创造出或产生出新的需求，即还有技术——→需求。

在人类文明史上，人们的许多新的需求都是由新发明诱导创生出来的。有如人们的音乐欣赏的需求和能力是由美妙的乐曲培养出来的，人们的美味味觉是由佳肴造成的。从需求与技术的关系看，并不是人们先有使用电视的需求再有电视技术，而是先有电视技术的发明再有人们用电视的需求；也并不是先有

---

① 蒙绍荣等，历史上的炼丹术．上海科技教育出版社，1990。

激光应用的需求再有激光技术，而是先有激光技术的发明再有应用激光的需求。

有一种说法（笔者也曾宣传过这种说法）认为，新技术发明出现后诱发和满足人们的需求，是它符合和适应了人的潜在需求，这里引入“潜在需求”的概念，似乎更有利于论证技术总是应需求之邀而到来的，只不过决定技术发生的既有现实需求，也有潜在需求而已。

现在看，潜在需求的概念并非不能运用，人们的体能、乐感、需求都是可以开发的，然而，对于由新的技术发明会诱导出的需求，似乎以简单地称为“新发明产生新需求”为宜，而不在这里使用潜在需求的提法。因为由新的技术发明产生的需求已是新的现实需求，已不是幻想需求和潜在需求。而且，在某种新发明出现以前就宣称已有了与这种发明有关的“潜在需求”，这是费解的乃至是有些神秘的，就有如说中国秦汉的人们已有了欣赏交响乐的潜在需求，去断言伽利略、牛顿已有了观看电视的潜在需求！

第四，有了以上三点，把技术的发生看做是“需求⇌技术”的双向作用过程，就可能较易于说明了。分别地说，这个过程又有两种不同的情况：

机遇
↓
社会经济→需求→技术→需求→技术
机遇、游戏→技术→需求→技术→需求
↑
社会经济

18 世纪新的工具机和动力机的发明，属于前一种情况，即 17 世纪英国纺织工业的发展要求提高纺纱效率，引出珍妮机及其他纺织机的发明，又导致瓦特改进和发明蒸汽动力机。特别要指出的是，在这个过程中“需求⇌技术”的双向作用是反复的、长时间的，瓦特从提高蒸汽机的热效应（需求）发明冷凝器（技术），到发明行星轮机构（技术）适应于蒸汽机作连续旋转运动（动力需要），前后经历了 10 多年的不懈努力。在纺织机与蒸汽机（包括瓦特）的发明中均有机遇，但根本的机制是需求与技术的互动。

19 世纪自行车的发明，是属于后一种情况的“小例子”。1818 年德国的一位男爵制出一台前后两轮的“娱乐马”（hobby horse），可乘坐用脚蹬地前行。这匹“马”出现后又使得好奇和好玩的人感兴趣（这也是一种需求），人们逐步给它安上了脚蹬子、曲柄、轴承、齿轮等部件，但至少在 1880 年以前，自行车还主要是玩乐（包括娱乐性比赛）用具。直到又发明了链条驱动和空气轮胎，有了实用安全的自行车，它才成为代步工具在 20 世纪得到广泛应用。之后自行

车技术又有了新的改进和发展，包括安装内燃发动机用皮带驱动，而摩托车的发明又适应了新的社会需求，并随之发展为现代式摩托车。

无论是哪一类情况，大致上共同的是：层次不太高的需求，是与水平不太高的技术相对应的，但它们在双向作用中都有从低到高的发展，有了层次更高的需求，会与水平更高的技术相对应。当然，二者的双向作用决不只是均衡的、线性的，需求与技术在通常情况是交错领先，而非正比并进的。

需求与技术的相互关系，有点像实践与认识的互相作用，认识的发生也可看做是“实践⇌认识”双向作用的过程。实践是认识的基础，实践又以某种认知为指引而不是盲目的；认识可以先行于实践，又来源于实践并服务于实践。

第五，讨论需求与技术的关系，与“技术目的”问题相关。广义地说，技术目的就是人们在技术实践中对客观需求的适应，或简单说客观需求就是技术目的，满足需求就是技术目的。狭义地说，技术目的是人们（发明家、工程师）在技术活动中追求的、并力图用某种手段来实现的目标，狭义的技术目的更直接地与人们对已有的技术状况不满意相关，更密切地与特定技术领域的实际条件相关。例如，瓦特改进和发明蒸汽机，提高了蒸汽的效率和通用性，满足了产业革命的能源（动力）需求，这就是从广义技术目的看的，瓦特在改进蒸汽机时注意到并力求解决两个问题，这可说是狭义的技术目的：

(1) 瓦特在修理纽可门蒸汽机中认识到这种蒸汽机工作时汽缸不断处于冷热交替状态，因而浪费热能，效率不高。那么能否不需汽缸冷却又使蒸汽冷凝呢？

(2) 以往的蒸汽机可以造成直线往复运动，应用受局限，那么能否使它造成连续旋转的圆周运动呢？

人们在技术活动中总会有要解决的实际问题和要达到的特定目标，即总有其狭义的技术目的，至于他们是否自觉意识到自己的发明是为了满足何种社会经济需求，以及新的技术将会产生何种社会经济后果，则可能是清晰的，也可能是模糊的。有时，广义技术目的是作为背景起作用的。

二、由智能技术到现实技术的过渡

一项技术的产生，可始于某种技术思想（技术设想、技术研究论文）的提出，以获取发明专利和制成样品、样机为标志，而发明的产生又只是整个技术过程的一个阶段，除了以新的构想、专利、样品（样机）形态存在的技术，还有着或会发展到在实际的生产、工程、医疗或作战中运用着的技术；即除了有作为科技成果的技术，还有“在线技术”（在生产线上起作用的技术）、体现于现实生产力中的技术，已在水利工程、外科手术和实战中运用着的技术。

可以把以发明、专利、样品形态存在的技术称为智能技术，考虑到它不同于已在实际活动中应用着的技术，也可把智能技术叫做潜在技术，以示它不同于现实技术。有人也把发明、专利称为主体技术或无形技术，而把已用于加工、生产或控制着某种对象的技术称为客体技术或有形技术。名词之争无需过于介意，重要的是这些提法都反映着技术是一个过程，都表明了不能只从发明专利和样品样机来看技术。

现实技术乃是对象化了的，从根本上说，它总要落实于运用物质手段（机器设备）去加工处理物质材料，生产物质产品和提供实在的服务，以满足人们物质需要和实际要求，就此而言现实技术就是物化技术，物化与对象化是一个意思。

技术怎样由其智能形态过渡到物化形态，怎样由智能技术（潜在技术）过渡到现实技术（物化技术），涉及经济的、社会的、历史的、体制的、文化的诸多因素，而不仅仅是技术本身的问题，或说主要不是技术问题。从根本上说，技术的起源和形态转化的动因不在技术之内，尽管技术发展有其相对独立性。本书将在后面较多地讨论技术及其现实化的社会制约问题，这里只对技术形态转化作一般的考察。

有一种观点认为，技术的创造主要是新器物、新工艺、新方法、新手段的发明，这乃是技术和技术家（发明家）的真正职责或本职；当然，技术创造也包括样品样机的试制，但之所以要如此，乃是为了表明发明的可靠和有据，通常和在原则上不是把样品样机作为产品。至于以后要在制造或工程中去利用技术、利用发明，使之在批量生产或其他应用中发挥作用，得到经济的或其他效益，则主要是生产和经营的事，不是技术和技术研究的本职所在。科学家、技术家、企业家之间尽管需要有互相往来、互相理解、互相支持、互相合作、互相协同，但他们终究应有职责的不同和分工。

应当说这种观点是有其理由的，“创”技术成果与“用”技术成果，彼此互有区别，科研院所、大学和企业承担的科技任务各有重点不同。在实际生活中也确实存在着，急功近利弱化基础研究的倾向，以及急于求成去应用现成技术而弱化技术开发的倾向。

但是，注重于从发明专利和样品样机来看技术的观点，无论在理论上和实践上都是有问题的。首先，智能技术与现实技术虽同属一个家族，或虽同辈同名同姓（如都叫发电技术、人工合成尿素技术、喷气发动机技术），但并不就是无差别的同一技术——它们之间在时间上就不是同一的，在内容上也不同一。由发明家、研究者们作出的技术成果，并非就是企业或企业家可以即摘即食的苹果，而有点像松果和幼松，至少要经过加工和再培育才能用上。

技术由发明或样品到实用或广泛应用，虽或快或慢，但总有个过渡过程。不算法拉第实验中就有了发电机雏形，1832 年和 1833 年，皮克西和萨克斯顿就展出了分别由他们研制成的磁电式发电机①，但直到 1882 年才有了爱迪生公司建立的供照明用的小发电站，又经过了半个多世纪才广泛应用了交流发电。1828 年德国学者维勒就人工合成了尿素，尿素的批量生产则在 1920 年开始于德国。喷气发动机技术从发明到实用的过渡很快（主要由于有军方的需要和支持），但也经历 20 多年。1930 年英国的惠特尔就取得了离心式涡轮喷气技术的专利，1939 年世界上最早的喷气机（德国人设计）试飞，20 世纪 50 年代后喷气机技术才广泛使用。

现实技术与智能技术相比不仅有程度（量的）差异，还有了功能和结构（质的）区别。现实技术必须有更高的效率，更少耗能源，更能利用易于得到的原材料；必须有更好的可操作性，更适应于技能条件，更便于维修；必须有更大的安全性，更能可靠地持续运转，更适应于人的生理和心理特点；现实技术不单自身是成体系的，它与其他技术必须有良好的匹配。

这里特别要强调说明的是样品、样机技术与批量生产的现实生产技术的区别。首先要肯定，能加工制造出样品或样机，已远不同于只有发明构想，不同于研究论文、专利证书或奖状，也不同于设计方案和图纸，样品和样机可认为是生产的开始，从道理上说，学会制出三五个样品、一两台样机，就不难产出三五千产品，因为后者要解决的主要是要有够用的原材料，添置些生产资料和工人而已。也确实可以认为，样品、样机的产生，乃是由智能技术向物化技术过渡的一个关节点。

然而，类似于在治学中真正做到举一反三并非易事，从能够制出两三个样品（有样品技术）到能够生产出两三千个合格产品（有现实技术，批量生产技术）亦属难事，这里的确有质的区别。批量生产技术要加工处理的不是经过特选的原材料，其操作主体不都是极为认真和经验丰富的技能者，生产技术的控制也不都由高级专家来实施……如果说，为有所发明和制出样品需要有一些有文化素质的劳动者，要成批和持续地生产产品则必须有一批乃至全民族文化素

① C. 辛格主编，陈凡等译，技术史（第 5 卷上册），东北工学院出版社，1993。

质的提高，后者是更艰巨的任务。

从智能技术到物化技术，从单件技术（样品样机技术）到批量技术，是一种跃进；从“小的”物化技术到“大的”物化技术，表面看来只有量的差异，也有质的不同。会设计制造30名旅客乘用的短程客机，与会设计制造载300人的远程民航机，在技术上不可同日而语。会设计兴建年产几千吨的小型氮肥厂，却很可能不会设计兴建年产百万吨的大型氮肥厂而要请别人“代劳”。

智能技术与物化技术，也就是技术的不同的形态，把它们加以区分有助于衡量和比较国家的技术状况。例如，我们常说中国在近代科学技术上落后于欧美，而如果不从技术形态上分析，就可能或认为我们在一切技术方面均落后，或认为我们在技术上已站在前列，看不清主要的差距在哪里。

事实上，我们今天确实并非在技术的各方面均落后，而在某些环节上还可引以自豪。在探讨冶金、机械、化工、计算机、自动化、农学、医学技术的国际会议上，中国专家已经发表了许多很高水平的论文，颇受赞誉。在国际发明展览中，中国的发明创造已经得到甚多奖牌。中国于1986年首次参加日内瓦国际发明与新技术展览，就得到6枚金牌、11枚镀金牌、16枚银牌和3枚铜牌，在1989年的巴黎国际发明展览中，中国的获奖数再次居参展国之首。尽管这类国际发明展览基本上多与“中型技术”有关，少有重大发明参展，但仍可以看出，我国在智能技术上与别的国家之间的差距未必十分惊人。

然而，问题正在于还要看现实技术特别是批量生产技术的方面。可以举出大量材料说明我们在加工制造硅钢片、硫酸、汽车、排气扇、灯泡等等产品中，在质量、成本和消耗上与发达国家比有甚大的差距，且这种差距并非是轻易可以缩小的。

从技术过程论的观点看，仅就中日两国近代技术的比较来说，大致可以做出以下的判定，“中日之间在技术上的最大差距，便是生产技术上的差距。中国在发明能力和水平方面略高于日本；样品制造水平方面不相上下；技术开发能力和水平，即在发明成果商品化方面，中国要低于日本一个数量级；在生产技术水平方面则要相差两个数量级。”①

充分认识技术是一个过程，认识到要由智能技术、潜在技术过渡到物化技术、现实技术，在当今仍有重要的现实意义。这是由于：我国在古代作为发明大国就有多创造欠实用的情况；在新中国成立后，曾存在着技术“政治化”的倾向，对“样品技术”、“礼品技术”、“展品技术”宣扬多，“单件技术”的成就

① 远德玉等，中日企业技术创新比较，东北大学出版社，1994。

高于批量生产技术；在科技体制改革前，技术活动偏离实际需求和市场机制，仍有以“论文技术”、“专利技术”、“获奖技术”为满足的倾向；在当前仍存在着发明专利的转化应用率偏低，某些获奖成果不能产业化、实用化的问题；我们正面临着实现技术创新的艰巨任务，而技术创新的实质乃是要使智能技术转化为现实技术并面向市场和振兴经济。

从智能技术过渡到物化技术，研究者、发明家也是有责任的，历史上的许多发明家都不仅取得了技术专利，而且在实施专利上有所建树，当然他们在这方面是得到了经济支持的。从智能技术过渡到物化技术，企业家和工程师有更直接的责任，企业的技术开发主要是对现实技术的研制。只有企业真正成为技术开发、技术应用的主体，具有技术创新的动力、活力和能力，技术过程论才能从理论变为实践。为了推进从智能技术到物化技术的转化，不仅国家要有发明奖、科技进步奖，企业也要有技术进步奖；不仅要充分尊重教授、研究员，而且要对工程师的地位和作用以足够的重视。

技术是一个过程，但它是一个复杂的过程，需要多方面的条件才能实现，只有少数的技术才走完了这个全过程，多数的发明（即使在经济文化发达国家）仍是以专利证明书的形式存在的。而且，在由发明创造到现实技术应用的转化中，还必然会遭到挫折、失败，只不过人们更愿意把《技术履历书》（日文书名）看做《成功的记录》（中译书名，新华出版社 1982 年版），而更少刊载“失败的发明”或“技术的失败”。关于由发明转化为现实技术的条件，在本书讨论技术的社会制约一章会再作些的分析，这里仅说明一点：如果说发明的产生会源于游戏和机遇，现实技术的形成则着实基于社会经济的支持。技术的游戏起源论和机遇起源论不可能说明技术发展的全过程。

对于一个国家、地区或企业来说，也未必对各方面的技术都作全过程要求，而可能在某些环节上靠引进别人的智能技术，购买专利，自己则着重于使其对象化、实用化。当然，物化技术也是可以引进和购买的，例如购买别人的设备，乃至请别国建厂。由于现实技术及其应用较多地与自然环境、原材料性能、操作素养及用户习俗有关，相对来说以引进智能技术为主会较易实施。但无论是引进专利，还是购买设备，都只能作为辅助手段，从总体和全局看，从智能技术到物化技术的过渡，对任何国家或企业都是不可缺少和重要的。

技术有一个从智能形态向物化形态的过渡过程，同时又不可把技术的物化、实用化和现实技术理解得偏于狭隘，现实技术并非都是物质生产技术，人们的各种需求都有其现实性。前面提到的美国学者列文森，他不仅认为技术起源于玩具，还认为它经过被现实借鉴会再发展为艺术，这种观点也不无事例和道理。

某些实用技术会转化为艺术技术，如石器加工转化为艺术石雕；或派生出艺术技术或美感技术，如医疗技术派生出美容技术；一些实用技术也越来越有更多的艺术性，大至轿车、小至削笔刀在不小程度上要作为艺术品来设计加工。

三、技术与生产

本节和下节所讨论的内容，本可单独作为一章（如“技术、生产与工程”）来讨论，但考虑到上面讲到的现实技术主要是生产技术、工程技术，另作一章又写不出较多内容，权且放于本章之内，好在技术活动过程与生产发展及工程实施有较密切的联系，并需要说明现实技术与生产并不全然是一回事，工程也不全同于技术应用。

在此之前，我们着重于从劳动过程、生产过程出发，来讨论技术和技术活动，这种立场有其合理性，并相信会得到多数工程师的赞同。前苏联的一些学者，索性把技术与生产看做是基本同一的东西，如认为“技术和生产力是同一物的不同称谓”，“技术是在劳动过程中，劳动力、劳动对象与工具结合的方式”①。

技术与生产无疑是有同一性的，它们都属于实践和人类改造自然的范畴，没有不应用技术的生产，也没有不以生产为基础的技术，社会技术也与生产密切相关。无论从世界历史、某个国家或企业看，技术能力的提高与生产水平的发展均大体上是同步或一致的。我们常说科学技术是生产力，技术尤其是生产力。

然而，我们又不能说技术与生产间没有区别，不能说它们是无法划分的同一活动或过程。如果这样，就无所谓技术成果向现实生产力的转化，也无所谓技术经济学与生产力经济学的差异，或只有生产力研究而没有技术论、技术哲学了。

为了探讨技术与生产的关系，有必要推敲辞书，也有必要考虑以下几方面的问题。

第一，技术并不都是生产性的，人们从事的活动有生产活动也有非生产活动，在不同的活动中有生产技术也有非生产技术。

怎样划分生产与非生产又属概念问题，但又会有点现实意义，乃至涉及敏

---

① 转引自关锦镗编著，技术史（上册），中南工业大学出版社，1987。

感问题。例如，我们曾把与生产直接相关的划为企业部门或企业编制，其他则归属于事业部门、事业编制或事业费用。在当前，以往被认定为事业活动、事业单位的领域又纷纷进入生产和生产力的行列，于是又发生另一个疑问，人们在今天是否还有非生产活动，社会在今天是否还有非生产部门或单位。

对于生产与非生产的划分，历来是有不同观点的：一种意见认为加工制造实体对象（有形物质）的属于生产，不能提供和留下物质实体的则属非生产；一种观点认为只有能够增加经济效益的活动（当然是相对直接的）是生产，在资本主义社会中只有带来剩余价值的活动是生产，反之属非生产；一种观点认为只有创造社会财富的才属生产；而不能增加社会财富的活动，虽有效果、需费力气或很必要仍属非生产；一种意见认为凡有意义、有价值的活动都是生产，只有浪费和无效活动算作非生产。

这里不可能展开讨论这些见解，但有一个前提必须明确：人们的某些活动、某些单位可属于非生产的，这决不意味着它不必要、不重要或不很重要；或者说，也未必一定要把必要的、重要的活动都一概纳入生产活动的范畴。例如，消防队和扑火活动显然是很重要的，可以减少社会财富的损失，却未必非归入生产不可。再如，群众性的文化体育活动也很重要，对搞好生产大为有益，却不必把参加旅游或打球归入参加生产。广义地说，生产还是应定义为“人类从事创造社会财富的活动和过程，包括物质财富、精神财富的创造和人自身的生育。”[①] 还需要作一点备注，这里讲的创造社会财富是比较直接的，而不是泛泛地有关或只是其条件，例如，似不必把刑警队、海关也算作生产部门或生产单位。

由此，对于以消灭敌人为主旨的作战活动，对于以保护自然界免受和少受污染为主旨的环保治理活动，以及普通群众为“享受人生”而从事的体育、旅游和文化艺术活动，广大居民的大量家务活动，都应看做是非生产性的活动，而在这样一些活动中都有技术，非生产的技术。非生产技术是技术整体的重要部分，并可以在一定条件下转化为生产技术，如军用作战技术可能成为民用生产技术。但不论非生产技术与生产技术的划分有多少相对性，总不会说人类一切活动全都是生产活动一切部门全是生产部门，全是生产力，总不会世界上的一切技术都全是生产技术。

第二，即使在生产领域或物质生产部门，技术更多地表明的是生产的可能性和质的方面，而不是现实生产和生产的量的方面，从技术状况可以看出生产

① 中国大百科全书，哲学卷（Ⅱ），中国大百科全书出版社，1987。

的潜力和能力，而未必是生产的实际水平和发达程度。

我们通常会认为，一个国家，一个企业能够设计和制造出轿车或飞机、精密数控机床、彩色电视机，这个国家或企业就有了较高的生产技术能力；产品的品种、规格、性能和质量，是衡量生产技术状况的基本标志。然而，如果只从一个国家能够制造出百十架飞机，一个工厂能够加工出千、百台汽车，却难以判定这个国家或厂家是否也有了较高的生产水平；产品的规模、批量、成本和劳动生产率等，也是衡量实际生产状况的基本标志。

生产要比技术复杂，生产除了要有技术，要有物化技术，还要有相当数量的、合格的原材料和能源，要有一定数量的设施和人员，要有规范的管理和组织，要有适销的市场和有效的经营，以及与这些相关的资金、文化条件。生产作为一个系统，技术乃是其基本要素，或说技术乃是生产的必备重要条件，而不是充分条件。粗略和定性地看，在其他条件大致相同的情况下，生产的发展可能主要地取决于技术状况；在技术条件大致相当的情况，或企业制度、或管理水平、或市场营销、或资金、或后勤保障，均可能成为制约生产发展的决定因素。

或许有人会说，生产的状况都可以根源于技术，只不过不仅仅是自然技术，还有社会技术——管理、营销就是社会技术。但这里仍可以说，在物质生产领域中社会技术也是更多地表明了生产的可能性，而不等于或不同于现实生产——物质财富的实际创造。而且，资金的状况、劳动力的数量和热情、原材料的质量等又是不能等同于社会技术或自然技术的。

第三，技术活动，包括其在物质生产的过程中运作，有其相对独立的特点，以及相对独立和特殊的管理。

生产活动的突出特点，是其相对严格的规范性、确定性和计划性，工业生产特别是加工制造业尤其如此。在这里要按明确的、基本固定或定型的操作规程行事，生产的进度要明晰，成本的核算要确切定量，批量生产还有较大的重复性。同时，在生产过程中，也还有规范性略弱些的生产技术活动，除了新产品的试制、新工艺的试行、新材料的试用，还有设备的维护与修理，允其是大修。大修也有规程，但大修乃至中修、小修显然是技术性更强些的活动。

技术与生产，就其管理的内容和方式看也是有不同的。尽管各种组织机构的职能是交叉渗透的，国家的科学技术委员会与经济委员会，企业的生产处与技术处，毕竟有所不同。问题不仅在于它们之间又配合又有分工，而且还在于技术管理与生产管理的眼界、要求、措施不完全一样。例如，重复引进国外设备，从技术管理角度看可能是完全不必要的，引进一套认真消化吸收就是了；

但如从生产角度看，却可以并允许不只是引进一套，而在特定需要条件下可以或可能引进（购买）几套——搞不好会发生盲目的大量重复引进。再例如，购买国外的二手设备，从生产的角度可能认为必要，从技术角度则认为不必要。

技术管理与生产管理的一个重要区别，是前者常会有较大些的弹性。至少，企业技术开发部的工程师与分厂和车间的工程师相比，在工作内容、进度、作息制度上，前者因有研究者特点而较灵活。

第四，无论从历史上看，或对一个国家、一个企业，技术的提高与生产的发展虽然总的说大致同步，但它们又是不平衡的，两者常会有一定的时差乃至有相悖的情况。历史上的技术革命与产业革命就是有“相位差”的。蒸汽技术发展的高潮兴于18世纪，生产上广泛应用蒸汽机而大有进步是19世纪的事。电力技术发展的高潮在19世纪末，到20世纪上半叶才在生产中广泛应用电力。当然也会有另一种时差，产业革命的兴盛又引出了新的技术发展。

技术与生产有时差不难理解。在有的场合，它们还会彼此逆行，尽管这是局部或暂时的。例如，可能有技术守旧而生产增长，在技术下滑的情况下去扩大再生产；也可能有生产衰退而技术提高，在生产不景气的情况下从技术创新找出路。至少、常会有相同技术水平条件下的生产扩大或生产萎缩。

在非常特殊的情况下，还可能发生特殊的技术与生产脱离，让技术使生产陷入窘境和困境。例如，一个企业可能主要靠贷款去更新机器设备，而在它成为具有一流先进技术设施的企业之时，却因为要偿还利息使流动资金紧张，生产困难，如果“高”技术低生产延续，甚至会发不出工资或资不抵债，乃至破产。

第五，花了这么多笔墨去说明一个显而易见的事实——技术与生产有别，乃是为了强调技术有其相对的独立性，从而有可能在这个前提下强调技术对生产、技术对经济发展的生命攸关的价值和意义。后一方面将在“社会的技术决定论”一章再作讨论，这里仅概括为这样几点。

生产不等同于技术，生产好未必技术好，生产上去了未必技术上去，生产无问题未必技术无问题；且正因这种不同，生产的发展还可能掩盖技术停滞，生产规模的数量可能使人忽略生产技术的质量。

技术不等同于生产，技术好未必生产好，技术上去了未必生产上去，技术无问题未必生产无问题；且正因为有这种差异，技术的进展还可能掩盖生产难点，技术质量的提高可能使人低估生产规模的需求和问题。

生产与技术之间，简言之，应有一种互相需要的关系。生产不同于技术，生产需要技术，而且，这种需要是根本性的需要，常会是头等重要的需要。技术进步对于企业生产来说可以说真是顺之者昌、逆之者亡的，一个企业的生产要有发展，要有管理和经营，根本上是要有先进的技术、新的技术。

技术不同于生产，技术又需要生产。在生产与技术之间，首先是技术需要生产，然后才是技术效力于生产。技术是生产力，前提是技术的发展需要生产力。技术对生产的贡献，只能立足于生产对技术的供养。也许，企业家可以不花一分钱或花很少钱去享用别人的科学和艺术，却不可不花一分钱去得到自己的技术，也不可能只花很少钱去享用别人的技术。

从动态的观点看，生产与技术应当有一种良性循环关系或过程，即生产的发展——→技术水平的提高——→新的、更为先进的技术——→生产内涵扩大——→持续技术创新。当然，这里也可能有另一种恶性循环的过程或关系，即生产的外延式扩大——→技术的停滞——→技术老化，退化——→经济和生产萎缩、外延式缩小——→无力技术开发——→生产困境持续。正因为生产与技术二者不是等同的，这两种循环都不是注定不免的，又都是可能的，它们之间也可能互相转化。

四、技术与工程

技术的活动在生产中，也在工程中。生产与工程本是紧密相关的，生产技术与工程技术常作为同义词并用，二者都属于现实技术。但是，工程项目的实施与生产任务的进展又有差异，在这两种活动中的技术亦不尽相同。从理论上分析工程的特点、工程中的技术的性质、工程与生产的同异，也应是技术哲学讨论的内容，并有一定的实际意义。

“工程”一词在我国古代已有些应用，如在讲及庙宇桥梁建造时提到“工程浩繁”、“工程严促”、“工程紧急”。现代汉语中的工程多为英语词 engineering 的汉译，engineering 的词根 engine（机器）和 ingenious（有创造才能的）又都源于拉丁词 ingenerare（创造）。但由于在英语中工程、工程学都是同一个词，仅查阅国外工具书来界定工程就可能会有歧义。例如把工程定义为某种专业、学科，或认为工程是“应用科学知识使自然资源最佳地为人类服务的一种专门技术。”① 这种界定也常被应用，如学校的机械工程系亦可谓机械技术系，生物工程试验又可谓生物技术试验。

对工程的另一种理解是把它主要地看做是一种解决特定的实际问题的活动，

① 简明不列颠百科全书（第 3 卷），中国大百科全书出版社，1985。

是最经济地利用材料和自然力的实践项目，且大都是具体的建构性活动和基本建设项目。我国《辞海》中的工程定义是上述两种理解的综合。或许，采用以下的表述则更为简明和合理，即认为工程乃是“把数学和科学技术知识应用于规划、研制、加工、试验和创建人工系统的活动和结果，有时又指关于这种活动的专门学科。”①

为了把握工程的概念，分析工程、技术、生产、工业之间的关系，从而有助于恰当地确定工程任务和实施工程，有必要讨论以下几点。

第一，工程与生产的关系，二者的同异。

工程与生产都属于创建人工自然的范畴，都属人们的实践行为。大多数工程的内容与加工、制作、构筑某种器物或设施相关，可以说乃是生产性的工程。如美国的曼哈顿工程主要是要制造出原子弹，我国的三峡工程主要是要构筑起长江大坝，“863 工程”中不少项目也是加工制作性的——只不过它们要制出的乃是高技术产物，如加速器、反应堆、可控核聚变装置等。至于南京长江大桥、杨浦大桥、成昆铁路、京九铁路、沈大高速公路、沪宁高速公路等等，更是生产性工程。

但是，工程与生产又有较大的区别。除了有较多的工程有生产性，还有不少工程并非是以创造人工物为内容的，并非直接是物质生产性的，如“登月工程”是为了把人送上月球，“打捞工程”是为了把某艘舰船（如中山舰）捞出水面，“排污工程”是为了去掉污水中的有害物质等。此外，还有一些军事的、医学的试验工程也未必是生产性的。

即便是生产性、器物制作性的工程，也不同于一般的生产活动。如前所述，生产大都以一定的批量为条件，按某种确定的规范进行，有其重复性，而工程则大都是以完成某一个特定的任务为目标，少有乃至罕有成型的规范，几乎没有什么重复性，随着它的特定目标实现，工程即告一段落或完成。例如，人们可以把设计、试验和研制某一台新型的特殊计算机（如银河号）的活动称之为工程，批量制造定型计算机则只是生产。

当然，并非所有的工程都只是一次性的，登月不止一次，至于建筑工程更会进行多次。但作为工程，它们又都不是重复的，而是各自特殊、各有个性和颇不相同的。即使是在同一地区按同一外观造楼筑桥，其工程内容也各有区别，至少它们的地基是不一样的，何况它们的高度、造型等更有不同。

第二，工程中的技术，是更有创造性的现实技术。工程活动中的技术，不

① 于光远主编，自然辩证法百科全书，中国大百科全书出版社，1994。

能仅仅是某种构思或发明，而必须是能对工程对象起作用、能变革物质材料或控制自然力的现实技术。同时，由于工程任务或工程项目的一次性、非重复性，工程中起作用的技术又必须有更高的创造性，是创新技术；或者说，在工程活动中应用技术时，更需要因时因地制宜地反映新的要求、符合新的情况、吸取新的成果。即或是在古代，修建都江堰、赵州桥、六和塔的工程，也是那时创造性技术的集中体现。近代和现代的核试验工程、登月工程乃至打捞一艘沉船的工程，都属缺少既定章法可循的，不管搞工程的人们是否愿意或自觉程度如何，都必然要创新地去运用技术和运用创新技术。

工程中技术的创造性还在于它的综合性。作为学科或专业的工程（工程学）如土木工程、电力工程可能主要与一类技术相关；作为解决特定实际问题活动的工程，则决不限于哪一类技术。建造一栋居民楼的工程就不仅要有土木工程的技术，还要有供电、供热、通信、防震、防火等方面的技术。发射一个人造卫星不仅涉及多种技术，还需要有坚实的自然科学知识和数学才能，以及丰富的社会经济知识和管理能力。

工程活动的特点可能会关系到工程技术人员的培养问题。例如我们培养的工科大学生，就不仅要适应于工业生产发展的需要，还要适应于工程建设的要求，而工业生产需要与工程建设要求乃是不尽相同的（虽然是相通的）。

工程活动涉及多方面的内容，这也与工程师的分类有关。国外有的文献把工程活动分为研究、开发、设计、试验、规划、生产、操作、销售、服务和管理 10 个方面，相应的各有其技术，及十种类型的工程师。

第三，工程的概念正被日益广泛使用，当今在我国已有了种类甚多的社会工程。其中一些工程有物质生产的内容，如“菜篮子工程”、“安居工程”。精神生产上，有“五个一工程”、“9550 工程”。在教育领域，有“希望工程”、“211 工程”。在金融、经济等方面，还有“金卡工程”、“金桥工程”、“技术创新示范工程”、“引智工程”。在近期报刊上还见到有“思想解放工程”、“道德修养工程”、“社区文明工程”等提法。

许多社会工程项目确是名副其实的工程。它们有要解决某种特定实际问题的明确目标，有确定的实际活动步骤和进度安排，有可行的资金、人力、组织和技术措施的保证。这些可能和正在有效实施的工程，具有作为工程的基本特征——定量化、可操作和可考核，而不仅仅是一种定性的原则要求，不仅仅是一种方针、倡议、愿望或口号。

通过社会工程项目来解决某些实际的社会问题，是有必要的。社会工程的可贵首先在于它有定量目标，例如在某个期限内要重点投资办好多少个大学，要拍摄出多少部精品影片，要重点扶植多少个技术创新型企业等，这就比一般的号召要提高教育质量，要繁荣创作，要重视科技等具体和有效。某些社会任务，如人口动迁、下岗再就业、扶贫救灾，是可以和应当有定量化的目标、步骤和措施的，更需要作为社会工程对待（虽未必都冠以××工程之名），而不要停留于政策规定和一般号召。

当然，对于某些难以定量化的目标要求，或虽能定量但未必有实质意义或难以操作和考核的目标，是否适于作为工程项目提出，怎样作为社会工程任务来规划实施，这是值得认真研究和慎重对待的。例如，我们在报刊上曾看到过“理论武装工程”、“廉政工程”、“主人翁工程”、“送温暖工程”、“保安工程”等提法。很有可能，这些工程在当时当地有其特定的针对性，有切实可行的目标、步骤、措施。但或许也可能，这里会有与工程要求不尽相符之处，例如理论水平的提高、为政清廉的程度、主人翁意识的强弱通常是难以定量的。官员清廉或腐败，社会犯罪率的多少，虽则可以大致作定量描述，却可能难以作为一种工程目标去实施和考核，而要取决于整个社会的经济体制、法制约束、文化修养和伦理规范，而且需要一个难以确切限量的过程。就此而言，我们又要注意到避免泛用和滥用工程一词。

总之，社会工程是必要的，又要使社会工程有一定的约束性，不要到处都称之为工程。而且，我们还需要培养一批有能力和学识去处理社会工程问题的人才，去保证社会工程任务的科学化和有效实施，这样的人才只懂得定性的社会知识是不够的。

参考文献

陈昌曙.1985. 科学必须经过技术才能转化为生产力. 工程师论坛，(3)

陈昌曙.1987. 技术与生产的联系和区别. 科学技术与辩证法，(4)：1～3

陈昌曙.1992. 促进科技成果向现实生产力转化. 求是，(8)：4～8

傅家骥等.1992. 技术创新. 北京：企业管理出版社

刘大椿.1985. 科学活动论. 北京：人民出版社

沈亮安.1990. 工业企业技术论，北京：中国人民大学出版社

第七章　技术发展的特点

技术无论以何种形态或在何种领域存在，都有着由低级到高级、由简单到复杂的发展，都有其兴衰演化。作为技术哲学的引论或概述，理应有较多笔墨来阐明技术演化发展的规律性，但由于研究基础所限，无力写出“技术发展规律”的专章，而只能对技术发展的某些特点作概略的描述。说得高一点，最多可把本章内容看作是对技术发展规律性特点的探讨。

本书前面论及的技术结构的系统匹配、技术功能的物化实现，以及后几章讨论的技术与科学的互动、技术的社会制约，也可以认为是关于技术发展的特点，本章只是较为集中地考察技术自身发展的总体特征和趋势，以技术乃是相对独立的社会现象和过程为立论的前提。

已有不少论著总结过技术发展的规律和特点，对西方文献，值得重视的是埃吕尔概述的现代技术的六个特点①：一是技术选择的自动性，“技术选择不是由人所作出的，而是由技术本身作出的”；二是自我增长，“技术发展是自动进行的，每一个问题在被技术解决的同时，总是又生长出一些新的问题，这些问题又进一步要求技术加以解决”；三是一元论，“无论什么地方和什么领域，技术现象都呈现相同的特征”；四是技术耦合的必然性；五是普遍主义，“技术无所不在”；六是自主性，“技术根本不顾及人们在伦理、经济；政治与社会方面的考虑，所有事物都要适应自主的技术的要求。”

本书不可能逐一述评埃吕尔的这些见解，应当承认，他的许多观点是有道理的，虽则也会有其片面性。在本章里将发挥所赞同的埃吕尔思想，但主要抒

---

① Ellul J. The Technological Society. Vintage Book，1964.

己之见，有所批评也在以后章节再说。

一、技术发育的自我增长

技术的发展有其相对独立的自我增长特点，这是极为重要的观点，也是技术哲学的一个最基本的论点。事实上，技术的起源和生成，一方面与社会需求密切相关，在这点上，技术有其推动者；另一方面，技术又有其自我发育的内在机制和根据，就此看，技术亦是原动者。这里无意把技术的内在动力强调得高于社会需求之上，也并不全部接受埃吕尔的“技术自动主义”，但我们有时却可能更强调或多宣传技术的需求决定论，而低估了技术的自我生长，从而未能正确把握技术既有内动力又需外推力的关系。基于确有把需求强调得过高而忽视技术发展内在机制的情况，埃吕尔的技术自我增长论又有较大的研究价值。

技术发育的自我增长，决定于技术过程的内在矛盾运动机制。这些矛盾例如有：①技术规范与技术实践的矛盾；②技术继承与技术创造的矛盾；③技术方案与技术试验的矛盾；④技术目的与技术手段的矛盾；⑤技术结构与技术功能的矛盾；⑥技术的专门化与技术的综合化的矛盾等。所有这些矛盾都不完全是由社会需求引起，都不能完全从社会需求来解释。

已有一些文献分析了技术的内在矛盾，这一节仅就技术目的与技术手段的关系来讨论技术的自我发展问题，其理由之一是这个矛盾是基本的。“任何时代的技术都处于不断发展变化之中，引起这种发展变化的直接动力又来源于技术内部的基本矛盾，即技术目的与技术手段的矛盾。”[①] 内部的基本矛盾是发展的直接动力，这确是规律性的特点。

对于技术发展中目的与手段的矛盾，以及这一对矛盾的相互作用、相互转化如何导致技术的自我增长，需要注意到以下几点。

第一，技术目的与社会需求是有联系又有区别的，技术目的乃是技术过程的内在因素。前章已讲到，广义的技术目的或从总体上说的技术的根本任务，乃是满足社会的需求，在这个意义上，整个技术都是满足需求的手段。但这种理解并不能充分说明各项具体技术的特定目的或狭义的技术目的——人们在实际技术活动中追求的，用某种手段来实现的以采取、加工、控制客观对象为内容的目标。要讨论技术发展中目的与手段的相互作用机制，直接地是指狭义的、

① 国家教委政治思想教育司组编，自然辩证法概论，高等教育出版社，1989。

特定的技术目的。

这种技术目的与社会需求并不是一回事。在不少场合，虽有社会需求乃至强烈的要求，却未必有实际的技术活动及其技术目标。古代的人们就要腾云驾雾、登月，或有着千里眼、顺风耳的愿望，但仅只是幻想，并没有相关的技术活动。现代人也会有要利用飓风、地震的能量，或控制生男育女、根治癌症等要求，至少在目前它们还只是设想：而不是实际的技术目的。

同一的社会需求是可以通过不同的技术活动来满足的，就此而言，同一的社会需求又可以表现为不同的（狭义）技术目的。目的在于开发前所未有的新能源，目的在于更多地采取已有的能源材料，目的在于节约地、综合地利用能源，都会满足社会发展的动力需求。满足人类粮食消耗的需求，可以有合理灌溉、施肥、培育新品种、防治病虫害、减少粮食储藏和加工的损耗等多种活动，每种活动各有自己的特殊技术目的，只从社会需求讲不清这些目的的提出和特点。

技术目的的成立，与技术手段密切相关，没有无技术手段的技术目的，当然也没有无技术目的的技术手段。从这点看，如只有需求而没有手段，就不可能有技术活动及其目的。这当然不是说有了技术手段就会有切实的技术目的，而只是说现实的技术目的不能脱离技术手段存在，或必须有技术手段才谈得上现实的技术活动。人们的诸多设想、愿望虽可说符合社会需求，但仅因并无相应的技术手段就不能称之为已有了技术性的目的，当然也没有现实的技术和技术实践。

社会需求可以或通常是原则性的、定性的，技术目的则是具体的、明确的和有定量指标的。技术活动的目的例如可能有以下一些情形：创造某种新的功能（如把黑白电视变为彩色电视）；完善已有的性能（如提高海底电缆的耐腐蚀年限）；扩展现有的容量（如加大计算机的内存）；改进操作（如照相机的自动聚焦）；减少风险（如防爆电器）；材料替代（如用陶瓷取代金属）；治理污染（如造纸废水净化）等等。技术目标要求常表述为提高效率或降低损耗10%之类，而不会在设定目标时提出“提高少许效率”或“污染有所减少”之类的模糊要求。技术目的有明确的和定量的要求，这正是其技术性所在。现实的技术目的的设定，是依赖于已有技术基础的。

第二，技术目的与技术手段的互相依存和制约，才会有技术活动，但并不意味着有目的、有手段的技术活动都能进行下去，或都能推动技术发展。在这里，重要的是技术目的的合理、可行，技术手段的完善、有效，并有适宜的环境条件。

古代的炼丹、炼金活动，近代人的研制永动机，乃是失败的技术活动的典型。但应当说它们仍有技术实践的性质，而不完全等同于单纯的冥思苦想和祈祷——尽管在炼丹、炼金中有宗教观念或膜拜仪式。炼丹、炼金和制造永动机的活动之所以仍可称为技术活动，因为这里不仅有不死或发财等愿望和要求，而且还有某种确定的技术目标（如增加贵金属的生成、减少摩擦），并运用了化工的、冶炼的、机械的技术手段。然而，问题正在于这类活动中的技术目的是违背客观规律的、不可行的：人们可以得到在一定条件能延年益寿的药品，却无法获取长生不老的仙丹；人们可以不断提高运动转化的效率，却无法绝对消除熵增。

技术活动的顺利进行和成功，前提是有合理可行的技术目的，而这取决于两方面的因素：其一是要看它是否符合客观规律，是否有科学原理上的依据；其二是要看已有的技术基础条件，是否能有适宜的技术手段支持。在现实的技术活动中，人们在设定技术目的时常会发生的一种情况是更为重视前者，以为技术的目标要求合乎科学就合理，而相对忽视后者，以为一定的技术目的必定会引出相应的技术手段来。

其实，技术目的的合理可行与技术手段的完善有效是互为条件的。手段当然要服从、服务于目的，目的也要立足、依赖于手段。在一些情况下，更应强调的往往不是目的决定手段，手段取决于目的，而是手段也决定着目的，目的取决于技术。有如黑格尔所说的，手段往往比目的更重要，或套用黑格尔式的语言讲，技术目的现实性源于技术手段的可能性，技术目的可能性源于技术手段的现实性。

大量事例表明，技术目的的设定是随着能具备更先进的技术手段而逐步升级的。有电子管，相应的会有研制第一代计算机的目标。有了晶体管，研制第二代计算机的技术目的成为可能。第三代计算机的研制，已有了集成电路为基础。有了大规模集成电路的应用，才有研制第四代计算机的技术目标。

不少事例也表明，某些道理上讲得通的技术目的，却因为缺乏恰当手段难以行通。英国学者拜比吉（Babbage，1792～1871）在现代计算机出现的一百多年前，就提出了计算机自动化的技术目标，提出了几乎是完整的程序自动控制的设计方案，但他却没有适宜的手段（如只能用卡片计数）而未能实现目标。发电机在运行中会发热影响效率，如在电机导线（大型电机中空导线）中通水冷却，要比自然冷却或通风冷却好得多，道理显而易懂，但由于未解决水在运动导体内可密封循环而不泄漏的问题，就难以实现水内冷电机的研制目标。只是在精密加工保证了水流的可靠密封（手段）之后，研制双水内冷发电机（在电机定子和转子导线内均通水冷却）的课题（目的）才现实可行。再如，把核动力用于商船不能说没有道理，但一直到目前为止，由于尚没有妥善解决既足够安全、又不甚笨重因而具有商业应用价值的防护措施（手段），研制核动力民用商船的技术目的和活动只得搁浅。

技术目的的设定合理，技术手段在原则上有效，也未必就注定会有技术活动的成功。在某些情况下，仅仅由于技术手段的某个环节上有缺陷，也会导致技术活动的失败，这在航天活动、医疗活动中是屡见不鲜的。在各个技术领域都不存在尽善尽美的手段，因而也难以保证有万无一失的目的，这一点再次说明了手段的重要。事实上，我们在技术工作中的许多失误并不是来自不该运用某种手段，而是由于在某个环节上出现了不该发生的疏漏。

第三，技术目的与技术手段的划分是相对的，技术手段的完善又会成为技术自身的目的。技术手段的目的化，技术目的与技术手段的相互推移、相互转化，乃是技术发展的一个显著特点。这种推移和转化，构成技术自我发展、自我增长、自我积累的永不休止的运动。

广泛地说，人们在各种各样的活动中都是既有目的，又有其手段的，且它们的手段也都有可以或应当改进完善之处。然而，对于科学活动、艺术活动、体育活动、文化教育活动以及法律和行政的活动来说，改进和完善其手段，却未必直接地、贴切地就是其自身的目的。例如增大显微镜的放大倍数、提高乐器的音准程度、延长健身器材的使用寿命，对科学、艺术和体育是重要的，有助于达到这些活动的目的，但我们却未必能断言增大显微镜的放大倍数就是科学活动的目的，也不能说提高乐器（如钢琴）的音准程度就是艺术活动的目的，或把延长健身器材的寿命作为体育活动的目的。

但是，完善技术活动的手段却可以和应当成为技术自身的目的；同时，完善科学、艺术、体育等活动的手段也在较大程度上亦是技术的目的。人们在各种活动（包括政治的、法律的、教育的乃至宗教的活动）中都会用得上技术性的手段，在技术活动中更要以技术自身为手段，以完善技术手段为任务和目的。为了提高蒸汽机的热效率（技术目的），需要改进冷凝器的功能（完善技术手段）；而冷凝器功能的完善又可以成为技术活动的目的。

技术手段的获得和完善化，以及在此基础上得以设定和实现新的、更高级的技术目的，就是技术进步的过程。最早的汽油机平均每200公斤重量提供1马力[①]功率，很难实际应用，为解决应用问题（目的），人们采取增加汽缸（如4

① 1马力=0.735千瓦。

缸、8缸或更多）的办法（手段）来降低重量功率比；在降至约30公斤/马力时，就提出了利用汽油机作为陆运动力（研制汽车）的技术目的，此目的又要求进一步降低重量功率比，为此又采用了改进汽缸排列、设置增压器等措施；在降至约5千克/马力时，又提出了用汽油机作飞行动力的技术目的，并设法继续降低重量功率比，如在本世纪40年代降至约0.5千克/马力以下。

再如，电子管的发明就经历了一个目的与手段相互推进的高级化过程：

二极管可用于检波，但输出信号微弱；

为改进二极管性能，在二极管中增加一个电极，发明了三极管；

三极管可用于放大，但易于产生自激振荡；

为改进三极管的性能，在其中增加一个帘栅极，发明了四极管；

四极管很有利于电压和功率放大，但会产生次级电子效应影响性能；

为改进四极管性能，又发明了放大倍数很高的五极管。

晶体管发明后，20世纪50年代初，英国人杜默就提出了把多种元件组装在一块，即研制集成电路的技术目的，但开始还没有妥善的办法，至50年代末有了扩散工艺等手段，才有了集成电路的现实技术；这些手段的进一步完善，又提出了研制大规模集成电路的要求。

二、技术建构的折中兼容

技术发展的重要特点不仅表现于它自身增长发育的机制上，还表现于它解决问题或完成任务（如提出设计和方案）的方式上。人们常会认为，在运用技术去解决某个问题时，是应当和可能进行“最优化”的设计，按照“最佳化”的方案行事的。“最优控制”、“最优决策”已成为工具书的词条，并且是一些论著的主题。

在一定条件下的相对较优乃至最优，是可能设想和争取的。但为了把问题说得尖锐点，本节更着重于要讲的乃是“中间化”而不是最优化——如果要说最优，那也是在特定场合下最优的折中兼容。

实际上，在创造人工自然的技术活动中，以及在人们实践活动的各个领域，是不可能有理想化的最优、绝对的最优，或全面的最优、无可比拟的最优的。现实的技术活动，面临着复杂的、相互牵制的因素和关系，人们可能会建构和提出多种各有所长的实践方案，而却没有一种方案能最全面兼容各种设计的优点，又能最大限度排除它们的弊端，而只能在这些方案中作出相对合理有效的折中选择，避免顾此失彼而有折中兼容。

对于建构技术方案的折中兼容，和把它作为技术发展的一个重要特点，还需要作一些说明：

第一，抽象地或从原则上说，技术活动面对的矛盾是“不可调和的”，不可能既这一方面的最优，又另一方面最佳。

在人工自然的创造或一切技术活动中，最普遍和基本的，是要处理成本与性能的矛盾。最理想化的状态当然是有最为便宜的支付、最高水平的功效和最大程度的可靠，然而，节约与质量、安全、美观等方面却常是两者不易得兼，三者难以得兼，或四者不可得兼的。一座能抗御百年不遇乃至千年不遇洪水或地震的大坝、大楼，不可能用最低廉成本建成；一台最为节约人力物力造出的汽车或冰箱，不可能有最优异可靠的功能。技术活动中的种种矛盾都直接或间接地与成本相关。

许多技术上的两难不可周全有其自然本性或自然根源，天然自然就会“造成”人工自然创造中多快难以好省，好省难以多快，以及其他种种鱼与熊掌不可兼得。例如，对一类粮食作物（如水稻或高粱）来说，某一个品种可能生长期最短（能高产）但米质较差，而另一品种米质最佳但生长期偏长，人们不可能选择种植生长期最短最短、米质又同时最佳最佳的品种，也不可能培育出这样的品种。对一类化疗药品来说，某一个品种可能会最有力地“杀死”癌细胞但副作用较大（也破坏正常细胞），另一品种的副作用最小但治癌效果亦差，人们不可造出和选用能最多杀灭癌细胞、同时又副作用最小乃至没有副作用的化疗药。

技术活动中的某些矛盾“不可克服”还有其历史的缘由，并与人的智能的历史局限相关。至少到目前为止，采用内燃机作为汽车的动力，必定会增加对环境有污染的排放量，采用少污染的太阳能动力，却只有相对低的效率，人类至今还没有找到一种效率最高、污染最低的汽车动力。

矿业中的高回采率必会增大贫化率，可典型地说明由自然条件和人力局限所造成的技术矛盾。如果人们要把地下某区域内赋存的矿石或煤尽可能多地采取出来，即尽可能提高矿石或煤的回采率，那就必须开采到该区域各部位（各种层次、厚度、形状）的岩层，就必定会使更多的废石混入矿石或煤中，从而降低原来矿石或煤的品位质量，即又增大了贫化率。如果人们要在采取活动中尽可能多地保持矿石或煤的品位，把贫化率减至最小，就因要避免废石混入而不能充分开采，从而降低矿石或煤的回采率。或者说，在回率与贫化率之间存在着某种人力不可抗拒的相克关系，在地下采矿或采煤中，不可能找到回率最大最大，同时贫化率又最小最小的方法。

第二，具体地或从实践上说，技术活动又经常在“调和矛盾”，力求这一方面“能通”，另一方面也“可行”。例如，在成本与性能（质量、可靠性、美观等）间折中，建构和采用一种既比较节约，相当合算，又比较优良，相当合用的方案。再例如，在疗效与毒副作用间折中，研制和应用一种既有较高灭菌或杀癌能力，又对正常人体损伤较低的药物。

建构或设计技术方案时要调和矛盾，也就是不能片面地强调一方战胜或消灭另一方，而要有双方的“让步”或“妥协”，要有“牺牲”一方面“成全”另一方。例如说为了美观会要牺牲成本（多花钱），为了成本会要牺牲美观，为了少副作用牺牲疗效，为了疗效牺牲（容忍）副作用。“调和矛盾”就是要各有牺牲，又互有成全，不是一方把另一方牺牲（克服或消灭）掉，而是彼此折中地兼容在一起。在这里也可以说，技术在处置其矛盾时并不遵循非此即彼的原则，而是采用亦此亦彼的方式。

同时，技术活动中的折中兼容又不是在两个对立端点之间的对开居中，不是平均主义地瓜分秋色，而要根据具体的现实情况，针对其特殊要求有偏有重，使某方多牺牲，而另方多所得，处理同一类矛盾就会有多种重点不同的折中，正由于各种折中方式的巧妙不同，同一类的产品或构筑物，才会有多样的、不同的规格或设计方案。这里最关键的是要找到和实现适度的折中点，使之符合技术目的的要求，并能在技术活动中不断提高折中兼容的手段和结合点。

凡电子技术设施（如收音机、电视机、传感器）都要有灵敏度又要能抗干扰，而这两者又不可调和地矛盾着：要使灵敏度很高，即很敏感于接收细微的作用信息，它同时就难以排除噪声影响，抗干扰性就差；要使抗干扰能力很强，即用“高门槛”、“细网”把噪声挡住或滤掉，它同时又会降低反应细微信息的敏感度。或者说，根本不可能造出一台灵敏度很高很高、同时抗干扰能力又很强很强的收音机，而只能在灵敏度与抗干扰之间去寻求折中。

人们只能设计和制作出有相当灵敏度兼容相当抗干扰性的收音机，但这绝不是说两者各占50％。在一些情况下，如对于高级音响设备中的收音机，就有必要多牺牲点敏感度保持高抗干扰、高保真，而对于便携式收音机，则要多牺牲点抗干扰，保持高灵敏度、远收程。不少收音机听得远但杂音偏大，从技术上说正是折中不可免的结果。

技术活动要折中又有重点地去牺牲和成全，也会表现于对国计民生有重大影响的工程中。修筑特大水坝或兴建核电站，也必须统筹兼顾成本、拦洪高度、容量、发电效能、安全等方面，事实上不可能按无限投资、最大高度、绝对安全（如能抗永久不遇的地震）等来设计。但在这类工程中的建构中，对于安全、成本和性能的折中，更要多牺牲些成本来确保安全的首位。

第三，在技术活动中懂得应有合理折中，善于做到恰当兼容，并非是轻而易举或从来如此的，而要经历一个相当长时间的摸索和选择的过程，这一过程也就是技术进步的一种表现。

人们在技术活动中特别在某种技术尚不成熟的阶段，难免发生更注重于“一点优化”而忽视其余的倾向。如在药品研制时会过于重视要提高灭菌杀虫效果而对要减小副作用估计不足，只求高效不问低毒。在培育农作物品种时偏多注重于增产效果、生长期短，而少顾及到米质。至少在20世纪50年代前，通信技术追求的几乎都是要增强灵敏度，较少关注于抗干扰性。

学会折中，并使诸因素在更高水准上兼容，是颇费周折和需付出艰辛的。在技术发展中经常会有这样的情况，在一定场合，更注重于提高药效或灵敏度，以此为主要目的，兼顾减小副作用或干扰；在另一场合，更注重于减小副作用和增强抗干扰能力，以此为主要目的，兼顾保持疗效和灵敏度。如此往复，直至发明一种药效更高些、副作用更小些的药物，或灵敏度更高些、抗干扰能力更强些的器件或线路。例如，在采用再生式线路时，收音机的灵敏度与抗干扰的兼容就差，在发明和运用外差式或超外差线路时，二者的兼容就好些。当然，即使用超外差线路，灵敏度与抗干扰仍是矛盾的，仍要视具体情况有不同的折中。

在技术实践中，困难的不是原则上承认要有某种兼容，而是要具体地选定适度的兼容点，或在合理折中范围内的恰当参数。例如，在输电中要充分节约材料（导线等），就要有较高的输电电压；而为要确保用电安全，又要求有较低的输电电压。问题不仅是要指出难以做到最充分节约又最高度安全，而是要研究、寻找、选择和确定合宜的折中范围和适当的兼容点。在民用的交流输电上，这就是不要大于300伏也不宜小于50伏，在一些国家（包括中国）选定为220伏，另一些国家则选定为110伏。再如，在高炉炼铁的技术发展中，一项重要的成就是选定了高炉的冶炼强度一般在0.9～1.1吨/（米^3·日）之间，在这个范围内高炉效率与焦炭消耗有较好的兼容，超出它虽增产但焦炭消耗过大，不及它虽减少焦炭消耗但产率下降过多。在许多技术领域都有这类的合宜范围或适当兼容点，如某些材料热处理的合理温度，某种肥料的合量施用量等等。应当说，工程师们的大量工作，正是在研究、寻找、选择和确定这样一些适宜的折中兼容点或范围上，而这样的工作乃是技术发展中不可或缺的、重要的成就。

技术活动要实现恰当的折中兼容需经过选择。在这点上，埃吕尔所主张的只有技术能选择和规定人们的行为方式，而人却不能选择和影响技术的发展的观点是片面的。应当说，从人类活动的基础看，人们确实不能自由地选择自己的技术和生产力，因为任何技术和生产力都是历史形成的东西；而从技术的建构过程看，人们又可以并做到了对技术设计和方案的选择，对适度折中兼容的选择。

对于技术活动要有折中兼容，日本技术论家吉谷丰作了明确的表述。他在《技术力》一书的第一篇“技术定位”的提要中就指出，“技术不可能绝对完美，通常只是妥协冲突的结果。”在这一篇的第 4 节以“妥协下的最佳组合”为题，其中又讲到，“技术就是使相冲突的要求得到妥协，从中找出最佳方案”，“设计是最佳的妥协”。① 工程师、设计师以及各种行业的实践指导者不仅应当和可能通过折中妥协，找出即选择最佳方案，而且，最善于这样做的才是优秀的设计师和工程师，只是必须顾及到，“妥协的方法可能有很多组合，唯一应当注意不要使用途脱离了设计的目标和条件”。

三、技术更新的渐进跃迁

在有关技术发展规律的文献中，已对技术改良与技术革命的关系、技术革命的划分和意义等做了较多的探讨，涉及技术革新、技术进步、技术开发、技术创新等概念，这里用了“技术更新”或“技术的更新”的提法，并把“渐进”与“跃迁”相连，本无意制造麻烦和增添界说，而只是想从略有差别的角度对有公认的观点作些商榷，对老问题提些补充性看法。

“技术更新”一词在这里没有特别的新意，在工具书上也未查到这个词条，大体上就是指已有技术的提高，几乎可理解为就是技术进步，但技术更新强调的是由另一种技术取代原有技术，由新的、在质上更高级的技术取代旧的、相对较差的技术，强调的是这种技术变换。技术更新很接近于英语 technological change，有技术改变、技术变化、技术更换的意思，但英语中的这个词，或欧美国家在使用这个词时多指较为重要的技术术变革，有点像我们讲的技术革命。在本节说的技术更新虽主要指技术上质的变化，但并不强调技术革命。

“技术更新”或接近于我们常谈到的技术改造，技术改造也就是技术更新。但技术改造一般指在缺乏经常性的、适时的更新情况下，因技术老化而实施的

① 〔日〕吉谷丰著，林杰斌译，技术力，台北：远流出版事业股份有限公司，1989。

特殊的、更新任务和阶段，更与企业发展和实际工作相关，较难用技术改造来反映发展的一般规律性特点。而且，在欧美用词语中少见用到技术改造（technological reform）一词。

技术更新与技术革新、技术创新仅一字之差，但技术革新在汉语中是指技术上的改良或小改小革，技术更新虽不特别强调技术革命，却包括技术革命，包括技术上的重大改进。技术更新接近于技术创新（technology innovation），但“技术创新”在当今已成为有特定含义的技术与经济结合的用词，专指发明的首次商业应用或科技成果的产业化、商业化，而不仅限于只是在技术上有创造和更新。

讨论技术更新与相邻词语的关系不是本节的重点。在这里，只是把技术更新用来表示既反映技术革新（技术改良）又反映技术革命（技术根本性变革）的一般技术变换，并以此为前提或基础着重于说明：有技术革命又少有技术革命；讲技术革命又慎用“技术革命”；多有重要的技术更新，技术更新有重要意义。

第一，技术有革命。革命一词，可理解为“指事物的根本质变过程，与‘进化’相对”（《辞海》），在这个意义上也可以和应当认为，在技术发展中有革命，即技术革命，也如《辞海》所释，革命是“人们在改造自然和改造社会中所进行的重大变革。是事物从旧质向新质的飞跃。人们改造自然的重大变革，有技术革命、产业革命等。人们改造社会的重大变革，即社会革命。”

在近代以前发生过哪些改造自然的重大变革，或在远古和古代有过几次技术革命，尚无定论。但大体上可以说，在从猿到人的重大变革同时伴随着从利用天然树棒、天然石块到人工打制石器的飞跃，伴随着从利用自然火到学会人工取火的变革。而从采集到栽种，从生食到熟食（包括陶器的制作和利用），从穴居到室居（包括学会建筑），从冶铜到冶铁，从步行到舟车等，也均可认为是有重要意义的革命性的技术变革。

对于近代以来的技术革命，已有共识的是有三次①，即发生于18世纪中叶至19世纪中叶，以纺织机的发明为发端、以蒸汽机的广泛使用为主要标志的技术革命；发生于19世纪中叶至20世纪中叶，以电力技术为中心的技术革命；发生于20世纪50年代以来，以信息技术为核心，包括生物技术、新材料技术、新能源技术和空间技术等新兴技术兴起的技术革命。

第二，技术革命有多义。把技术革命理解为技术发展中根本性变革或质变，

① 参见于光远主编，自然辩证法百科全书，中国大百科全书出版社，1994。

至少可以作两种解释，一是认为技术革命“主要是指改变社会生产技术基础的整个技术体系的根本性变革”，二是认为技术革命“有时也指某一技术领域或某一技术系统中出现的足以构成技术发展产生飞跃或质变的重大突破。”[①] 在这点上，类似于说“科学革命可能涉及整个科学知识体系，也可能涉及广泛的科学领域，或者只涉及某一学科。”[②]

作为社会的技术体系的根本性变革，即由新的技术体系代替旧的技术体系的技术革命，较易于描述和论证，较难确认和说明的是某一技术领域或某一技术系统中的革命。因为领域或系统的划分是相对的，可大可小，如小到把用高速离心法取代沉淀法来分离麦汁（这在啤酒行业是重大的技术变革）也叫技术革命，或把在高炉冶炼中不仅用焦炭还喷吹煤粉（这对炼铁技术是重大突破）也叫技术革命，就多少有点小题大做了。

然而，一个技术领域或系统中的革命毕竟又是持之有故和言之成理的。转炉淘汰平炉，对炼钢技术有革命的意义。用人工合成的有机聚合物浆体造纸代替木浆造纸，可说是造纸领域中的技术革命。由螺旋桨飞机到喷气式飞机，则是航空技术的革命。

第三，要慎用技术革命。这一节提“技术更新”，其理由之一是，技术革命的“革命”在很大程度上是借用到技术领域的，未必能充分恰当地反映技术发展的本性。相对来说，社会革命（尤其在阶级社会）乃是名副其实的革命，科学革命的“革命”在性质和形式上已有所不同，技术革命就更有自己的特点，极而言之，其“革命”更有比喻性。可以把这三种革命的异同简化如表 7.1 所示：

表 7.1　革命的异同简化表

项目	社会革命	科学革命	技术革命
内容	由进步力量推翻保守（反动）势力统治的斗争	以正确理论取代谬误学说的争辩	用先进手段替换过时手段的比较
根本问题	政权	是非	效能
矛盾性质	在阶级社会中，对抗，你死我活	对立，你存我消，互不相容	差异，你强我弱，你荣我衰，可以并存
特点	由于利益受损，被推翻的力量失去统治而痛苦，反抗，拒不承认新政权，多有新社会制度的反对者	由于认识滞后，持旧观点的人可能一时不接受新见解。但从总体看易于和愿意采纳新理论。少有抗拒新科学者	由于替换已有手段需要时间，原有技术短时仍会应用，但主导倾向是人们乐于运用新技术。罕有拒绝新技术者
组织	建立革命党	形成学派——科学共同体	企业支持

①② 参见于光远主编，自然辩证法百科全书，中国大百科全书出版社，1994。

在这里，关键还是矛盾性质的不同，在科学发展中仍有新的、正确的理论与旧的、谬误的学说之间的对立和互不相容，承认哥白尼的日心说就要抛弃（从根本观点说）托勒密的地心说，承认氧化说就要抛弃燃素说，承认达尔文的进化论就要抛弃物种不变论，承认普朗克的量子论就要抛弃能量连续论，承认爱因斯坦的相对论就要抛弃绝对时空论，承认非线性说就要抛弃机械决定论。

然而，在科学发展中已少有长期和顽固坚持旧学说，并拒不接受或反抗新理论者。物理学革命、生物学革命几乎可以说是畅通进行的，人们很快就承认了原子的结构性（电子、天然放射性）和 DNA 的功能。只是在中世纪封建教会和宗教神学占统治的特殊社会环境中，由于某些学说（如地心说，盖仑的血液耗尽说）被神化和用作教会立论，才有了 16 世纪科学革命的伟大斗争，乃至为捍卫新理论而牺牲。如果仅仅从自然科学是非之争的本质上说，即或有“打不开的经典脑袋”或“死抱住线性观念不松手”的人，也主要是由于认识上的滞后，且是一时的和易于改变的。

至与技术发展的“新旧关系”就更有区别了。对于瓦特蒸汽机与纽可门蒸汽机，交流电与直流电，平炉炼钢与转炉炼钢，晶体管与电子管，喷气机与螺旋桨飞机，彩色电视与黑白电视，几乎很难说何者就新和有生命力，另者就旧和无生命力，二者之间可能有效能和先进程度的不同，却并非互不相容地对立。

在技术史上新技术的采用也不是没有阻力的，火车和汽车的通行都曾遭反对，托马斯炼钢法和电照明也曾受冷落，连爱迪生就只赞成用直流电而否定交流电。但这类情况多是由于新技术刚出现时本身还不完备，以及由于已花费了相当财力用于原有技术而一时难以更新，而并不是从本质上排斥新的、更有效能的新技术；相反，占主导的趋向则是争先恐后地要采用新技术，特别是企业更把技术创新作为其生命。

技术革命中和技术革命后新旧技术的并存是颇有兴味的，新技术虽争得首席，却可以在或长或短时间里继续让旧技术也有一席之地，而并不把旧技术扫地出门。第一次技术革命之中之后蒸汽机、水磨和畜力仍并用，第二次技术革命增添了电力应用，只不过电力技术逐步成为主导，现代技术革命中有新材料、新能源产生，它们不仅与旧材料、旧能源并用，且很难说新技术已有长兄地位。技术革命中电子计算机技术淘汰旧技术是“最无情的”，但在研制第一台电子计算机的同时，又有机电计算机在制造，而且在 1945 年电子计算机 ENIAC 制成之后，仍有机电计算机的研制，如在 1947 年制成的 Mark Ⅱ 和 Model-V5。在航空技术革命后的今天，仍有喷气式与螺旋桨式飞机的比翼齐飞。

“技术革命”一词当然是可用的，所谓的“慎用”，乃是要注意到技术革命有其不同于科学革命，更不同于社会革命的特点。对技术发展既要讲革命、更新、淘汰、代谢，又还应当顾及到在技术发展中没有那么多的对立和排他，而却有较多的折中和相容。与此相关，还要顾及到在技术发展中没有那么多的突变和飞跃，而却有较多的渐进更新。

第四，技术的发展是以渐进跃迁的方式进行的。慎用技术革命的一个重要理由，是不要把技术中的根本性变革看做是某种突变，或以突变为特征的飞跃。“技术更新”或技术变换，则虽有技术变革之意并可容纳向新的技术水平“跃迁”(不仅仅是量上的连续变化)，却带有略多的渐进性。

在这个问题上，值得认真研究的某些日本学者提出的“技术无飞跃”的观点，如森谷正规认为：“技术的发展不是飞跃式的，而是阶段性积累式的。”[①] 或如林武所说：“技术具有连续性和累积性，不可能飞跃。”[②]

这里，如果把飞跃理解为在技术发展内容上的质变或根本性变革，如前所述，应认为技术发展是有飞跃，即有技术革命的。例如说，人们从只能以燃煤、石油为动力到利用核能（原子能发电站），从手写书信、车马传送到计算机的互联网上的信息传输，以及从提取金属材料到合成和大量应用高分子材料，都不仅仅只是有量上的连续积累，而确有质上的重大区别。单就电子计算机从会快速进行逻辑运算到会处理多媒体信息这一点，就该充分肯定是一大飞跃。人的足迹踏上月球，真可谓是“一步登天”的跃进或跃迁、飞跃！

但是，如果把飞跃理解为技术发展形式或方式上的突变，而不是渐进性的更新，“技术无飞跃”的观点又值得深思，符合实际和有重要现实意义的。无论是社会技术体系的根本变革，还是某个领域的技术革命，都不是爆发式生成的，也不可能突然爆发出来或突变跃出，而必须经过一系列的更新（包括逐步改良、改进，以及相对较重大些的突破）的积累，由局部的质变累积为体系质变。

实际上，技术发展中或技术革命的临界点（由量变到质变飞跃的界限）是很难明确划分的。作为比喻，这里的“跃迁”有点像沥青由液态逐步凝结为固态，而不大像由液态的水一下子结成冰。例如说，标志近代第一次技术革命的蒸汽机的发明应从何算起，或何时应属这次技术革命的量变阶段，何时这次技术革命进入质变或根本变革阶段，就不像革命从酝酿到爆发讲得清楚。以瓦特的发明作为这次技术革命的标志是可以的，但瓦特主要是发明了可作为通用动力机（可作连续旋转运动）的蒸汽机，总体上或更严格地说，应认为瓦特是改

① 〔日〕森谷正规著，吴永顺等译，日美欧技术开发之战，科学技术文献出版社，1981。

② 〔日〕林武著，张建金等译，技术与社会，东方出版社，1989。

进（重大的改进）了蒸汽机。

讲瓦特（1736～1819）必然讲到在他之前同是英国人的纽可曼（1663～1729），及更早些的塞维利（1650～1715）。他们都是早期蒸汽机的发明人，塞维利吸取法国人巴本提出的利用大气压力设计活塞式蒸汽机的设想，研制出可供矿山抽水用的蒸汽机，纽可门又对塞维利蒸汽机做了多处重大的改进。

以蒸汽机的发明和广泛应用作为近代第一次技术革命的标志，还应当讲到在瓦特之后的重要更新，如仍是英国人的特里维西克（1771～1883）研制成高压蒸汽机，沃尔夫（1766～1837）和玛克瑙等人制成复合式蒸汽机，进一步提高了蒸汽机的功率和效率。而且还要讲到火车、轮船的发明，铁路的兴建，用机器制造机器，炼钢法的完善等，才能构成技术史上的一次飞跃。

以电子计算机的发明和广泛应用为标志的现代信息技术的革命，同样可表明，技术发展史上的质变不仅以量变为基础，而且是由一系列的"较小"质变（较大更新）积累而成的，或者说在这里要由一系列的"小飞跃"非飞跃式地（渐进累积地）构成和上升到大飞跃即技术革命。

现代信息技术涉及计算机技术、通信技术、自动化技术诸多方面。仅就计算机技术说，人们当然可以把埃尼亚克（ENIAC）与微电脑的出现看做是两次革命，但前者至少以电子管的发明和机电计算机的研制这两大成就为前提，后者不仅以前者为基础，还取决于晶体管和集成电路的发明，符号语言的高级化和程序化，并行操作系统软件的完善，及光电转换的应用等等。在计算机领域，技术的更新换代很快，计算机很快由286上升到386、486、586等等，小飞跃既多又快，正显示技术更新渐进跃迁的特点。

第五，重视技术的发展是以渐进跃迁方式更新，有较大的实际意义。我们在科学技术工作中要迎接新技术革命的挑战，要迎头赶上，重点跟踪，有所突破，同时又要扎实地、分阶段地逐步推进，包括做好重要的及细小的技术改良。

渐进跃迁的技术更新对企业发展尤为重要。企业必须有经常性的、适时的技术更新，而不能等到技术陈旧老化后再来改造。企业技术缺乏更新，即或在作业效率、产品质量、能耗物耗上与别的企业差10%乃至5%，就有在竞争中失败的危险。反之，如果在技术更新上比别的企业多走一步哪怕只一小步，或在技术水平比别的企业高一截哪怕只高一点，就会有明显的竞争优势。在这里，常会出现差之毫厘、谬以千里的情况。

企业的技术更新当然是要有跃迁，要求跃迁的，不能仅仅在原有基础上的小修小补和小改小革，在更新换代的技术领域如实现自动化和CAD、CAM方面，是既不该动作迟缓又不该只搞"小动作"的，技术更新也要有点魄力和肯于投入。

同时，企业的技术更新又必须是渐进的。在采用新技术时必须考虑到它与原有的技术基础之间有恰当的衔接，而不能一蹴而就地实现革命。例如，要在钢铁企业采用连铸连轧的新技术，就必须有吹氧转炉的快速炼钢，如果仍在用平炉炼钢，第一步就要把平炉更新为转炉，而不要由平炉跃进到连铸。技术更新的跃迁只能一步步地进行，尽管可以争取做得快一点，但却不能超越必要的阶段。

四、技术演化的周期兴衰

技术是在连续不断的积累中发展，日趋完善和高级化的，技术功能的累积进步也可作为技术发展的一个特点，这个特点与科学知识的累积增长是相似相通的。科学技术进步的积累性，表现于其总在增长其高度层次，少有高峰更无顶峰，因而又最有活力，最富生命力。

在这点上，科学技术可能（只是可能）与某些时代性、民族性强的文化艺术形式略有不同。或许（只是或许），外国人写交响乐，难以超越贝多芬、柴可夫斯基，中国人写格律诗词，难以超过李白、杜甫，而在技术功能上，却没有难以超越的767，586或长征Ⅲ，在科学上牛顿、爱因斯坦已经被超过。

科学技术的积累性强，源于它的强继承性，以及在此基础上的创新。每一个时代的人们，总要接受他们的前辈和先辈们留下的科学技术成果，并作出自己的发挥、补充、修正和改进，再以此为遗产传给下一代，这样代代相继。而且，随着历史的进展每一代人接受已有的成就越多，他们可能会作出的新创造也就越多，科学技术的发展也越快。恩格斯曾说过，科学的进步是永无止境的，“科学的发展则同前一代人遗留下的知识量成比例，因而在最普通的情况下，科学也是按几何级数发展的。”①

历史和现实表明，技术功能确有近似于几何级数或指数式的发展。早期（公元1～2世纪）的冶铁竖炉容积只有约1～2米^3，只能生产按公斤计的可锻铁或铸铁。到17世纪就有了约2米^{3}容积的高炉，每天可生产铸铁约1吨。到18世纪末，有了约300米^{3}日产近10吨的高炉，而到20世纪70年代高炉容积已超过5000米^{3}日产铁过万吨。民航机功能则以更快速度递增，仅从1922～1973

① 马克思恩格斯全集（第1卷），人民出版社，1956。

年，速度从170公里/时增至接近于1000公里/时，座位数从8个提高到500个，航程由330公里扩大到8000公里。1945年制成的埃尼亚克（ENIAC）计算机其运算速度就比当时的机电计算机快1000倍，60～70年代的计算机的处理速度又比ENIAC要快1000倍。

充分估计到技术的不断积累、高级化和指数增长是重要的，这里又似乎有马太效应：已经够好还会更好，已经够快还会更快。然而事情是复杂的，在我们描述技术指数增长的函数方程和曲线时，还要注意到技术演化过程的以下几点。

第一，每一种特定的技术都会有其功能界限，炼铁高炉的容积不可能也不应该无限制加大，汽车、飞机的速度不可能也不应该无节制加快，电子计算机的处理能力不可能无止境扩展，微型化程度也不可能无止境地提高。也就是说，如果可以把技术的发展描述为某种指数函数曲线的话，对于特定技术的功能来说，这条曲线是有其上限的，而不会无限连续延伸。

第二，对每一种特定技术的演化来说，它都有一个从开始孕育→快速发展→成熟完善→稳定并趋于退化这四个阶段构成的生命周期，如以时间为横坐标，以典型的功能特性为纵坐标，可大致把这四个阶段描绘为S形的曲线。在本章参考文献及较多论著中讲到和描绘了这个S形生命周期曲线，这里不再绘图而只做一些分析说明。

特定的技术，像任何特定的其他事物一样，在其演化的全过程中并非只有由低级到高级、由简单到复杂的进化或发展，而是还有从无到有的产生以及从有到无的衰退和消亡。某个星体（如太阳）、地质构造、人体、国家和政党在其演化中是有生有灭、有兴有衰（消亡）的，在技术发展中也不仅有上升的运动，还有下降的运动，也有它的生灭和兴衰的生命周期。

技术史上的大量事实可以说明这点。炼铁高炉并不是从来就有的，而是从无（不存在高炉）到有（出现高炉），经过高炉的完善（如高效和机电控制），成熟稳定；炼铁高炉也不会永世长存下去，而是还会从有（高炉）到无（高炉消亡）——尽管我们今天还不十分确切知道将由什么（由熔融还原，用等离子冶金?）来取代高炉，总之是不会有高炉万岁，正像炼钢平炉也有兴有衰那样(尽管平炉至今仍有应用)。计算机（更不用说它的某种型号如586或品牌）也会有兴有衰——尽管我们今天也还不确切知道是否和何时由光学计算机来取代，以及是否和何时由生物计算机来代替电子计算机及光学计算机。同时有可能，当今的汽车在从无到有和兴盛之后会有下降的运动，而被太阳能电动车取代；目前正应用的原子能发电的动力堆型，会有一天处于逐渐被放弃的境地。

具体识别某种技术正处于其生命周期的何种阶段，并采取相应的对策（是大力扶植，增加投入，抓紧应用，努力完善，还是防止偏爱，留有余地，避免守旧，慎于择新），这重要的又是困难的。这里只能空讲哲学，即任何技术都有其演化，有其兴衰和新陈代谢，这或有助于打开思路。

第三，技术发展中的新陈代谢和兴衰又有自己的特点：过时的、被淘汰的技术常会在另一种情况下以另一种形式再度兴起、重新抬头或“死灰复燃”，在这里确有“仿佛是向旧东西的回复（否定的否定）。”对于这种回复，“仿佛”二字特别重要，这不是简单的复归，只是在新的条件下，在某一方面新技术与已往技术间有某种相似或再现。

例如，“水力→火力→水力”可以看做是技术兴衰中的一个周期性的回复。前一个“水力”指古代以水推磨为动力，中间的“火力”指近代以燃煤驱动蒸汽机和火力发电取代水磨，后一个“水力”指现代人又以水轮机推动作为发电动力，仿佛是水磨又得到重新利用。但前后两个水力利用的基础不同（后者用于发电），条件不同（现代的水力发电与火力发电、核发电并存），只是水力被用来作为重要动力这点上相似，水磨以它的现代形式（水轮机）重新兴起。

再例如，在输电上有“直流（低压）！→交流→直流（高压）”，在钢铁冶炼上有“直接还原（早期炼制海绵铁）→间接还原（高炉）→直接还原（如现今的竖炉）”，材料加工上有“异步轧制→同步轧制→异步轧制”，电子探测上有“超短波雷达（第二次世界大战前）→微波雷达（第二次世界大战中）→超短波雷达（第二次世界大战后）”，而这些都属“仿佛”重新开始，都只发生于某个局部，实际上，直流输电、直接还原、异步轧制等虽有新兰再起，毕竟在当今不占主流。

这类例子还可举出不少，但举例并不是论证。技术发展中之所以有这类的回复，与新技术与旧技术间的矛盾性质、矛盾转化的条件和形式密切相关。某种技术在历史进程中被淘汰或衰落下去了，并不否定它在某些方面曾经有效用，曾经合理，而取代它的那种新技术又未必在各个方面都尽善尽美，或都充分有效、永远合理，因而历史的进程又会转化为在某些方面使被淘汰的或衰落的技术又东山再起，或得到一席用武之地。

这种回复当然是有条件的。直流输电有线路消耗相对少但转换难的特点，很快被交流输电取代，只是在绝缘材料、交直流变换有了重大进展的条件下，超高压直流输电才提到日程去试验。炼铁直接还原的再现依赖于人们已易于得到高温。材料异步轧制的重生依赖于人们已有了高级的控制手段。当然，某些技术上复归更多地与新技术副作用的暴露有关，如“农家有机肥→化肥→农家有机肥”，“中草药→西药→中药制剂”。

对技术发展来说，重要的并不是“A→B→A”的公式，而是要在技术上避免陷入直线式的思维，注意到技术也有周期性的兴衰和螺旋式的回复。例如，与电子计算机的发明应用有关，就可以有“早期离散数学→近代连续数学→现代离散数学”，“会跳跃思维（形象思维）的人脑→善逻辑思维的计算机→可跳跃处理信息的电脑”，“语言是交流思想的媒介→语言是书写程序的工具（约定）→语言是表达和交流思想的媒介”，“边设计边施工→先设计后施工→（在程序设计中）边设计边验证”等等。诸如此类问题的讨论，至少对理解技术的发展是有益的，或可能会有启发的。

参考文献

陈昌曙，远德玉．1991．技术选择论．沈阳：辽宁人民出版社
邓树增．1987．技术学导论．上海：上海科技文献出版社
冯兴耿．1995．航海技术辩证法．大连：大连海事大学出版社
华觉明等．1985．世界冶金发展史．北京：科学技术文献出版社
黄顺基等．1985．大杠杆——震撼社会的新技术革命．济南：山东人学出版社
张之沧，张继武．1994．科学发展机制论．石家庄：河北人民出版社

第八章　技术与科学的关系

在实际工作、理论探讨中都常要处理科学与技术的相互关系，研究科学与技术的关系是科学技术哲学的一个基本的问题，也是一个复杂的、久有争议的问题。“在对科学和技术的研究中，最复杂的问题之一就是这两者之间的关系”①。

本书的前几章已都涉及技术与科学的关系，包含着在此问题上的基本看法，但未展开，在本章中则会作更集中的讨论。作为技术哲学引论，在探讨科学与技术的关系上，其角度、重点和结论，可能与科学哲学的考察有所不同。本章将以较大篇幅解析技术与科学的区别，再在此基础上探讨科学与技术之间的中介和两者的互动。

一、技术与科学的区别

前已讲到技术与生产是有差别的，如果两者没有差异，就会只有生产力研究而没有相对独立的技术哲学。同理，如果科学与技术之间没有原则性的区别，如果两者已经是完全一体化的东西，如果技术没有对科学的相对独立性，也就不会有技术哲学这个哲学分支学科的存在。

然而，正是在科学与技术是否有别和有何种差异的问题上，有着分歧的意见和争论。有的人把技术就看做是科学的应用，未注意或没有认识到技术与“纯粹科学”（pure science），相当于我们所说的最基础性的自然科学之间的不

---

① 〔英〕J. 齐曼著，刘珺珺等译，元科学导论，湖南人民出版社，1988。

同。较多些的人认为技术不等同于纯科学，但它却同义于“应用科学”（applied science），对此，又有些人不甚赞同。美国的《技术与文化》杂志1966年第7期上有好几篇文章，集中地反映了这种分歧，从文章的标题就可看出。例如其中有邦格写的《作为应用科学的技术》，阿伽西写的《一般科学哲学对科学和技术的混淆》（认为必须把应用科学与技术区分开来）①。在我国当今的学术界也有人认为技术是应用科学，或科学是创造知识，技术是利用知识。

讨论科学与技术关系遇到的一个难点与技术一词的译名由来有关，如前所述，在汉语中技术与工艺学是两个词，在俄语中技术（техника）与工艺学（технология）也有不同，而在英语中technology一词既指技术又指工艺学，且technology的词尾“-ology”就有学问、知识之意，其词头“techne”为技巧，technology是技术又是“技学”、工艺学或应用科学，至少有词源依据。英语中technique也表示技术，埃吕尔《技术的社会》英译本中的技术、新技术都用了technique，但这个词在英美更偏于表示技法。

这里不打算引述和评论有关技术与科学异同的种种说法，也不对各个时期和不同领域的科学与技术关系作历史的、具体的分析，而先从最一般意义上来考察技术与科学的区别，其中技术既是technology又是technique，可能略多一点指technique；其中科学既包括纯粹科学又包括应用科学，较多侧重于纯粹科学。首先着重于说明技术与科学的区别和原则性的差异，其理由之一是对科学与技术的依存、同一、转化，统一已讲得不少，且只有明确差异才能深切讲清统一，只有承认和立足于区别才能顺利实现转化。再一个理由是，由于对科学与技术的必要的共用、连用和简略，有可能导致某种简单化理解，应有所澄清。

在现代汉语中，很少有两个名词像“科学”和“技术”那样相随相伴、共用连接，“科学技术是生产力”、“依靠科学技术”、“科学技术工作”和“科学技术水平”等频见于报刊文件，人们讲到科学常常要说及技术，谈到技术几乎同时必提科学，或者把它们缩称“科技”，如“科技进步”、“科技意识”、“科技人员”等提法。这样一些并用当然是有理由的，科学与技术都反映人与自然界的关系，都与生产力发展密切相关，两者又有密切的联系和互动。

但科学与技术又毕竟是两种不尽相同的社会文化，它们各有自己的性质、任务、内容、方法、研究过程、劳动特点、评价标准和意义。可以从诸多的方面描述二者的区别，但大致归纳为以下几点；从这些比较可以看出，技术与科学并非只有程度上的、细微的差异，而有着原则上的、本质性的不同。

① 〔德〕F. 拉普编，刘武等译，技术科学的思维结构，吉林人民出版社，1988。

第一，从基本的性质和功能看。科学是要反映、认识客观过程。基础自然科学所反映的还是天然的自然界，本质上不依赖于人的意识和人的活动而存在的自然本体。科学的任务是要有所发现，从而增加人类的知识文化财富。作为知识体系和观念形态的科学，属于社会精神文明的范畴。技术的任务是要利用自然、控制自然，创造人工自然并协调人与自然界的关系。技术是要有所发明、实现发明，从而增加人类的物质财富并使人类生活得更好——提高社会的生活质量，技术与社会的物质文明、制度文明直接、密切相关。

第二，从要解决的问题和结构组成看。科学致力于回答对象“是什么”、“为什么”的问题，技术注重于处置“做什么”、“怎么做”的问题。就此也可以作这样的定义：科学是关于对象是什么和为什么的知识，技术是关于人们做什么和怎样做的方法和手段。形象点说，科学解决的问题多与5个W有关，即何时（when）、何地（where）、何物（what）、如何（how）及为何（why），技术在解决问题时多与5个M有关，即人力（man-power）、机器设备（machine）、材料（material）、管理（managment）及资金（money）。

与此相关，科学由实验判据、概念、定律、定理、公式、学说等知识单元构成，其中实验事实和概念主要反映对象是什么（实体和属性），是陈述性的知识；定律、定理主要反映对象有什么（是什么）必然的过程和如何随时间推移而变化，是过程性的知识；假说、学说主要反映对象为什么发生，为什么具有某种属性及关系，是解释性的知识。对于科学，解释因果性和揭示可能性是根本性任务。技术则由设计方案、规程（规范、规章）、准则、程序、标准等操作单元构成，旨在造成合目的的现实性。设计方案首要的是说明应当去做什么，规程和准则等主要是处置应当怎样做。

有一种观点认为技术就是知识，因而在本质上就是科学的应用。关于技术是否可归结为知识，在前面已讨论过；这里只强调一点：如果技术是知识（有知识的构成），它也是与科学知识有原则性区别的知识。在科学认知中要求把人的主体尽可能独立于被反映的客体，与客体保持独立和分离，在技术知识中必然和必须说明“应当”，即反映主体的价值取向。对科学活动讲的实践到认识、物质变精神中的“认识”、“精神”，与对技术活动讲的认识到实践、精神变物质中的“认识”、“精神”，不全是一个东西，前者是反映事物本质和客观规律的理性认识，后者是指明应行何事和规范如何行事的实践认识或“实践理念”。

第三，从研究的过程和方法看。科学主要地关系到从个别到一般、从特殊到普遍、从经验到理论，主要采用抽象、概括、分析的方法来再现客体。经验对于科学活动来说只是达到认知目的的一个台阶或初级阶段，科学是要扬弃经验去追求和上升到理论，一旦有了原理、学说，先前的经验就会显得不那么重要乃至被忘记，或用黑格尔的话说科学用了经验却对经验不知感恩。技术则主要关系到从一般（规则）到个别、从普遍（原理）到特殊、从理论到经验，主要采用想象、综合的方法来建构客体，把经验的东西（技能、经验公式等）作为必要构成因素。

科学是要力求穷根究底的，科学认知中只发现先有 A 后有 B 的事实，乃至发现如果 A 必有 B 的定律是不够的，要注重于、要深入地去分析为什么有 A 就有 B，从而再预见有 A 还会有 C。对技术是要力求达到目的，能从道理上充分讲清为何有 A 就有 B 更好，能从经验上确认有 A 必有 B 也可行。技术更关心的是要找到一种方法和手段，去实现或做到“如果…那么”，而主要不是去说明或解释“if…then”；或者说，对技术来说，重要的是要确定某种规则会成功或有效地实现程序，而并非一定要了解“如果…那么”的本质和深刻的原因。

技术要有经验的规则和诀窍，是它不同于科学尤其是理论自然科学的一个重要特点。“一种先进的技术，例如航空工程，由于包括许多远离理论性解释而几乎是对抗条理化的、经验性的诀窍，因而区别于和它相联系的科学如空气动力学。”①

科学与技术在研究的实践方式上也有异，前者主要是立足于实验（experiment），后者则要依靠试验（test）。技术试验和科学实验有某些相通之处，如均有探索性，都要求有重复性，都必然会经过试错和有其机遇，但二者也有着原则性的差异。技术试验总是在实践认识指引下进行的，作为现代技术试验前导的实践理念更是以科学理论为依据的，技术试验有着更为明确些的目的性、计划性和确定性。再者，技术试验中主要的任务是选优（从而用优选的方法），而实验却主要是为了证伪，对于实验数据、实验结果少有选择。技术试验中常要利用相似原理，力求试验模型与原型一致，在科学实验中则很少运用相似理论。

然而，至今为止，对于试验方法论、技术方法论仍是研究得很不足的。当今对科学技术方法论的讨论仍主要是科学研究的方法论，技术方法论的探讨主要地还表现于介绍发明技法乃至小发明技法。更为深入地考察和论述技术方法论的原则、特定和内容，应当成为技术哲学研究的重要任务。

第四，从相邻领域和相关知识看。科学相对说较为单纯，最基础的自然科学要深入、有创新、有突破相当难，但它几乎可以不考虑时代的、民族的和地

① 〔英〕J. 齐曼著，刘珺珺等译，元科学导论，湖南人民出版社，1988。

域的特点，可以较少顾及到成果的应用前景乃至不考虑经济效益，确可称之为“纯科学”。当然基础自然科学也不完全是纯粹的，它不仅与数学和邻近的分支学科密切相关，在较大程度上与哲学相互影响，还涉及伦理问题。而技术任务、技术课题通常是更为复杂的，它不仅要运用多门学科的知识，还涉及经济的、社会的、法律的、地域的、心理的、生理的、安全的、环境的、艺术的、伦理的诸多方面的因素。

从这点看，对工程技术人员确有必要进行综合素质的培养。工程师必须具有较宽广的知识，不仅要符合时代和民族要求的价值观，而且要有把握整个系统的观念和能力。邦格说的一句话是值得思索的：“科学家的成功取决于他把自己同研究对象分离开来的能力，也就是自身摆脱能力。而技术专家的能力就在于他能把自己摆到有关系统的首要位置上。”① 或许，在这里用“合理位置”的提法会更好些。

第五，从实现的目标和结果看。在科学活动中主要地是从多样性到一元性，从模糊性到精确性。科学活动要求从纷繁杂乱（多）的现象去揭示本质（同一），从诸多的假说去确认真理，而从原则上说对某一事物的认识只能有一个是真理，即真理的一元论。技术活动中占主导的则是从一元性到多样性，尤其更有技术应用的多样性。不仅现代化的多品种、小批量的生产要求有技术上的多样性，大批量的生产或单项工程也有技术多样性。相同的技术目的可以选择性质不同的技术手段来实现。物体的成型可以用力学的（切削）、物理的（电火花）或化学的（腐蚀）的手段。富集铁矿石中的有用成分也可以用力学的（重选）、物理的（磁选）、化学的（浮选）乃至生物的（细菌选矿）的方法。同一的建筑原理和类似的建筑材料可以有多种建筑形式，同一的汽车原理和相同的功率可以有多种汽车类型。

科学尤其是物理科学不仅要求有准确的定性，而且要求有精确的定量，定量得越精确越好；如果能使物理参数、化学原子量在小数点后的三、四位上更精确一点，决非是科学上的一点小成就。技术当然也要求有足够的准确定量或精度，即使最推崇技术有绝对自主性的埃吕尔也颇为重视技术要依赖于数学和计量。在技术上尤其是对于现代的尖端技术、高技术，也会发生并已经发生过“差之毫厘，谬以千里”的情况。技术的标准化、通用化必须以高精度的加工为前提，产品的性能和质量也必须以高精度的技术为保证。然而，在许多场合下，技术上并不以越精确越好为目标，在精度要求、安全系数的

① 〔德〕F. 拉普编，刘武等译，技术科学的思维结构，吉林人民出版社，1988。

小数点后面做文章，绝不会是技术上的追求，恐怕连小成就也算不上。当然，在技术中也要非常慎重对待会导致谬以千里的差之毫厘，但技术上并不追求毫厘的粗精。

第六，从衡量的标准看。科学认识要讲是非，符合实际，对客观世界的反映越全面、正确、精确，真理性越强。对科学认识来说，根本的乃是真理性标准，实践的有效性乃是作为认识是否具有真理性的检验，而不能以功利性作为衡量科学的直接和等价准则——不能说凡对主体有用或带来效益的主张就是真理，用处越大的意见真理性就越强。而且，科学真理的功能通常是难以说清楚的。对技术来说，重要的则是功利性，技术要讲优劣，有益于满足物质需要，力求有用、有效（效能、效率、效用、效益），可以说凡对控制和改造世界更有用的就是好的、更好的技术。在这里，不能说凡是更正确的认识必定同时都更有效益。再者，技术手段通常是难以从是非来判定的，例如，很难说彩色电视比黑白电视更正确，或喷气机比螺旋桨机更正确，也无所谓正确的电动机与错误的电动机之分。当然，技术所依据的原理有正确与谬误之分，技术中的设计思想、流程安排和操作规则即技术中的软件部分也会有对错之别，这里既有功利性又有真理性的标准。

第七，从研究过程和劳动特点看。科学研究的目标是相对更不确定的，在开始进行探索时，难以预见会在何时和何种场合作出何种发现，也难以估测出某种新发现所需要经历的挫折、工作量和经费投入，要求科学探索必定成功和指日可待是不切实际的。而且，科学活动的自由度大些，个体性也强些，在科学发现的成果上刻上个人标记的情况也就多些。技术研制的目标是相对较为确定的，可以有较明确的指导思想（如科学理论）、步骤和经费预算，技术工作的计划性较强。技术活动中也有个人独创性，但相对说集体性、协作性更强些，在技术成果上刻上个人标记（如以个人姓名命名）的情况少些。

第八，从人才的素质和成长看。科学工作者更需要有丰富的知识、理性智慧，善于观察和发现问题。技术工作者更需要有运用知识来解决问题的能力和经验，对技术人员的成长和培育来说，知识教育不可缺少，能力训练更有重要意义，包括要充分重视由较长时间亲身实际而获得智能。就科技工作者的“最佳年龄”说，科学工作者可以偏年轻些，技术工作者略大，较难出现在 30 岁左右就有重大贡献的工程师和医生。仅仅从人才方面看，也可以把科学与技术的区别表示为，前者主要是研究员、教授们的事业，后者主要是发明家、工程师们的职务。

第九，从发展的进展和水平看。尽管早期的、古代的技术也有某种自然知识为条件，未必要着重强调技术的资格比科学更老，但从较成熟的形态说，作为较为完善的知识体系的科学，其形成略滞后于已体系化的技术。可以说，在古代和近代初期，主要由技术扮演主角，有“生产—技术—科学”的序列，到近代中期以后科学地位升级，开始有了“科学—技术—生产”的序列。尽管如此，不仅在古代，而且在近代和现代，科学水平与技术水平也并非呈简单的正比关系，仅只在总体上有相生相长趋势。有的国家在科学水平居世界一流，多有诺贝尔奖获得者，但技术水平未必能称雄于世；有的国家技术水平世人惊佩，但科学水平未必也世界一流。科学革命的高潮与技术革命的高潮在时间上也不尽一致。关于科学革命与技术革命在性质、形式上的差异，前已论及。

第十，从社会价值、意义和影响看。科学有广泛的认知意义，科学普及对文化教育和社会文明有重要价值，在人类生活的各个领域和各种工作中都需要有科学知识、科学精神、科学态度和科学方法。科学上的重大创新可能会引起技术上的突破，科学有长远的，根本性的经济价值。但并非所有的科学成果都会产生直接的社会经济效益，也不应当只从近期的、物质的利益看科学。技术有直接的经济价值、军事价值、科学价值、生态价值，技术推广对生产发展和经济振兴有重要价值。另一方面，从对造成环境污染和生态恶化“负责”来说，科学可以不承担直接责任，而技术则地位不同，技术的应用虽未必是造成生态和环境问题的祸首，却常会被认为是直接执行者而被列入被告席。

对于科学与技术的区别，还可以有多方面的考察，如从工程师与科学家在职业习惯、风格、报酬来源、生活方式的差异去分析。邦格尽管认为技术与应用科学是同义词，但他从“科学定律和技术规则”、“科学预见和技术预测”中的不同去区分科学与技术，则是颇有启示的，他从诸多的方面论证了定律与规则的区别、联系及转化，并强调指出，规则是“成功的人类行为的稳定规范”，“对规则的研究自然是技术哲学的中心问题。”[①]

科学与技术的种种差别，乃是它们之间相互联系和转化的前提，只有确认二者之间有重要的区别，才谈得上彼此的互动；如果二者已是无差别的同一，又何来何从互动。就基本观点说，尽管我们经常可用“科技”或“科学技术”，这严格地讲常是指“科学和技术”或“科学·技术”。正确认识科学与技术的区别，对发展科学技术事业也有益。至少，中央或国家级的科研部门，与地方的科研机构，在任务重点，项目内容、管理方式和人员构成上是必须区别对待的；

① 〔德〕F. 拉普编，刘武译，技术科学的思维结构，吉林人民出版社，1988。

做到充分发挥科学家、教授和研究员的积极性、创造性，尊重他们，鼓励科学发现，未必就同等地充分发挥工程师们主动性、创造性，未必就也会做到尊重工程师。从理论工作上说，认识技术与科学的不同，对开展技术史、技术方法论的探索也颇有益，更不用说有益于技术哲学的研究了。

二、科学与技术的中介

讨论科学与技术关系遇到的一个问题，似乎是这样的“两难推理”：如果科学与技术有非常紧密的联系（交叉、渗透），二者就只有模糊的边界；如果技术与科学有颇为重大的区别，二者就应有明晰的边界。实际上这种逻辑矛盾是可以解开的，关键是要把握住科学与技术之间的“中介”或中间环节，对于二者的联系和区别都不能只作直接性的理解，或说要多一点间接性，少一点直接性。

科学对技术有重要意义，却不能简单地说科学直接地导致技术结果，如由动能可转化为位能的力学原理直接转化为火箭升空技术，由氧化还原的化学原理直接转化为高炉炼铁技术。技术对科学有重要意义，却不能简单地说技术直接地导致科学结果，如由修桥筑路直接转化为理论力学，由制酸制碱直接转化为无机化学。科学和技术都是分层次的，尤其在最抽象的科学层次到最具体的技术层次之间，是有着若干的过渡过程和中间环节的。

展开探讨科学与技术的中间环节，会涉及有关科学技术的分类体系、研究类型的界定、技术创新阶段等复杂问题，涉及从国际组织（如联合国教科文机构）到权威文件和论著对基础研究、应用研究、开发研究所作的划分。这种探讨可能会远超出技术哲学引论的范畴，且不是三五千字能说明的。这里只能泛论性地概述科学技术的中间环节的构成及其特点，图8.1先列出概略图示，再作解释。

科学理论	中间	环节	技术实践
理论社会科学	纲领、路线	战略、策略	政策、措施
基础自然科学	技术科学 应用科学	设计方案 作业规则	制作、控制

图8.1　科学技术的中间环节的构成和特点示意图

对于由基础自然科学（物理学、化学、天文学、地学、生物学等）到技术实践之间有着某些中间环节，原则上不难理解，问题主要是要确认这里的中介究竟是什么，而不同的观点又似乎多与名称相关，在科学上又大致有两分法与三分法之别。图 8.2 是对某些观点的捏合。

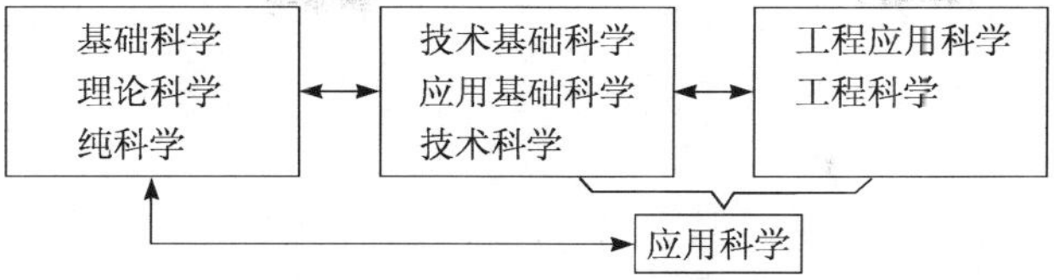

图 8.2　观点示意图

为了说明从科学到技术的中间环节，并“有利”于论证科学转化的三分法，可以用工、农、医科大学的课程体系作为类比。对于这类科系已有长期实践并有公认的是，学生们要上三种课程，即“基础课”、“专业基础课”和“专业课”。除数学、外语外，基础课的内容相当于理、化、生等基础自然科学；专业课主要按特定的技术对象和领域设置，可相当于工程应用科学；专业基础课又介于基础课与专业课之间，相当于技术基础科学或应用基础科学。这里至少有两个需要明确的问题：一是应用基础科学（专业基础课）是否有相对独立的特殊性；二是工程应用科学（专业课）是否就等于技术，或仍是科学向技术转化的中介。

无疑，基础自然科学是研究天然自然的一般属性和规律的；那么，至少从逻辑上说，是否有一类以研究人工自然的一般属性和规律为对象的自然科学或技术基础科学呢？从事实看，至少有以下一些学科有这种性质，例如材料力学、热工学、电工学、分析化学、催化剂理论、病理学、免疫学、土壤学、自动控制理论等等。这类学科的对象与人的活动密切相关，没有人们的房屋建造、热机应用、发电用电、化工生产、治病、种植、机械的加工和操作，就没有这类学科。同时，这类学科又不研究人工自然创造的具体特点，材料力学不针对特定的造桥或建屋，热工学不针对特定的内燃机或蒸汽机，土壤学不针对特定作物的栽培，自动控制理论不特定地针对于轧机还是飞机的操纵。

把这类学科称为应用基础科学或技术基础科学是有其理由的。一方面，它们与技术应用或应用技术有关，面向人工自然的创造；另一方面，它们又有基础研究的性质，与基础自然科学有关，立足于天然自然的规律。从“普遍—特殊—个别”的关系看，基础自然科学归属于普遍，技术基础科学就归属于特殊，工程应用科学可归属于个别，当然这种三分法的划分是相对的。

从科学向技术转化和大学课程看，技术基础学科或专业基础课有重要的意义。要搞好钢铁生产和学好钢铁专业，不能只学好“炼铁学”、“炼钢学”，且为了掌握炼铁炼钢的工艺学，也还必须学好传热传质理论、冶金物理化学等学科和课程。类似于小麦专家不会只精通小麦栽培学，且还要通晓土壤学、育种学、农业化学和植物解剖学。类似于诊治癌症的专家不会只精通脑外科学或肠道外科学，且还通晓病理学、诊断学、辐射生物学和麻醉理论。

工程应用科学或称工程科学（engineering science）、产业科学（industrial science）以反映特定技术对象或领域的加工、控制过程为内容，是直接性强的实践知识。无论是采煤学、炼铁学、炼钢学、桥梁工程学、电机制造学、光纤通信工程、铁路控制系统、石油化工学，都有具体的针对性。而小麦栽培学、水稻杂交学、神经内科、脑外科学、麻风病学之类，虽不属于工科，但由于其有直接针对的特定对象，也可认为具有工程应用科学的性质，或简化地归之为工程科学、应用科学。

工程应用科学从内容、作用上最接近于技术，把应用科学看做是技术（technology）的同义词言之有理，但工程应用科学毕竟仍是科学，就类似于专业课毕竟仍是课程，它具有作为学科和课程的基本特点。首先，无论是桥梁工程学、小麦栽培学还是脑外科学，它们仍然是知识形态的东西，仍然不是建造桥梁、栽种小麦或操作脑外科手术的实践。其次，无论是炼钢学、水稻杂交学还是神经内科学，它们仍然以是非、以真理性作为主要的衡量标准，而不着重于追求有效性的操作规则。因而，一个把桥梁工程学、冷轧机控制系统或电机制造学掌握得一清二楚的人，未必都在实践上是出色的工程师。应用科学首先是科学，尽管它与技术相关，同时又是基础科学的一种延伸。在这点上美国学者J. 威兹德姆的观点值得注意，他认为，“科学是认识，技术是做。而应用科学，虽然是做某件事的一个步骤，但它本身又是认识的扩展。有时人们把应用科学与技术相联系而不与（理论）科学相联系是错误。”①

科学与技术的中介，不仅有科学一侧的技术基础科学与工程应用科学，还有技术一侧的设计方案、计划和作业规则等。方案、规划、规则等仍是思想性、观念性的东西，还不是实践技术和技术实践，但它们又是技术活动的开端，而不同于科学，不仅有别于基础自然科学和技术基础科学，也有别于工程应用科学。

桥梁工程学是工程应用科学，建造大桥有技术设计方案。桥梁工程学的基本道理是相通相同的，建桥的设计方案虽也属于理性的东西但却有千差万别，不仅在长江上建桥不同于黄河，在南京、武汉、重庆的长江上建桥又各有区别，仅在南京一地建桥，即或是同一跨度、类似要求、相近投入，也会有各具千秋

① 〔英〕F. 拉普编，刘武等译，技术科学的思维结构，吉林人民出版社，1988。

的多种设计方案。类似于虽有同一的脑外科学对不同人有各异的手术方案，同一的小麦栽培学在各地有不同的种植方案。至于发明性的方案设计就更为多样化了。

设计方案和作业规则的出发点或立足点，也有别于工程应用科学。应用科学要注意到有效性，但更多地考虑真理性；方案、规则要注意到正确性，但更多地考虑有效性。发明创造就要在更大程度上追求有效性，乃至可以不顾或“忘却”其真理性。在加工制作、控制等技术实践活动中，也几乎只是由效用、效益在支配着。

对于科学与技术及它们的中介，需要特别指出的是，在基础自然科学、技术基础科学、工程应用科学、方案设计、作业规则、技术应用实践之间，一方面，由前者到后者，并非是简单的逻辑演绎关系；另一方面，从后者到前者，却有着校核检验的关系。

如果以“⟶”表示某种直接决定或逻辑演绎序列，在科学与技术之间，并没有简单的由基础自然科学⟶技术基础科学⟶工程应用科学⟶方案设计⟶作业规则⟶技术应用实践的序列，这里的每一环节都有各自的相对独立的发展，都有各自的继承与创新。例如，不能认为材料力学来自于一般力学的演绎，而它又会演绎出桥梁工程学；也不能认为可以从生理学演绎出病理学、外科学，再从外科学演绎出脑外科学和手术方案。

当然，在这些中介环节之间又是有着某种在逻辑上相符或自洽要求的。在一般情况下，后者要符合和不违背前者的基本原理，如技术科学要利用基础科学的原理，工程应用科学要利用技术基础科学的原理，方案设计要利用工程应用科学的原理。在大学里，先学基础课，再学专业基础课，后学专业课，是有其理由的。

而如果以“⟶”再表示某种校核检验的关系，在技术与科学之间，却有着一定的从技术应用实践⟶作业规则⟶方案设计⟶工程应用科学⟶技术基础科学⟶基础自然科学的序列。如可以从方案设计和实施的成败来衡量工程应用科学原理的正确程度，从技术基础科学的成果衡量基础自然科学原理的是非。这种校核检验关系乃是实践检验认识真理性的具体化，在讨论对科学原理的实践检验时，要考虑到这种与“中介”相关的校核，包括要充分估计到应用科学对基础科学有检验的作用。

对科学认识是否具有真理性的校核检验，是一个复杂的过程。仅就电磁学（基础自然科学）、电工学（技术基础科学）、电机学或电机制造学（工程应用科学）中的原理说，一方面，它们的检验要通过各自学科的实验或试验验证，如通过电磁实验、电工实验、电机试验；另一方面，电机学对于电工学、电工学对于电磁学，又有相互间的逻辑相符与检验校核的关系。或者说，应当确立起一种系统性的、有中介的、动态的“真理检验观”。

科学与技术通过一系列的中间环节或中介相互联系、相互转化，这个观点可以引出不少值得思考的理论的和现实的问题。例如，我们常会讲到科学向技术的转化，其实，这并非简单地就是电磁学基本原理向电机生产技术的跃进，而必须要有电工学、电机学、电机设计、电机制造规则及电机厂生产技术等诸方面的完善和结合，在这中间的某一个环节上被卡住或成为“瓶颈”，科学向技术转化就不会畅行。低估了科学与技术的区别，从而低估了科学与技术间的中介，似乎是高评了科学对技术的意义，乃至认为科学就是直接的技术和生产力，实际上并不能解决转化问题。

科学与技术之间的中介并非是早已有之和生而完备的，而有一个发生、演化和完善的过程。古代的科学与古代的技术是两极分化的，在学者传统与工匠传统之间有明显的分离和对立。近代初期的科学发展基本上是基础自然科学的进步，技术科学和工程科学的大量涌现，乃是近百年来的事情，也是在本世纪里，技术设计和技术规范才具有突出的地位。科学与技术的中间环节的系统化、完善化，其重要结果之一是加速了科学与技术间的转化，加速了科技成果向现实生产力的转化，才有了现代科学向技术的转化周期缩短，转化速度加快。

把科学与技术之间的中介环节完善化，对我国有重要的现实意义。抓科学技术，当然要一手抓基础自然科学，一手抓企业现场技术；但事情并不这样简单，还需要重视中介的完善，研究应当采取何种措施去实现中介完善化，以及由谁为主来担负其任务。例如，无论是国家的（中央的）科学研究院所、重点大学，还是地方的科技研究所、设计部门、企业的技术开发机构以及现场生产技术部门，都承担着发展、推广和应用科学技术成果的任务，但它们的主攻方向则应当和必须有所不同。有的可以以基础自然科学或技术基础科学为主，兼顾其他；有的则要以技术设计和作业规则为主，兼顾其他。如果企业的技术开发部门以研究电工学为重，重点大学以设计制作电机为重，并无益于科学与技术的转化。

三、科学与技术的互动

关于科学与技术的相互作用，已有了许多论述，诸如认为技术是科学发展的基础，“技术是科学之母”，认为科学是技术发展的先导，“科学是技术之母”，然而，在确认科学与技术有重大区别，和二者的联系要经过中介的前提下，再来讨论它们的互动，是可以和应当提出略有区别的观点的。试想，如果科学与技术已经一体化到无差别的程度，如果它们已水乳交融或酸碱中和为一物，就难以去议论两者的互动了。

人们曾有过争论，想辨析在科学与技术的关系中何者居于主角的地位或矛盾的主要方面，现代的人们大都已不再作这种抽象的议论，而更倾向于一种历史的观点，即认为在科学、技术、生产的相互关系上，在历史上，在近代中期以前，科学与技术几乎是并行发展的，即或有着某些互相影响，也主要是“生产—技术—科学”的序列关系；只是到了近代中期以后，才开始有了“科学—技术—生产”的序列关系，19 世纪中叶的电磁感应理论和电力技术的发展，乃是这种历史的转折点；而对现代，“科学—技术—生产”的关系才居于主导地位，现代的尖端技术、高技术，乃是由最新科学成就特别是基础自然科学的发展引出的技术。简言之，在当今时代，占主导的已不是“技术—科学”，而是“科学—技术”。

仅就科学与技术的互动来看，现在更流传的提法乃是科学的技术化和技术的科学化，以及科学技术的一体化。当然，主张科学与技术正在一体化者并不都低估二者的区别。如一方面认定“无论作为知识，还是作为社会活动，科学与技术之间都有很大差异”，另一方面又指出：“现代的科学更加技术化，现代的技术更加科学化，科学与技术逐渐一体化。”[①]

然而，无论是科学技术化、技术科学化，还是技术—科学或科学—技术，都是较为模糊的，为使讨论有可能较为明晰和深入，似可再从以下几点再作些探讨——尽管这些问题已有了许多说法，这里的讨论大都是人云亦云，也许只有“技术倾向”（偏爱技术、偏爱传统技术）可算是本书的“特点”。

第一，“技术是科学的基础”的论断在当今仍然有效。关于技术对科学发展的作用，人们大致提出了四个方面的论证：一是技术是科学发展的动力，技术需要推动科学前进；二是技术为科学的发展提供研究手段，特别是科学实验的装备；三是技术为科学概括和分析提供资料的来源，提供经验认识源泉；四是技术实践可以检验科学认识的真理性，科学知识的是非要经受技术的考验。

这里不再一一详述这些方面的观点和实例，而只强调一点，在普遍宣传当今时代以“科学—技术”为主要特征时，技术是科学的基础以及上述的四个方

① 黄天授等主编，现代科学技术导论，中国人民大学出版社，1995。

面观点并没有过时。拿技术需要是科学发展的动力来说，这仍是今天起重要作用的现实，现代科学（不仅是技术科学，而且包括基础自然科学）所探讨的大部分问题仍是服务和服从于解决某种技术上的需要，现代科学不该丝毫回避或轻视技术发展提出的重大的、根本性的问题，不应只强调自己的相对独立性，而低估了科学对技术独立的相对性。

对于技术需要是科学发展的动力，恩格斯曾讲过一段为我们熟知的话。他在 1894 年致瓦·博尔吉乌斯的信中说："如果像您所断言的，技术在很大程度上依赖于科学状况，那么科学状况却在更大的程度上依赖于技术的状况和需要。社会一旦有技术上的需要，则这种需要就会比 10 所大学更能把科学推向前进。"① 今天距恩格斯写这封信已 100 余年，要比校现代科学与现代技术谁在更大程度上依赖于对方是困难的，在许多场合、特别是对于高技术，瓦·博尔吉乌斯的观点在今天看来会更正确些。然而，我们今天仍不能轻易断言，"社会的技术需要会比 10 所大学更能推进科学"的观点已经过时。我们今天的大学已与百余年前的情况大不相同，尤其是理工科的重点大学已经有了与生产劳动的相当密切的结合，有的已成为地区科学技术园区的中心，或在实现科技成果的产业化和产业技术创新上做出了突破性的重大贡献，现代大学已成为推进科学技术发展的重要动力和核心部门。但同时不可否认，即或是最著名的理工科大学，它的大部分科学研究课题仍然是服务和服从于社会的、企业的技术需要的。

第二，"科学的技术化"是现代科学发展的重要特点，也是现代科学活动的标志，这里首先是就科学发展离不开技术手段，现代科学尤其需要有现代技术的武装而言的。

初级阶段的科学技术化并不是当今才有特点。近代早期的真正的自然科学是实验科学，是依赖于实验技术和"新的工具的制造"的科学，或者说近代自然科学的发展一开始就得益于有了初级阶段的技术化。"如果说，在中世纪的黑夜之后，科学以意想不到的力量一下子重新兴起，并且以神奇的速度发展起来，那么，我们要再次把这个奇迹归功于生产。第一，从十字军远征以来，工业有了巨大的发展，并产生了很多力学上的（纺织、钟表制造、磨坊）、化学上的（染色、冶金、酿酒），以及物理学上的（眼镜）新事实，这些事实不但提供了大量可观察的材料，而且自身也提供了和已往完全不同的实验手段，并使新的工具的制造成为可能。可以说，真正有系统的实验科学，这时候才第一次成为

① 马克思恩格斯选集（第 4 卷），人民出版社，1972。

可能。"①

但是，至少到20世纪初，除了电技术（电光源、电热）对物理学研究（量子论）有重要作用，整个来说，自然科学研究的技术手段支持，无论就其功能和规模说仍是相当薄弱的。这时还不能说已经有了技术化的自然科学，科学的技术化还没有成为一个重要的特点和标志。20世纪五六十年代，支持自然科学发展的技术条件已有了异常明显的改变，而且，越是那些相对独立性强的学科分支，如关于物质结构的研究和天体物理学的研究，越突出地表现出其对技术紧密依赖性。

对现代基础自然科学的技术化有重大意义的成就和手段主要有：

其一，X射线检测技术。对原子、分子和晶体结构的研究有广泛和重要的作用；

其二，望远镜和其他遥感技术。20世纪20年代就有了直径2.5米的望远镜，40年代又有了直径5米的大型反射式望远镜和具有上千个偶极子的10米以上的大型射电望远镜，对观测宇宙天体、发现新星和探讨宇宙演化有巨大意义；

其三，高分辨率的大型电子显微镜，能观测到原子，是研究物质结构、发现DNA构造的有力武器；

其四，高功率、特大型的回旋加速器，是现代高能物理学研究不可或缺的手段。欧洲核研究中心1976年建成的质子同步加速器的直径就有2公里，仅产生高真空用的大型离子泵就用了650个；

其五，航天探测器、天空实验室以及计算机技术，使人类真正开创了认识宇宙的时代。

重复地说，现代的基础自然科学对现实生产技术的相对独立性强化了，它更"远离"生产的直接需求，走在生产技术前面；同时，它对现实生产技术的紧密依赖性也强化了，它更"直接地"取决于生产技术的水平。在现代科学活动，例如在利用大型加速器或天空实验室的研究中，要是暂且不考虑主要的目的，是很难区分出哪个环节上乃是科学，另个环节上就是技术的。在这里不仅有科学的技术化，而且可以说有科学与技术的一体化。

第三，"以技术为基础的科学"的形成和发展，是技术对科学事业作出的重大贡献。这主要是指技术科学和工程科学的产生、成长和壮大。如果要把技术科学和工程科学都归结称之为"应用科学"的话，那么，应用科学主要地并不来源于基础自然科学的演绎应用，而是更多地来源于对技术实践经验的理论化、

① 马克思恩格斯选集（第3卷），人民出版社，1972。

系统化，材料科学、建筑科学、农业科学、医学科学等就主要是这样产生的，即由技术发展演化成为“以技术为基础的科学”(technology-based science)。

当然，这里可能需要一个立论的前提：“并不是所有的先进技术都来自科学，认识到这一点是重要的。例如，采矿和冶金的实用技术起源于蒙昧的古代，并且由工匠技艺的发明和设计的想象而扩展和改进。在现代汽车的设计和制造中，得到专利的大多数发明是以此种方式由车间工程师而不是实验室科学家完成的。”① 可以补充一个重要的案例是：近代蒸汽机的发明，虽然包含着对大气压力、蒸汽冷凝的理解，是将热能转化为机械能的重大突破，它开创了热力学研究，却并非来自热力学科学。

这里，一个非常重要的论点是，技术虽未必都来自科学，但凡属行之有效的技术必定包含或暗合于科学上的道理，或说具有潜在的科学理论的内容和意义。古代的冶铜、造桥、酿造、种植、医疗，尽管缺乏理论上的指导和论证，尽管那时还没有冶金物理化学、结构力学、育种学、病理学等科学，在这些古代技术的成功应用中必定在实际上符合于客观的自然规律，暗含着科学上的道理。“暗合”或“暗含”的提法有其特殊意义，它表示许多技术和技能还缺乏明确、明晰的理论思维，又表示它们与客观规律性在实际上的一致。某种医疗技术有较好的疗效，即或是人们没有意识到要作论证，或虽想去分析却讲不出反映事物本质的论理，或只知其然，而不知其所以然，我们虽可以说这种医疗技术并非来自于科学，却不能简单地宣称它是非科学的技术；相反，还应当确认它是暗合或符合于科学的技术。

黑格尔主要从政治和历史的哲学见解，提出了著名的“现实的是合理的，合理的是现实的”这一论断。如果略作引申，也可以把它表述为技术哲学的命题：现实的技术必有科学上的合理性；科学上的合理性必有自然的或技术上的现实性。这里只有一点不大对称——现实的技术都有科学上的合理性；合理的科学成就未必都有技术上的现实性。但科学上的合理性即反映客观必然性的东西是终将成为现实的，这可能是技术的实现，也可能是在天然自然里出现。

技术包含的科学上的合理性可能是未被明确揭示出来的、暗合的，也可能是在一定条件下逐渐被明确地揭示和有系统地论证的，这就是近代和现代的“以技术为基础的科学”。这个概念区别于泛指的科学以技术为基础，而是特指有系统地揭示和论证技术中合理性的一大类科学，包括前面讲到的技术基础科学和工程应用科学。

---

① 〔英〕J. 齐曼著，刘珺珺等译，湖南人民出版社，1988。

“以技术为基础的科学”的大量涌现，是20世纪科学技术发展的一个最重要、最明显的特点，这类科学所形成的新的学科分支，远多于基础自然科学分化而形成的新学科。在本世纪初，在大学中设有数学系、物理系、生物系，有的大学则设有矿冶系、机电系。今天，大学中的理科专业有了很大发展，但大致上仍可使数学系、物理系继续存在，而与“以技术为基础的科学”相关的大学教育，尽管不宜把科系专业分得过细，但矿冶系、机电系已远远不适应于时代发展了，与矿冶技术和机电技术紧密相关的技术科学和工程科学已有了崭新面貌和成为庞大的体系。

第四，技术离不开知识，科学成长并导引和拉动技术发展。说技术并非都来自科学或只暗合于科学，是仅从技术与科学理论的关系讲的，决不意味着技术和技术来源与一切知识无关；知识，至少是经验知识，是一切技术不可或缺的要素，是新技术发明的必备条件，从一定意义上看，人类的技术，古代的和现代的技术，都是“知识技术”。

古代的技术就离不开经验知识。原始人从利用天然火到学会保存火种就需要有知识的积累，他们至少要知道为了“养活”火应当用什么（作燃料）去“喂”它。古代人制陶和弓箭时已有了更多的知识，弓、弦、箭已经是很复杂的工具，发明这些工具需要有长期积累的经验和较发达的智力，也要同时熟悉其他许多发明。

近代实验科学的发展及其在理论上的日趋成熟，使其得以走在技术前面并成为技术进步的先导。至少可以从两个方面来考察科学对技术的导引和推动的作用：一是技术创造来源于科学理论和科学预见的物化；一是技术创造来源于科学实验的放大或扩展。这两个方面也属于科学技术化的范畴，而且是当今时代科学技术化的重要特点和内容，尤其是其中的前一方面，即科学知识转化为技术发明和技术创新。

科学实验的目的是为了有所发现，但实验总是要“做”的，人们在实验中又可能会“制作出”某种前所未有的现象或事物，而不仅仅是发现天然事物的属性和规律，不仅仅是“发现性实验”；在实验中又常会制作出前所未见的事物或过程，可称之为“发现发明性实验”，后者在本质上（机制上）乃至形式上已是技术发明的雏形，尔后的创新主要是使发明有其实用性，并更有效率，也更精巧。

普遍认为电力技术的发明得益于科学和原理，这当然是对的，但具体点说，在法拉第1831年宣布他发现电磁感应现象时演示的实验，已经是雏形的发电机；而皮克西在1832年创制的磁电式发电机，和萨克斯顿在1833年展出的手摇发电机，及克拉克在1834年制造的具有整流子的发电机[①]乃是法拉第电磁感应实验（发现发明性实验）的相似放大和改进。化工技术发明源于科学实验的实例就更多了，化学实验中的烧杯、烧瓶可以认为是化工试验中反应罐的雏形，或把反应罐看做是烧瓶的改型放大。

科学实验可放大为技术，是科学的巨大功绩，但这种“放大”绝非是轻而易举的事，也绝非仅仅是科学工作，在这个过程中要有小型试验、中间试验、半工业试验等一系列的创新，放大已有了质的区别。在化学实验室中合成尿素，到企业的尿素生产技术，有一段很长的路要走，而且未必都走得通。

科学理论和科学预见的物化导致技术上的发明，其典型实例也属于电技术。1865年麦克斯韦从电磁理论推断电磁波的存在，1888年赫兹实验验证了电磁波理论，此后才有了无线电技术的开发研制和试验。核技术的出现，最早研制原子弹，也是以科学理论预见的指引为前提的。

第五，“技术的科学化”，“以科学为基础的技术”的迅速发展，是现代技术发展的重要特点，也是现代技术生命力之所在。我们通常所讲的“科学技术”是有不同指称和意义的，一种是指科学和技术——不管科学与技术是否有重要区别；一种是简称了的“科学的技术”、“科学化的技术”或“以科学为基础的技术”（science-based technology）。电技术、核技术以及基因工程技术都是这样一类技术。基因工程技术尽管仍不同于分子生物学科学，但说分子生物学科学乃是基因工程技术的源头，基因工程技术是分子生物学理论的物化，则是毫不夸大的。

对于科学化的技术或以科学为基础的技术，更显示出基础自然科学的先行和指导作用，在这点上激光技术等的产生是典型的实例。“全新的以科学为基础的技术可以在不同范围内由基础科学产生出来。雷达是从对无线电波在地球的大气层上层的传播的学术研究中发展出来的，而激光的原理是从说明原子的量子化现象的基本理论中得到的。”[②]“以科学为基础的技术”与“以技术为基础的科学”有着明显的区别，前者常常是根本性的创新，这也表明了科学的一个重要的社会功能。

在现代，认真研究科学技术化有重要的意义，这里的问题很可能是要深入具体地分析科学技术化的“化”字。化在这里指一个过程、一种转移，那么，科学技术化中究竟有什么和怎样的转移呢？很可能这里既有知识形态的转移、

---

① 〔英〕C. 辛格等主编，陈凡等译，技术史（第5卷上），东北工学院出版社，1993。
② 〔英〕J. 齐曼著，刘珺珺等译，元科学导论，湖南人民出版社，1988。

科技范式的转移，又有活动主体的转移、经济支持强度的转移、人才的转移乃至政府职能的转移。

第六，怎样认识“科学技术的一体化”，是把握现代科学技术发展的一个要解决的问题。科学技术的一体化并不意味着现代技术与现代科学已没有什么差异，也不是说现代科学就已是现代技术。科学技术一体化，不仅仅是科学技术化与技术科学化两个命题的抽象地合取或合二而一，不仅仅是一般讲现代技术与现代科学之间有相互渗透、相互融合的演化趋势。略为具体点说，由于科学与技术之间的中介环节在现代已日益完备、日益成熟，在一些科学技术活动中，对一些科学技术的任务或课题来说，已难以很明晰地划分何者属于科学，另者则属于技术了。

现代的电子计算机科学技术，可能是科学技术一体化的一个典型。应当说，电子计算机科学与电子计算机技术在今天仍是有一定区别的。有许多计算机研究者正在探讨有关计算机系统、计算机网络、计算机软件、计算机语言的根本性的理论问题，例如讨论冯诺伊曼理论合理性的界限，他们主要是计算机科学家。而占更大比例的多数计算机工作者则在从事计算机的应用开发、研制和实施，他们主要是计算机技术家。工科院校计算机系学生也主要是按计算机技术工作者的方向培养的，像微电子学这样的基础课并不占很大的份额。对于多数计算机工作者来说，经验的因素（如敏于发现程序设计中的差错，能及时排除障碍，灵活操作等）仍有相当作用。

然而，在计算机领域，又充分表现出科学与技术难以明确划分的特点。多媒体技术是技术，同时又是有关声、光、电、色的科学研究，而且需要非常深入的理论分析。人工智能的研究是科学（有关知识工程、大脑心理），同时又有语音识别、语音合成等技术，而且需要十分高级的技术系统。

与科学技术一体化有关，还有“科学、技术与生产一体化”的问题，这同样不意味着科学技术与生产在当今已无重大区别，而只是在特定领域或特定场合，三者间密切结合以致难以把它们作明晰划分。这明显表现于单件大型产品的生产或复杂的工程，如制造新型的电子显微镜或射电望远镜。

四、科学方法与技术方法

前面已涉及科学与技术在研究的过程和方法上的区别，写这一节主要是基于以下两方面的考虑：一方面，讨论科学方法与技术方法的关系可以更具体些地说明技术与科学的差异；另一方面，作为技术哲学引论，本应有专章来阐述“技术的认识论和方法论”，但终因缺乏积累不能如愿，只能在这一节里讲点关于技术方法论的意见。

从认识论和方法论的角度看技术，有以下几方面问题值得研究。

第一，技术方法与科学方法的同异。人们对于科学方法论已有了相当多的探索和研究成果，科学哲学在很大程度上就是科学方法论，科学出版社在1979年就出了《科学研究的艺术》（译著），1989年又出了《科学方法论的理论和历史》一书。而对于技术方法论，除了在“科学技术方法论”的总题之下有所涉及，至今不仅未见专著，专论文章也很少，技术方法论的基本内容和体系结构尚未成为学界议题。对此，首先值得讨论的问题就是：究竟是否存在着相对独立的技术方法论和技术方法；科学方法是否完全适用于技术，或原则上都适用于技术；技术方法是否可界定为科学方法在技术领域（技术活动）中的应用和具体化。

在这些问题上有意见分歧无需重复多讲。如果认为科学与技术没有原则性的区别，技术乃是应用科学或科学的应用，科学方法与技术方法也就不会有原则性的不同。当然，如果讲不清技术方法同科学方法有什么重要的差异，技术方法有哪些特殊性质，也就难以看到科学与技术之间的区别。

作者是认为科学与技术之间、科学方法与技术方法之间有多方面差别的，前面各章都有所表现或“顽固坚持”，这里再从方法论的角度作一概括，虽多少与以前讲的有重复，但一则列表可能更简明些，二则是主要从方法上的区别出发的（见表8.1）。

表8.1　科学方法和技术方法的比较

科学方法	技术方法
反映、陈述自然事物和客观过程．发现，使客观见之于主观	构思、创造人工物和人工过程，发明，使主观见之于客观
解释因果性、揭示规律性和可能性	设定目的性，实行控制、变革，造成现实性
力求全面、正确、精确，真理性标准	力求合理、有效，有必要的折中，留有余地，功利性标准
实验，归纳，对假说、猜测的证实与证伪	试验、试错，对设计、方案的选择与优化
定律、原理和学说的提出，扬弃经验，崇尚理性知识	规则、程序和手段的确立，拥有经验，崇尚实践智能
从特殊到普遍，从具体到抽象，从整体到分析	从普遍到特殊，从抽象到具体，从要素到综合
一元性，通用性	多样性、专有性
与社会体制、社会政治、人文艺术关系疏远	渗入诸多的社会人文因素

第二，技术原理及其构思方法。人们在论及技术方法时提到“技术方案的

构思方法”、“技术模型的设计方法”，似乎没什么争议。但对一些技术哲学文献中讲的“构思技术原理的方法”却看法不一。这里，目前值得讨论的首先未必是在构思技术原理的过程运用了哪些方法，而是“技术原理”的概念能否成立，如果无所谓相对独立的、有自身特点的技术原理，何谈构思它的方法。

多数人可能否认有所谓技术原理的存在，认为要讲技术原理的话也就是科学原理，原理总是与科学相关的，只有科学才讲原理，一切技术手段、技术工艺、技术过程都可以充分地用科学原理来解释和说明。也有人主张存在着有别于科学原理的技术原理，认为技术上的原理不能都归结为科学上的道理，不能只靠科学原理作出充分解释，或认为技术原理包含着科学原理，又不限于或超出于科学原理。例如，日本技术哲学家星野芳郎就主张，为达到一定技术目的的技术方法所依据的各种原理，都是技术原理。

关于这一点，星野芳郎在来华讲学时曾有所阐述。他先问听课学生：用刀来切割依据的是什么原理，答称是尖劈原理，星野教授对此则说，对，但只对了一半，按百分制只能给50分！他接着解释说，各式各样的刀能切割都有尖劈原理，但尖劈原理却不足以充分说明何以有各种类型的刀，如切纸刀、雕刻刀。在星野看来，用刀切割不仅有尖劈，而且要处理好诸如齐一性（规整）与游刃性（灵活）之类的关系，后者也属技术原理。

对于技术原理的这种解释是值得研究的。仅仅从科学上讲，各种类型的炼铁方法、各种规格的高炉，都依据氧化还原的原理，各式各样的发电机都是电磁感应原理。但如果只讲氧化还原，就说不清高炉的冶炼强度、炉内物料的分布和顺行等，可见，似难以断定钢铁冶金就没有技术原理。同理，只讲内燃机四冲程原理，也说不清在设计轿车、载重卡车、赛车上有什么区别。

当然，要是有技术原理的话，就存在如何构思和构思方法的问题，其中包括怎样实现由科学实验向技术试验的转化，由科学原理向技术原理的转化等，例如怎样从“虚科学”到实技术、从“软科学”到硬技术，从“小科学”到大技术。

第三，发明创造与技术设计方法的性质、内容和意义，对工程设计如可靠性设计、结构设计已有了较多的研究，提出了一些总体性观点，如设计是技术发展的核心，有什么样的设计，就有什么样的技术，设计是一种创造性的构思和解题的活动，但仍少见到关于“设计方法论”的论著。

相比之下，关于发明创造方法的研究则要兴旺得多，在我手头就有国人在近10年里编著的《发明创造学教程》、《发明创造学原理与方法》等书10余本，涉及上百种创造技法和许多的技术发明案例。但从技术方法论看目前的发明创造研究似又有其弱点，只是列举出诸多的创造技法是不够的，还需要从认识论、方法论上对种种发明创造技法作出概括，探讨它们的共性、类型和本质，在这方面有许多事情可做。而且，在这点上人们的理解是不一致的，例如有人认为当前讲的创造技法如综摄法、物场分析法、等价变换法等仅只是有助于技术上小改小革的辅助方法，无益于激发、诱导出重大发明，乃至认为根本不存在对重大发明有用的一般方法，凡此种种均可探讨和讨论。

第四，技术试验方法。已有许多文献论述了科学实验的意义和方法，但人们虽常讲到用到试验，如种试验田、试飞、试运行、作过敏试验，但对试验和技术试验却少有探讨。仅在个别文章中见到说："试验是技术方法的中心环节"，"如果说基础科学研究的两大武器是'实验—思维'的话，那么，技术研究的两大武器是'思维—试验'。"① 也许，我们还很需要有《试验方法论》、《模型试验论》以及《中间试验论》这类的专著。

技术试验方法的探讨。首先涉及科学实验与技术试验的关系，两者的区别和联系。上面已提到它们的目的不同，试验对经验的依赖多于实验，试验同'生产—经济—社会'的联系比实验更为直接。但这里仍有从认识论、方法论上深入研究的余地。例如，与科学实验密切相关的是原理的证伪，与技术试验密切相关的方案的选择，实验是要考核是非，试验主要在于衡量优劣，不充分注意到选择，就难以具体分析试验。

对技术试验方法的讨论，还涉及试错问题。值得注意的是，在科学方法论的文献中，对波普尔提出的试错法（trial and error method）做了详细的阐述，即他提出的由 P_1（问题）—TT（试探性理论）—EE（排除错误）—P_2（新的问题），而在技术方法论著述中却几乎不讨论试错，或只把试错看做是古代技术活动中采用的手段。

固然，在科学活动包括现代科学探索中需要试错，但在技术研制中由初步的构思方案到试验中也要有修正或否定，为什么就不是试错而只是选优呢？况且，优选法从方法论的原则和过程看本质上也是一种试错，选择了一种低功能高成本的方案也可以看做是认识上的失误，通过试验找到和排除失误也是一种形式的试错。

技术方法论很少涉及试错的一个理由，是把试错只限于经验方法，而现代的技术发明、技术设计乃是在科学理论指导下进行的，不同于经验尝试，试错只是在理论指导不充分的情况下迫不得已而为之，例如在研制某种合金时凭经

① 张协隆，技术方法论刍议，哲学研究，1985，(6)：14～21。

验增减某些元素及其含量。因此，试错并非是技术活动中值得宣传和研究的方法。

这个理由是否充分亦可推敲，固然，现代技术活动与古代的区别之一，是前者有科学理论的指导从而减少了经验试错，但一则由于科学在理论上总不会足够完备，二则由于即或成熟的理论仍不足以指明具体实践的一切细节，技术试错还是不可避免和不可缺少的。在人们一切实践活动中，总会有“摸着石头过河”即试错的成分。认为有了科学理论就无需摸着石头过河，认为要摸着石头过河就意味着缺乏理论，乃是一种简单化的理解。

是否有现代的技术试错值得研究，如果确有必要，还需要研究技术试验方法的相关问题，如试错逻辑，技术试错与技术优选的关系，以及试错保护（试错总是有风险的）等问题。当然，更需要有包括试错在内的试验方法论和技术方法论。

参考文献

陈昌曙．1982．科学与技术的差异和统一，光明日报 10.1．及 10.15

陈昌曙．1983．自然科学的发展与认识论．北京：人民出版社

陈昌曙．1994．从哲学的观点看科学向技术的转化．哲学研究，(11)：35～40

季子林等．1991．科学技术论与方法论．天津：天津科技翻译出版公司

宋健．1994．现代科学技术基础知识．北京：科学出版社，中共中央党校出版社

杨沛霆等．1985．科学技术论．杭州．浙江教育出版社

于占元．1992．发明创造学原理与方法．沈阳：沈阳出版社

第九章 技术的社会作用

技术创造人工自然，广义地说，社会也属于人工自然，人工自然是社会的自然。同时，技术又是整个社会大系统中的组成部分，与社会的经济、政治、文化和人类生活紧密相关。本章较集中地讨论技术的社会功能，或技术的社会价值。

对技术社会作用的探讨，应是技术社会学的基本内容，也是技术哲学的一个正题，如前所述，技术的一个突出特点，技术与科学的一个明显差异，就是它与诸社会因素之间有更为密切的相互依赖、相互作用的关系。当然，技术哲学对技术作用或技术价值的考察，应更有总体性和更抓住根本，或许这样就更不那么生动具体。

一、关于技术决定论

技术对社会生活的诸多重要方面是有决定性的作用或决定性的影响的，这一章的标题曾考虑过要用“社会的技术决定论”的提法，一则它会比诸如“技术的社会功能”、“技术价值”的标题要鲜明些，二则它会较好地与下章标题的“技术的社会制约论”相匹配。但考虑再三，还是放弃了在章标题出现“技术决定论”的设想，因为“技术决定论”似乎并不是只论及技术对某些社会领域的作用有决定性的意义，而已在我国的学术理论界成为一个有特定含义的专用名词。

笔者也曾把“技术决定论”作为专用名词，特指只承认技术决定社会而否认社会制约技术的一种思潮或观点，在我担任分学科主编所负责的条目中，对这个词做了如下诠释，即："技术决定（technological determinism）通常指强调技术的自主性和独立性，认为技术能直接主宰社会命运的一种思想。技术决定论把技术看成是人类无法控制的力量，技术的状况和作用不会因其他社会因素的制约而变更；相反，社会制度的性质、社会活动的秩序和人类生活的质量，都单向地、唯一地决定于技术的发展，受技术的控制。"[①] 被这样界定的技术决定论当然不能成立、应于否定或批判。

然而，很有可能，对技术决定论作这样的界定就值得商讨。这样来根本否定技术决定论或许会有背于决定论的原意，而且难以言之成理地解释公认的"经济决定论"、"生产力决定论"。很有可能，有关技术决定论的思潮或观点更宜于作以下的划分：一是既承认社会的技术决定论（技术对诸多社会领域有决定性作用）又承认技术的社会制约论（社会诸多方面对技术有重大制约）；二是只承认社会的技术决定论，否定或低估技术的社会制约论；三是只承认技术的社会制约论，否定或低估社会的技术决定论。即不能简单断言，凡承认技术有决定性作用者，就都认为技术是唯一地、单向地决定社会的；决定（规定）、决定性作用，与唯一决定、单向决定并不等同。

很有可能，技术决定论应当享有与生产力决定论相类似或接近的地位。其实，生产力也不能直接决定社会性质，不能直接决定国体和政体，不能直接决定社会意识形态的状况，生产力对生产关系所起的作用也不是唯一地、单向地决定性的，但这并不妨碍我们理直气壮地使用"生产力决定论"的概念。与此类似，原因未必单向、唯一地决定结果，也不妨碍"因果决定论"的提法。

更为重要的是，事实上，技术对社会经济、对社会生活质量、对社会关系的改变、对社会政治和社会文化，都有其决定性的作用和影响，这是本章将会逐一述及的，且不可忘记，马克思、恩格斯曾多次阐明了技术对社会历史发展有决定性意义的观点。

恩格斯在马克思葬礼的悼词中曾讲到："在马克思看来，科学是一种在历史上起推动作用的、革命的力量。任何一门理论科学中的每一个新发现，即使它的实际应用甚至还无法预见，都使马克思感到衷心喜悦，但是当有了立即会对工业、对一般历史发展产生革命影响的发现的时候，他的喜悦就完全不同了。"在这篇悼词的草稿中，恩格斯还写道，马克思"把科学首先看成是历史的有力

① 于光远等主编，自然辩证法百科全书，中国大百科全书出版社，1995。

的杠杆，看成最高意义上的革命力量。”[①] 既是“在历史上起推动作用的、革命的力量”，既是“历史的有力的杠杆”，当然是有决定性作用。

马克思、恩格斯在评述技术的社会历史作用时多处提到“杠杆”、“革命”。本书尽管想力求减少引文，仍需引述他们讲到的两段话。

马克思对古代产生的技术发明的作用就做过很高的评价，指出：“火药、指南针、印刷术——这是预告资产阶级社会到来的三大发明。火药把骑士阶层炸得粉碎，指南针打开了世界市场并建立了殖民地，而印刷术则变成新教的工具，总的来说变成科学复兴的手段，变成对精神发展创造必要前提的最强大的杠杆。”[②] 他在评价近代技术的社会作用时则说过，蒸汽、电力和自动纺机甚至是比巴尔贝斯、拉斯拜尔和布朗基诸位公民更危险万分的革命家。

恩格斯对技术的评价更多地涉及近代技术，认为“分工，水力、特别是蒸汽力的利用，机器的应用，这就是从 18 世纪中叶起工业用来摇撼旧世界基础的三个伟大的杠杆。”[③] 他在 1853 年的文章中还指出：在这个时代里，蒸汽和风力、电力和印刷机、大炮和金矿的联合作用在一年当中引起的变化和革命要多过以往整整一个世纪。

列宁对科学技术的社会作用也给予了极高的估价，在他看来，技术进步“也是其他一切进步的动因，前进的动因”[④]，或许可以说这句话是典型的技术决定论。在十月革命胜利后，列宁特别重视要打下现代大工业的技术基础，提出了“共产主义就是苏维埃政权加全国电气化”的名言。

现代技术的社会作用要广泛和深刻得多，对此，人们提出了诸如“技术塑造人类”、“技术立国”等诸多的见解，对此我们需要首先认真研究其提出的理由或依据，而不要轻易地把某种观点就归之于技术决定论来进行彻底批判，这样，或许会有利于求同存异，防止片面性，也或许会有利于开阔思路，做出某些新的概括，并有助于充分认识科学技术是第一生产力，技术创新是实现现代化和物质文明建设的关键。要避免把某些并非全然谬误的观点都看做是糟粕一概抛弃，例如，未必要把一切技术悲观主义或技术乐观主义都归之为技术决定论而加以否定。事实上，持技术悲观主义或乐观主义观点的人们也未必都赞同那个专门意义上的“技术决定论”，他们的基本观点并非是认为技术可以直接决定社会制度和国家性质，或认为只用技术可以充分说明哲学、艺术、宗教和政

---

① 马克思恩格斯全集（第 19 卷），人民出版社，1963。

② 马克思，机器、自然力和科学的应用，人民出版社，1978。

③ 马克思恩格斯全集（第 2 卷），人民出版社，1957。

④ 列宁选集（第 2 卷），人民出版社，1972。

治法律观念。

当然，也确有些学者特别强调或只讲生产力、技术对社会发展有决定性的作用，低估乃至否定社会系统对技术发展的制约，也确有人更倾向于认为技术可以单向地、直接地决定社会结构，从而以技术性关系来取代所有制关系，漠视资本主义统治和阶级矛盾的存在。例如，在埃吕尔的《技术的社会》、贝尔的《后工业社会的来临》、托夫勒的《第三次浪潮》等书中，就可以找到这样的观点或倾向。

对于片面强调和夸大技术的社会作用、低估和忽视社会对技术的制约的观点，我们当然是要与之争辩或要批评（学术讨论中必有批评）的，在下一章就要较展开地分析社会对技术活动的制约作用，阐明技术活动的社会制约论，由此也反对夸大技术功能，但在本章，作为前提，不能立论于“技术对社会发展和社会生活并无决定性的作用”。

而且，有的人倾向于认为技术能单向地、直接地乃至唯一地决定社会生活，毕竟是一种思想倾向，有别于已提出了“技术决定论”的主张。例如，人们通常认为托夫勒及其《第三次浪潮》是技术决定论的代表，就其思想倾向说这有道理。但把托夫勒看做是“技术决定论”的代表，又未必很贴切，他在这本书中确有可判定为技术决定论的观点，同时也能看到下述的说法：“技术本身并不是推动历史的力量。意识形态或价值观念本身也不是。阶级斗争也不是。……单单用经济因素也不能说明这个或其他任何历史事件。这里没有超乎相互依赖的可变因素之上其他的‘独立的可变因素’。这里只有相互联结的可变因素，其复杂性深不可测。”①

在这一节，对于批判“技术决定论”提出异议，主要是基于“技术决定论”的内涵是非不很明确，可能有简单化之弊，但这里并无意也不可论证有“马克思主义的技术决定论”的专门原理或学说，社会系统中技术所起的重大的、有决定性意义的作用，毕竟与技术对社会系统的依赖、受社会制约，是彼此紧密相关，各自不能独立存在的。

二、技术与经济

已有无数的论著分析了技术的经济功能。在前面的章节中，也多处涉及技

① 〔美〕A. 托夫勒著，朱志焱等译，第三次浪潮，生活·读书·新知三联书店，1984。

术对社会经济发展的作用，技术的经济价值。技术在各个方面的社会价值，核心是它能带来经济上的效益，经济价值是技术多种价值的基础。尽管技术对社会经济的意义已是老问题，这里仍要作几点概略的补充。

第一，技术是直接生产力，技术进步直接地、根本性地推动经济发展。前面已经讲到，技术不等同于生产，生产则内在地包含技术，生产技术是生产力的质的方面，就技术与生产、技术与经济的关系看，重要是在于“直接”和“根本”。

在这里又会涉及科学与技术。科学主要是自然科学对生产力的发展有多方面的、更为根本的作用，它渗透于生产活动的各个要素和生产的全过程，无论是生产手段（工具、机器设备）、生产者的智能、生产的组织管理都渗透和体现着科学。马克思和恩格斯明确指出“生产力里面也包括科学在内”，可以认为这句话既表明科学是生产力，又表明科学是生产力的渗透性成分。讲人类改造自然，讲生产，是不能只讲技术而不提科学的。

科学和技术都对生产力的发展有重要作用，确切和全面些说，即确认科学技术是生产力。生产的发展必须依靠科学技术，主要依靠科学技术进步来发展生产的模式，才是内涵式为主的扩大再生产。但是，就科学与现实生产力的关系说，又毕竟还有一个从知识成果、知识形态转化为物质成果、物质形态的问题，科学只有经过技术才能转化为现实的生产力，而技术则直接地体现于生产中，就此而言，又可以简略地把内涵式扩大再生产视为依靠技术进步发展生产。

研究科学技术与生产力的关系时，人们常引的马克思的一段话值得再理解。这就是《资本论》中所说：“劳动生产力是由多种情况决定的，其中包括：工人的平均熟练程度、科学的发展水平和它在工艺上应用的程度，生产过程的社会结合，生产资料的规模和效能，以及自然条件。”① 人们认为这段话表明科学是生产力，这当然是对的，而同时要注意到，这里讲的是科学在工艺上的应用程度，而且还讲到生产资料的效能（效率、功能），以及工人的熟练程度，这些方面正是技术对劳动生产力的意义，而且是直接意义。

第二，在现代，科学技术是第一生产力，在经济增长中技术进步的贡献率居首位。

“科学技术是第一生产力”与“科学技术是生产力”，仅差“第一”二字，但却有新的含义。很少有别的论断像“科学技术是第一生产力”那样鲜明和突出地反映着现代科学技术的经济价值，这一命题之所以伟大，对我们尤为重要，

① 马克思恩格斯全集（第 23 卷），人民出版社，1972。

至少与以两点相关：一是科学技术并非从来就是第一生产力，这一命题是马克思主义文献中前所未有的，是新的理论观点，它反映现时代的一个新的历史特点；二是在20世纪80年代的社会主义中国，中心任务是发展经济，更必须充分重视科学技术的第一生产力作用和地位。

“科学技术是第一生产力”不仅是根本性的理论原理，并应当是我们在工作应落实的指导原则。明确提出和认同这一命题并不意味着在我国的各个地区、部门和企业都已经做到了使科学技术成为第一生产力，或科学技术在那里已在实际上发挥出第一生产力的作用。也不难找到只在口头上讲科学技术第一生产力，而在实际经济工作中把科学技术放在第二位、第三位的实例。

那么，我们能否有一种办法或标准，来衡量在某个企业、部门、地区乃至一个国家是否已在实际上使科学技术发挥出第一生产力的作用，或能衡量科学技术究竟对其经济发展占到何种程度的地位呢？这样的办法或标准虽超出技术哲学范畴，但应当是有必要和可能提出来研究的，尽管相当难以定量。

左右经济增长的因素甚多，自然资源的赋存条件、气候和土壤状况、国际政治关系、国内社会变迁乃至意料不及的“小机遇”，都会影响经济发展，但普遍的、经常起作用则可归之于劳动投入、固定资金投入和科学技术渗入这三个方面。计算的困难一是在劳动投入和固定资金（设备）投入中就有科学技术的因素，不易把科学技术渗入的贡献分离出来衡量，二是科学技术贡献中科学所占的份额，又不易分离出来作定量估计。

为此，人们曾设想，仅只把劳动力的数量增加作为劳动对经济发展的贡献，把原有功能设备的数量增加作为资金对经济发展的贡献，而把采用新的更高效能的设备、运用新的工艺方法和劳动者智能的更新等归之于技术进步对经济发展的贡献。这种设想和相应的计算方法虽然仍不完善和难以准确定量，但终究比只有定性描述要好一点。

实际上，第二次世界大战后有的国家如日本在其高速发展的阶段里，其经济增长就主要地不是靠增加就业人员数量取得，也主要地不是靠扩大原有设备规模取得，而主要地来自于运用新的科学技术成果，主要地来自依靠技术进步，因而有理由认为技术进步的贡献率对其经济增长占首位，科学技术起了第一生产力的作用。

对我们来说，要落实科学技术是第一生产力，也需要研究科学技术特别是技术进步对经济发展的贡献率问题。对一个企业或行业来说，当其技术进步对经济增长的贡献率已大于劳动和资金投入的贡献率时，可以判定它已使科学技术起到了第一生产力的作用。

第三，技术状况是划分经济时代的重要标志，也是区别社会经济类型的一种标准或尺度。

社会经济时代的区分是历史和理论探讨的概括，又对研究历史发展有指导意义。经济时代和社会类型的划界，本来是可以从生产关系和生产力这两个方面去确认，两者应当是可以互补的。但在以往的较长的一段时间里，与阶级对立在社会领域占主导地位的现实和认识相关联，时代的界定主要从社会生产关系、经济基础即社会制度性质为出发点，例如划分为奴隶制时代、封建时代、资本主义时代、帝国主义和无产阶级革命的时代、社会主义时代，划分为奴隶社会、封建社会、资本主义社会等。

当然在以前，我们也有主要以生产力状况为标志的时代划分，如石器时代、铁器时代，蒸汽时代、电气时代、原子能时代。近一些年来，从生产力状况来划分时代和社会的说法多了起来，如把社会类型分为农业社会、工业社会、后工业化社会或信息社会，如认为我们正处于计算机时代、信息时代。

应当说，从生产力和生产关系这两个方面去分析和划分社会时代都是必要的，两者不能互相取代。不能只讲原子能时代、高分子时代、计算机时代，或只讲后工业化社会，信息社会，而否定资本主义与社会主义的区别；不能只讲生产力和技术，而不顾是否有阶级剥削。同时，也不能只讲所有制而不顾生产力和技术水平，不能把农业社会、工业社会、信息社会的划分看作无足轻重的词语。

从生产关系或从生产力去划分社会和时代并不是完全一致的。在原始社会中，既有旧石器时代，又有新石器时代。铁器时代，既包括奴隶社会，又包括封建社会，两者又都是农业社会。在资本主义社会中，既有蒸汽时代、电气时代，又有原子能时代、信息时代。社会主义的社会也可以处于电气时代，信息时代，也可以是工业社会、信息社会。正因为有这样一些不一致，这两种划分才各有意义，都对社会历史的研究有益。

以生产力的标准去划分经济时代和社会类型，这在很大程度上是从技术状况出发去衡量经济。马克思说过，“各种经济时代的区别，不在于生产什么，而在于怎样生产，用什么劳动资料生产。劳动资料不仅是人类劳动力发展的测量器，而且是劳动借以进行的社会关系的指示器。”① 这里说的“怎样生产”显然与技术状况相关。而且，如果我们把计算机作为当今最重要的劳动资料，就不难了解当今经济时代的界定和特点。

确认技术状况也是划分经济时代和社会类型的一种标准，对我们的社会主

① 马克思恩格斯全集（第23卷），人民出版社，1972。

义建设和经济工作有重要的现实意义。我们要坚持社会主义，而又是在工业化时代、信息时代坚持社会主义，我国正处于社会主义的初级阶段，又应是向工业社会、信息社会发展的社会主义社会。

第四，技术对社会经济的发展有重要的作用，但技术与经济的发展并不总是均衡或平衡的，经济与技术的不平衡发展有其必然性。

技术水平与经济水平不尽平衡。低水平的技术必定不会有高水平（高效益）的经济，而高水平的技术却未必会有高水平的经济。例如，我国一批企业的经济效益不高乃至亏损，这固然有体制和管理上的原因，但缺乏自己特有的、高水平的技术也是重要原因之一。或虽有高水平的智能技术却没有成熟的、高水平的现实技术，也不能带来实在的效益。然而，也并非使用和引进了高水平的、成熟的技术，就注定会有经济上的高效益。企业、行业和国家都要解决技术水平和经济水平不平衡的矛盾。

技术竞争与经济竞争的不平衡。经济竞争要依赖和通过技术竞争实现，技术竞争会导致经济竞争，但二者各有自己的规律性。经济竞争更多地要讲规模效益，大企业、大公司会处于竞争的有利地位，在这里主要起作用的是“大鱼吃小鱼”。技术竞争更多地要讲创新效益，新发明、新技术开始只会在小规模上应用，小企可能会在这种竞争中处于更有利的地位，在这里常常会发生的是“小鱼吃大鱼”。附带说一句，如果只讲经济竞争忽视技术竞争，就无法解释中小企业在欧美日等国家仍占相当多数的事实。

技术实力与经济实力的不平衡。一个国家、企业的经济实力以其技术实力为基础，技术实力会转化为经济实力，一般来说，一个工业化资格较老的国家、一个兴办较早的企业，会有更为坚实和雄厚的经济实力、技术实力。但这两者又是有区别的，至少从形式上的某一方面看，一个国家、企业的经济实力会主要表现于其固定资产的存量（已有设备）上，而它的技术实力则会主要表现于其固定资产的增量（新设备）上。

由于这样的不平衡，某些原来经济实力较强的老企业、老工业基地就可能因已经有了巨额的设备，而未能及时淘汰并转化采用新设备，使技术实力相对减弱，从而又影响其经济实力。

总之，技术和经济的不平衡是值得重视的，技术与经济发展不平衡的矛盾是需要解决的。我们不能把技术和经济的关系看得偏于简单，以为二者会轻易地成正比发展。

三、技术与社会生活

技术的科学价值、经济价值、政治价值、军事价值、文化价值、生态价值，都属于技术社会价值的范畴。在这一节要讨论技术在改变人们的社会关系、提高社会生活质量和丰富人们的日常生活等方面所起的作用，讲的也是技术的社会价值，可说是狭义的技术社会价值或社会功能。

技术对社会发展的主要贡献是在经济方面，通过技术创新实现了经济的振兴和繁荣，其他各项社会事业包括文化教育、生态环境诸方面的问题，就会有可靠的基础和充分的条件去解决。但是，类似一个人有许多钱未必就幸福，一个社会有较高的经济发展速度和经济水平，其居民未必就有较高的生活质量；在全社会总产值或国民总收入与多数居民群众实际得到的好处之间，往往有相当大的差距。

基于只讲经济因素的不足，20 世纪六七十年代以来，国外的一些学者开展了有关“社会生活质量指标体系”的研究，提出了不少有启发性的见解，我国的一些学者从 80 年代以来也开展了这方面的研究，例如给出了一个综合评价社会生活质量的指标，认为社会生活质量的优劣取决于：

a——人均国民收入；

b——就业率；

c——义务教育普及率；

d——平均寿命；

e——人均住房；

f——劳动休息时间比；

g——环境绿化率；

h——人口增长率；

i——犯罪率；

j——物价增长率。

基于此，还认为社会生活质量的综合评价指数 P 可按下式衡量，即：

$$P=\frac{a\cdot b\cdot c\cdot d\cdot e\cdot f\cdot g}{h\cdot i\cdot j}$$

按此式，社会生活质量的水平与分子的诸因素成正比，而同作为分母的诸因素成反比。尽管这个公式的提出者认为它未必能充分反映问题的本质，尽管这个公式中诸因素的权重和测定还有待研究，它终究会有助于我们来分析技术的社会功能和意义。

有关社会生活质量的指标并不都与技术发展、技术应用紧密相关，并不都可以靠技术来解决。例如，降低犯罪率和保障社会秩序就主要不是技术问题，例如强化社会精神文明特别是思想道德建设也不直接是技术问题。然而，社会生活质量的多数指标又确在较大程度上直接地或间接地与技术相关，是技术的职责所在。至少，就业率和国民收入依赖于技术创新，提高平均寿命必须有医疗技术的提高，包括降低婴儿死亡率；增加人均住房必须有建筑技术；休息时间的增多要以劳动生产率的提高为前提。

技术的社会价值还突出地表现于它对改变人们的社会关系所起的作用上，这不仅是指可以引起阶级关系的改变，而且是指会导致诸多社会关系的广泛变化，如城乡、工农、体脑关系以及妇女与男子关系的变化。

以蒸汽机的发明和应用，以及以机器制造机器为主导的技术体系的确立，对新兴资产阶级彻底战胜封建贵族，对无产阶级与资产阶级的矛盾上升为社会的基本矛盾，有决定性的意义，同时，由于这个技术体系更多地对近代工业和城市的发展有利，因而又加深和扩大了工业与农业之间的对立、城市和乡村的对立。但是，以电力技术的发明和应用为主导的技术体系，却有了新的社会意义。恩格斯曾指出，电力技术“使工业几乎彻底摆脱地方条件所规定的一切界限，并且使极遥远的水力的利用成为可能，如果在最初它只是对城市有利，那么到最后它终将成为消除城乡对立的最强有力的杠杆”①。只要我们反思当今农村几乎家家用电，除了电灯还能看电视，就更能理解恩格斯的预见了。

比较而言，内燃机技术的发明和应用，对消除工农、城乡的对立有头等重要的意义。无论是蒸汽技术还是电力技术都没有对农业生产力的发展造成直接和重大的影响，蒸汽机、电动机对驱动农业机械和实现农业机械化的贡献甚小，而内燃机由于其更为灵活、机动、自成体系并有较高效率，最适用于武装耕作、播种和收获的农业机械，拖拉机是实现农业生产机械化和现代化的头号功臣，也是消除农业与工业对立的最强有力的手段。

内燃机技术对社会发展另一伟大贡献，是它极大地推动了交通运输的发展。蒸汽机技术的应用曾对交通运输面貌的改观起过重要作用，铁路运输的产生和发达是近代工业体系形成的条件，也是近代工业兴旺的动力；铁路的交通还有连接工农业生产和沟通城乡关系的作用，但火车头更多地乃是为工业和城市的兴起开道的。电力技术为铁路运输增添了新的内容和方式，如电气化的机车和

---

① 马克思恩格斯选集（第4卷），人民出版社，1972。

控制，但并未从根本上改变铁路的社会性质。蒸汽机、电动机对于铁路外的交通运输，包括“马路运输”和“天路运输”是几乎无能为力的。内燃机以及由它武装的汽车、飞机，对交通运输现代化和整个社会现代化所起的作用，真可谓“怎样估计也不会过高”的说法了。汽车对消除城乡差别意义在今天已有了超水平的发挥——不少城市居民迁住郊外或“乡下”居住，而用汽车在城里上班。

可以认为，从社会作用说，内燃机技术与蒸汽机技术、电力技术相比是并不逊色的，可以相提并论，仅从对农业、对交通运输、对缩小人们的距离来说，内燃机技术的功能甚至可居首位。然而，从技术社会时代划分来说，人们至少主要还是讲蒸汽时代、电气时代，似乎还没有“内燃时代”的提法，只是在国外有所谓“汽车时代”一说，或许可作为“内燃时代”的一种解释。本节当然无意也不可能要确立“内燃时代”的概念，只不过想要从内燃机强调技术的社会作用而已。

对消除体力劳动与脑力劳动差别有最强有力杠杆作用的，当然是电子计算机的发明和应用，特别是自动化技术的发展。对人类社会发展有重要转折意义的，是在20世纪中叶“白领工人”（脑力劳动无产阶级）占整个就业人数的比例超过了“蓝领工人”（以体力劳动为主的无产阶级）；以及“第三产业”的就业者和产值超过了第一、第二产业。劳动结构和产业结构的这种变化趋势在近50年持续不衰，应主要归功于微电脑的普及。随着微电脑技术、自动化技术和机器人技术的进一步完善和推广，教育的普及和提高，体力劳动者与脑力劳动者的社会分层将会不再有意义。

我们曾自觉或不自觉地认为，工农、城乡、体脑之间的差别和对立是从属于阶级划分的，并只有随着阶级的消灭而消除，现在看，这些差别固然与阶级矛盾相纠葛，但其形成和消除主要地乃是一个生产力和技术发展的问题，即或是在古代，文字的发明和应用，脑力劳动者和知识分子的产生，也不单能由阶级矛盾来解释。

技术的发展和应用还会改变妇女与男子的关系、家庭关系，并真正推进妇女解放。男女之间事实上的不平等，如不能同工或同工而不同酬，是有多方面原因的。其中的重要原因之一是许多劳动手段是妇女难以操纵的，例如在我国虽曾有过少数火车司机，但却不能扩大和延续。今天，面对着计算机、小汽车和自动化机械化程度高的操作手柄，以及大量的第三产业岗位，情况就大有区别了。在发达国家到处可以看到妇女开车，有人还认为妇女开车更有其优越性。由于妇女的就业机会有了很大的扩展，也就相应提高了妇女的地位和作用，从而也进一步发展了家庭中的男女平等；技术进步对男女平等所作的贡献，比任何宣言和口号要大得多。

电报、电话、无线电传真、计算机网络、汽车、飞机等，促成了人们之间的广泛的社会交往和社会联系，可以说，它们才真正使人作为社会关系的总和成为现实。马克思曾说过，人的本质并不是单个人所固有的抽象物，在其现实性上，它是一切社会关系的总和。马克思在这里讲的原意，是不赞成费尔巴哈撇开历史的进程，不赞成费尔巴哈关于孤立的人类个体的抽象假定，但我们如果从其转意去理解马克思的这段话，人作为一切社会关系总和的现实性，确实需要有技术手段和生产力发展的。设想如果没有现代的通信和交通手段，如果人们只封闭于狭小的田园中，社会关系的总和就真成为抽象了。

技术进步对人们日常生活的内容和水平有重要影响，并通过对生产方式的影响推进社会文明。在这方面，特别值得提及的是各种家用电器的作用，从某种意义上说现代家庭已经是技术化的（被技术全面武装的）家庭。不用讲发达国家，当今中国许多家庭中拥有和用上的电动机就会有10台以上，在冰箱、录音机、录像机、洗衣机、排油烟机、吸尘器、电扇、电唱机、指针式电子钟表、电动剃须刀、自动相机、家用切菜机、家用电脑、空调和电动玩具上都有电动机，当然有的乃是微电机。在今天，也许更值得注意的是家庭中拥有和用上了多少集成电路。

家用电器对日常生活和社会文明的发展意义巨大。在东南亚地区，夏季的炎热对人们的生活和劳动效率有很大的制约，热得不想工作和不能工作对社会经济发展很不利，但空调器的发明、应用和普及却可以改变这种情况，有人说近二三十年东南亚一些国家的崛起有着空调器的巨大功劳，可认为是“空调器文明”的表现，这种说法或偏于简化，但又确也有其道理。至于家用电脑对日常生活的意义，我们今天还难以做出充分恰当的评价，它在目前多起到家用书写机、打印机、学习机、游戏机和通信机的作用，随着电子购物、电子订票、电子阅读、电子翻译技术的完善和应用，微电脑将名副其实地成为人们生活的一种伴侣。多媒体化的个人电脑的普及，已经或将会使个人图书馆、个人影院、个人棋院、个人报刊等成为现实，从而更充分地满足人权需求和实现个性解放。当然，现代技术的个性化也会带来新的社会问题。

医疗技术与人们的日常生活关系更密切。人们生活中的生老病死的问题往往比衣食住行更为严重，更使人们操心和需要更大的花费，衣食住行的解决常常会要服从于处理生老病死。仅仅从保证、维持和改善日常生活说，医疗技术当然是最必要的，有积极社会意义的。在新中国成立前，我国婴儿死亡率高达

200‰，即每100个婴儿生出就有20个死亡，到目前我国的婴儿死亡率已降至约30‰（世界平均约为100‰，发达国家约15‰）这其中当然有医疗技术发展和普及的功劳。与此相关，我国的人均寿命在新中国成立前只有41岁，肺结核在那时就可以说是不治之症（痨病），而目前已达约70岁（发达国家的人均预期寿命为73～74岁），这也要归功于医疗技术的发展和普及。

四、技术与政治

技术不能直接决定和说明政治制度的性质、国家的国体和政体，甚至可以说技术是最为非阶级性、非政治性的现象，但恰好这个非政治性的技术却对社会的政治力量和政治格局，有着重要的、强有力的影响，乃至对尖锐的政治如战争起到有决定性的作用。现代的法律也越来越有更多的技术内容，越来越多地依赖于技术手段，技术正无孔不入地渗入到政治法律体系的每一个要素。

技术对现代政治的最大影响可能要算用它作为划分国家类别的重要因素，即按技术经济水平把世界各国区别为发达国家（developed country）和发展中国家（developing country），后者又被欧美人士称为不发达国家（undeveloped country，亦可译为未发达国家或欠发达国家）。尽管这种划分未必具有严格的政治学价值，却很难否定它对观察和处理现代国际政治关系问题的实际意义。人们在讨论世界形势以及在编制国际经济和社会统计资料时都涉及这样的划分，例如在我国的国家统计局历年编出的《国际经济和社会统计提要》（中国统计出版社）中，“发达国家”、“发展中国家”多在指标体系中出现。

本来，国家在本质上是阶级矛盾的产物和阶级统治的机器，我们历来也是从阶级斗争的观点来讨论国家问题，很少把国家的发达程度作为政治问题对待或从政治的观点考察。其实，即或是在古代，作为阶级专政工具的国家就与技术经济的发展密切相关。国家是最讲暴力的，也最讲威严、威力和实力，而国威、国力又最离不开经济力、技术力，在现代条件下，一个国家的威力和实力更取决于它的技术经济发展水平，从而使得国家问题和国家关系更为复杂了。我们当然不能在国家的阶级本质上有丝毫的模糊或动摇，同时又要注意到，无论是对于社会主义或资本主义的国家，都还可以从发达程度上再考察。

在当今世界，美国无疑是最典型的资本主义国家，又是最发达的国家。日本、德国等也是发达国家，但其经济的、政治的和军事的实力还不及美国，除了它们不及美国的地大物博，在较大程度上是由于它们在核电站、高级计算机、宇宙航行、大型客机、尖端武器制造等方面还不能与美国匹敌。同时，在当今实行资本主义制度的相当多数的国家，则还属于欠发达国家或不发达国家。有的国家的国民收入虽高，但主要依托于自然资源条件而缺乏现代化的技术体系和技术能力，仍不能进入发达国家行列。由于历史的原因，为数不多的社会主义国家今天仍是发展中国家。

基于此，在当今时代就既有资本主义发达国家与社会主义的发展中国家的矛盾，又有资本主义的发达国家与资本主义的不发达国家的矛盾，还有资本主义发达国家之间的矛盾，这些矛盾以及它们的交错表现于各种国际问题（如联合国的改组、南北对立、南南合作、中东和平、欧洲协同等）上，也表现于某些国家利用其技术经济优势来达到其力图控制他国的政治目的上，为此而实行附有政治条件的技术输出和资本贷款，技术手段常被用来作为“政治交易”的筹码。

技术对政治的影响集中表现于军事方面，军备一是要钱，二是要技术而且是要各个时代的最先进技术。古代社会最先进的金属加工技术不是制备铁犁铁锄，而是加工刀剑，近代和现代的军事领域的“革命”，即由冷兵器过渡到热兵器，再过渡到核兵器、电子兵器更直接地与尖端技术应用相关。现代战争不仅在战术上有电子对抗（电磁的干扰与反干扰），而且在战略上是电子技术的对抗。美国在海湾战争中的军事胜利，可以说主要是靠尖端电子技术取得的。美国可以对世界各地政治问题发表意见，可以参与世界各地的政治行为，是其自恃有头等的技术实力、经济实力和军事实力。在国际关系中，与技术紧密相关的制陆权、制海权、制空权及制波权、“制网权”的强弱至关重要。

对于社会主义国家，尽管其阶级本质决定着它不会以军事称霸和充当世界警察为政治目的，也不会执行以核威胁和军备竞赛为主要内容的外交政策，同样也有要增强技术实力、经济实力、政治实力和军事实力的任务，因而必须要通过科学技术的现代化、工农业的现代化来促成国防的现代化。科学技术现代化的重要目标之一，是为实现国防现代化服务，即要履行自己的政治功能。当然，这种服务或政治功能的实现可能是较间接的，即科技现代化为振兴经济打下基础，从而在根本上有助于加强国防；也可能是更直接的，即科技现代化中包括研制军事手段的内容。

在讨论技术与政治、技术与国家时，多次用上了“实力”一词。这里的观念多少有点不同于传统，我们曾经较多地讲过，一种阶级统治，一种战争行为，在历史评价上有革命、进步与反动、倒退之分，有正义、合理与非正义、不合理之别，而进步的、正义的事业是必然会成功和取胜的。这种看法当然是对的，从历史发展的根本趋势或总趋势看尤其是对的。但我们却相对较少地讲到政治，国家最讲实力，也较少研究技术实力、经济实力、政治实力、军事实力的相互关系，有时甚至会过高估计人多势众，对技术精兵估计不足。

技术的政治功能，还表现于它是推进政治民主化的手段，或对政治民主化有积极影响。技术对法律的完善和实现有重要作用，这突出地表现于诸多“技术法”的形成。历来，法律主要是约束和调节人们的财产关系、经济关系、政治关系和社会公共关系的，民法、刑法长期以来就是这些方面的规范，是有阶级内容的规范；但是，自 20 世纪以来，法律规范却日益渗入了技术的或人与自然关系的内容，这主要是指诸多有关专利和知识产权保护的法律的产生和完善，以及资源法、矿产法、水法、森林法、食品卫生法、野生动物保护法、环境法等的出现。

技术要素和技术活动进入法律范畴是历史的必然，任何国家、任何阶级，如果没有清洁的空气和水，没有必须的森林和矿产资源……就都无法存在下去，自然也就无法维持自己的统治、利益和地位。技术性的、以约束人与自然的关系为主要内容的法律规范的产生和完善，是历史的进步。

现代技术还为法律的监督、取证和执行提供了重要的保证手段。奴隶制和封建制条件下的秩序是靠棍棒来维持的，法律法令从属于人治，而且，那时的诉讼案情也相对简单，很少能用上技术侦察、技术鉴定和技术甄别。资本主义制度的一种进步是要实行法治，尽管其法律的宗旨是从根本上有利于富人的；但要讲法治，就要讲证据及其确实性和可靠性，就必须有科学的技术鉴定，现代的“官司”情结通常颇为复杂，证据的获取和鉴别更为重要也更困难。今天，不仅事关专利、知识产权的律师必须具备相当的科学技术知识，所有的公、检、法部门人员都会与技术鉴定工作相关。

政治是一个广泛的领域，可以说，凡属需要有少数服从多数原则的活动，凡属需要有行政管理程序的活动，都有广义上的政策性或政治性。政治的民主化，与实现少数服从多数密切相关，而真正的少数服从多数如无记名投票，是难以靠举手、画圈和唱票来实现的，一项“小小的”、“纯技术性的”工具——电子计票，却成为了实现代表意志的重要手段。只靠技术，并不能保证政治民主，也不能只靠技术来保证行政的廉洁和管理的公正、公平，但把不会讲情面又严于律己的微电脑请来参与行政管理，至少可以增加一点走后门困难。

谈到技术的社会政治作用，不可回避对所谓“技术统治论”（technocracy）思潮的问题。技术统治（也有人叫“专家政治”或“专家统治”）的思想由来较早，但影响较大的是美国的经济学家和社会学家凡勃伦（T. Veblen，1857～

1929)，他在《工程师与价值体系》、《有闲阶级论》等著作中揭露了商业巨头的寄生性消费，以金钱原则统治一切，认为工程师则是体现物质生产和技术进步的阶层，为了解决工程师和实业界之间不断增长的矛盾，必须实现“工程师革命”，使社会权力从实业家手中转交给工程师。

由于在20世纪30年代初美国正陷入深刻的危机，且当时美国的科技专家已为数较多，凡勃伦的思想在当时有较大影响，他的《工程师与价值体系》成为畅销书多次再版。在这一时期曾有点声望的“技术统治运动”中，凡勃伦的支持者H·斯科特领导建立了“技术统治联合会”，声称自己是“向贫穷、生活无保障、疾病、没有文化的现象作战”的“新美国技术大军”，1933年在芝加哥还成立了“技术统治党”。

尽管早期的技术统治论思想有其进步的方面，但由于它缺乏必要的理论依据，视野局限于社会上层且观点自相矛盾，在风靡一时后很快就退化了。技术统治论有点像“科学救国”论，其致命缺陷是把科学技术看做是能直接决定或根本改变政治制度的力量，至少是过高估计了科学技术的社会意义，而不了解统治乃是阶级专政的国家政治，是由经济基础即社会生产关系决定的。技术从来也没有根本地决定政治统治的性质，不仅在奴隶制、封建制条件下没有技术统治，在资本主义制度下没有技术统治，在社会主义制度下社会权力也并非是技术统治。

当然，在现代，无论是在资本主义国家或社会主义国家，具备科学技术知识都是担任社会公职的必要条件，有一些科技专家又转为社会政治活动家，这也可看作是技术对社会政治活动有所影响一种表现，并有不可忽视的意义。事实上，由于技术比科学更与社会经济相关，工程师从政的比例会略大一些，也会更受欢迎些，当然工程师的人数也比研究员多些。

但是，一个曾经是冶金工程师或计算机专家的人成为州长、部长或总理，首要地并不在于他是科技专家，而在于他能从根本上代表某阶级的利益，对他的活动（包括竞选、应考）中用得最多的并不是技术的专业知识，而是在实践中学到的政治智能。在我们选拔干部时，有过工程师经历常被认为是符合知识化的条件，而头一条则是要讲政治，要革命化。

五、技术与文化

通常认为科学是更加与文化相连的，如要求人们学习科学文化知识，但技术也常与文化并列，从文化的层面研究技术还成为选题的热门。文化涉及广泛的领域，是一个大概念，技术包括多方面的活动，也是大概念，这两大范畴的内容交叉使问题更为复杂。

从技术的社会作用讨论文化，至少可以有三种角度：一是研究“技术是文化”，技术作为物质文明组成部分的文化特点；二是研究“技术的文化”，包括所谓“汽车文化”、“电视文化”和“计算机文化”等“技术文化”，以及与技术活动密切相关的“工匠文化”、“机器文化”；三是研究“技术与文化”，如技术与艺术、技术与伦理之间的相互关系。本节只能从一般意义上泛论技术发展对社会文化的影响，侧重于技术活动对人们的心理习惯、思维模式和思维方式的影响。

第一，对当代技术文化和技术作为文化手段的研究有很重要的意义，尤其应当充分评价现代信息技术的文化功能。观念形态、知识形态的文化离不开信息，可以说信息技术是名副其实的文化技术，信息技术本质上是文化技术，古代的印刷术是文化技术，现代的广播技术、电视技术、计算机技术以及传真技术、复印技术也是文化技术。

文化从来是与文字相关的，文化成果和文化传播必须要有书刊、阅读，文盲几乎可以认作是没有文化的同义词，阅读能力低也就是文化程度低，在当今识文断字仍是文化的基础。然而，广播、电视却为人们打开了图像文化和语言文化的新天地，它不仅使大学教授、国家总统能从此获取知识信息，而且特别成为文化水平不高的人们的知识工具。广播已是目不识丁者也可利用的文化手段，电视更是专家和文盲共赏的声像技术，广播电视的可贵正在于它们乃是平民文化。

对于经济文化落后的发展中国家，广播电视对于提高人们的知识水平、扩大眼界和文化享受有特殊重要意义。即或在发达国家，由录像、录音、声像处理发射技术武装了的电视教育体系，仍是必不可少的。实际上，至少在20世纪80年代，除了美国、加拿大和澳大利亚，世界各国的居民中有80%以上的文化程度在大学水平以下，广播特别是电视在普及文化、继续教育上所起的作用，或许能相当于乃至会超过了“正规学校”。

文化发展从来是需要交流和继承的，文化的继承和交流离不开书刊、印刷和图书传递，缺乏图书馆、印刷厂必然就没有文化的繁荣。在当今、造纸、印刷、出版以及学术会议仍是文化继承和交流的基础，同时，计算机及其网络又为人们开辟了电子信息存储和传输的新领域，它使人们不出户就能进出于各个图书馆，或把图书馆搬到了自己家中；它使专家们可以不必专程赶赴会场；运用手指即与同行交流成就。

由于电子计算机的应用更便利于写作、编辑和排印，由于用多媒体技术能使教程、百科全书、电影和音乐会有声有色地纳入于一片光盘，由于专家系统还可以使经验智能永垂不朽，以及由于计算机辅助教学和把“虚拟镜像”技术（virtual reality）用于教学研究，计算机正大大加快着文化的发展。计算机对促进人类文化的贡献，或许只有文字和印刷术的发明才能相提并论。

第二，人们长期在某种产业部门，长期从事某种产业技术的活动，会自觉不自觉地形成和积淀为相关的职业习惯、思维方式和心理观念，或说可以产生某种“产业意识”或“技术意识”。这种意识主要与生产力、产业劳动方式相关，几乎与所有制、阶级矛盾无涉，它作为心理习惯潜存着，缺乏理论化、系统化，难觅其代表人物和代表著作。

长期在传统农业和手工业部门中、长期以手工工具进行劳作形成的观念、习俗和行为规范，可称为“手工意识”，就有别于长期在近代大工业中用机器劳作形成的理解、感受和心理，后者可叫做“机械意识”。手工意识与机械意识的不同，例如大致有以下几点：

其一，农业和手工业劳动有明显的个体性，一家一户就是一个经济单位和技术活动单位，相应的有小而全和“万事不求人”的习惯，近代工业则多有协作意识；

其二，传统农业和手工业技术注重经验技能，相应的多有熟能生巧和“一回生二回熟”的观念，近代工业和机电技术要求有物理科学素养，多有科技意识；

其三，农业在很大程度上靠瑞雪、风调雨顺，讲“天时地利”乃主要听天由命，近代工业则以造物、创作和建构为生命，多有创造意识；

其四，手工劳动要求心灵手巧，独具匠心，推崇才艺出众，“一招鲜走遍天”，容许各有所好，各显其能，而近代机械技术则必须有标准化、通用化、系列化的要求，有标准化意识；

其五，传统农业主要关心丰产丰收、丰衣足食，最怕歉收、多有丰足意识，乃至以量胜质，“有胜于无”，机电产业主要关心品种、质量，有精益求精的质量意识；

其六，除某些刀具需先磨几下再用，锄锹钳锤等手工工具，乃至牛马畜力，都可以拿过来就用，直至损坏或实在无法役使再换，相应的有“小车不倒只管推”、“新三年旧三年缝缝补补又三年”等观念，近代机械技术中则多有经常的保养维护意识、适时更新意识；

其七，传统的农业和手工业是自然经济，自给自足，崇尚与人无争，“酒香不怕巷子深”，近代工业在市场经济中发展，多有竞争意识。

可以设想，在现代，长期在信息产业部门使用计算机进行劳动的人们，也会逐渐形成某些特有的职业习惯，行为准则和心理观念，或许，在“手工意识”、“机械意识”之后，会有可称为“信息意识”的产业意识、技术意识。这里讲不清“信息意识”究竟有何特点，也许，人们重过程（程序）胜于重因果，重模拟胜于重解释，重智能胜于重实物，重系统（网络）胜于重分析，重多元胜于重统一等观念，有可能与计算机技术相关。

第三，技术的发展对社会意识形态（政治思想、哲学、艺术、道德、宗教观念等）也有较大的影响。至今的政治学说、政党纲领、总统竞选演说，都不能回避有关核技术、环境、能源利用的问题，都会涉及对重大工程（如“信息高速公路”、三峡工程）的态度，保护生态甚至已成为政治旗帜（绿党）。

现代技术尤其是医疗技术的进步深刻地冲击着传统的伦理观念，基因工程、试管婴儿的出现改变了原来的子代、亲代的划分，器官移植、危重病的抢救涉及复杂的法律和伦理问题，给医患关系增添了诸多的新内容、新问题，原来的医学伦理学正朝着生命伦理学转化。

现代技术影响社会舆论、伦理的最新“重大事件”与克隆技术特别是“克隆人”相关。关于这个问题已有不少新著问世，这里不再多说，只讲一点题外的话。对克隆技术可能产生的社会影响的描述，有些是“合乎逻辑”和“可以理解”的，如某甲对按他为原型克隆出来的另一个某甲之间该如何称谓。有些则是过于别出心裁和骇人听闻了，如再克隆出来一个或一些希特勒会如何如何，再克隆出来一位或几位爱因斯坦会如何如何，而且，这种情况似乎很快就会发生！不少人看了或听了这类描述，疑虑重重，乃至有大难临头之感。

这里的题外话是：技术评论，包括对技术的社会影响的评论，要以确切反映某种技术的真实状况为前提，而不要凭一知半解就去想象发挥，夸大或缩小。这也是本书应遵循的原则，当然，一个技术外行要做到这点是困难的，但应力求做到，尤其不该语不惊人誓不休和炒新闻。

其实，姑且不论克隆人在技术实现上有多少问题和困难，即或是有可能做到，最多也是克隆出与某甲在生物体上（生理上）相似的或一样的胚胎和初生婴儿，而不可能靠生物克隆技术复制出成年人和社会的人，不可能靠生物复制方法再造希特勒或再造爱因斯坦。实际上，那只“多莉”也是作为胚胎被克隆，再成为羊羔，从初生婴儿到有社会意识的人更远超出生物技术范畴。至少，从可以克隆出成年人为前提大做文章和做大文章，是做不出技术评论好文章的。

现代技术对社会科学的发展也有相当的影响，这表现于现代的人文社会科学研究中，与科学技术发展、高技术的应用和技术价值分析有关的课题和内容日趋增多，也表现于现代人文社会科学的“人类性”增强上。在人文社会科学中过去就有可称之为人类性强的学科，如语言学、逻辑学，但占主导的仍是以研究不同国家、民族、阶级和地区的问题为对象，不同地位和利益的人们在这种研究中经常意见分歧，即多有功利性、阶级性强的学科和观点。

随着与现代科学技术应用有关的全球性问题日益突出，人文社会科学探讨的课题和学科特点也有所变化。尽管造成全球性问题的责任并非人人都同样有份，但全球性问题的后果却是人人都难逃脱的，在这种情况下，不同国家、不同派别和学派的人们都会关注于人类生存问题，在人文社会科学中引入了“人类性课题”的研究，更加注重于生态经济学、环境社会学、环境法学、生态伦理学等“人类性学科”的发展，不同的人们在这类课题和学科中有着更多的共同语言，更易于沟通彼此的观点。

最后还要简要提及，现代科学技术影响人们的观念，现代意识形态有了日益多些的科学技术内容，这并不意味着自然科学和技术本身已成为政治思想、道德意识或社会学说，也不像法兰克福学派所说科学技术已取代了社会意识形态。哈贝马斯写的《作为意识形态的技术和科学》从书名看就不贴切。

严格地说，一般讲“社会意识”与特指的“社会意识形态”不同，前者泛指社会性的、反映社会存在的、社会人的观念性的东西，自然科学和人们的日常心理习惯都属于社会意识，后者特指作为上层建筑组成部分的、政治性的思想体系，在阶级社会中社会意识形态有阶级性。技术对这两者都有影响，但作用的性质、程度和形式有别，但技术本身不能归之为社会意识，更不是社会意识形态。

参考文献

贝尔纳 J〔英〕. 1982. 科学的社会功能. 陈体芳译. 北京：商务印书馆

黄顺基. 1997. 科技革命影响论. 北京：中国人民大学出版社

杰缅丘诺克 Э〔苏〕. 1987. 当代美国的技术统治论思潮. 赵国琦等译. 沈阳：辽宁人民出版社

吴光宗等. 1995. 现代科学技术革命与当代社会. 北京：北京航空航天大学出版社

张敏等. 1990. 科技进步与社会发展导论. 北京：中国科学技术出版社

第十章　社会对技术发展的制约

技术与社会的关系，至少可以用两种方式来讨论和说明，一种是分别地考察技术与经济、技术与政治、技术与军事、技术与艺术、技术与伦理之间的互动；另一种是以考察技术对社会诸因素的作用为基础，再来探究社会因素对技术发展的制约和影响。本书采用了后一种方式，略有区别的是在每一部分加上了总论性的一节，即前一章讲的关于技术决定论和本章的关于技术的社会制约论。

本章和前章先有一节概述，主要是考虑到只有技术与政治、技术与文化之类的各论，未必能讲清技术与社会的总体关系，即或再加上技术与法律、技术与教育、技术与心理等节目，仍未见得会构成整体把握。有一个关于技术决定论和社会制约论的概论，或许更符合技术哲学引论的要求——技术与社会的总体关系，应理解为是关于社会的技术决定论和技术的社会制约论的统一，它既不是一种技术的决定论，又不是一种社会的制约论。

一、关于技术的社会制约论

国内已有许多文献论及社会系统对技术发展的作用，提到社会经济、政治和文化诸因素会干预、控制、促进或推动、延缓或阻碍技术发展的规模和速度，左右技术应用的方向和程度。也有人更强调技术的发明一开始就是由社会的需要引起和决定的，技术的命运、技术能否熟化和推广应用决定于它满足社会需要的程度，技术创新的成败决定于是否有社会支持条件的保证。有人把这样一些观点概括表述为“技术的社会决定论”，以此来作为“社会的技术决定论”的对立面。

我国的大多数学者，包括在批评技术决定论的时候，没有采用“技术的社会决定论”的提法，而是讲社会条件对技术的影响、制约．本节也只用了“技术的社会制约论”这个模糊的概念。但是，正像我们有理由有条件地接纳“技术决定论”，我们也不该全然排斥“社会决定论”。甚或相反，还可以在承认技术的社会决定论的前提下来为技术的社会制约论辩护。

“决定”一词是可以在广义上使用的，应当说，凡属合乎规律性、必然性的作用，如引起、产生、控制、推动、阻碍或影响都是决定或决定性的，而不是非决定性的。无论是内因的作用还是外因的作用，也无论是甲对乙的作用还是乙对甲的反作用，都需要从决定论的观点看待，在这里更重要的不是要区分“决定作用”、“制约作用”、“影响作用”的词意，而是要对者种作用和影响作具体分析，指明是何种性质和何种程度的决定性作用。当然，我们在日常语言中可以把外因作用、次要作用称为“影响”，只是不要忘记，影响并不都是无足轻重和非决定性的。

“技术的社会决定论”是有理由的，它反映着：社会系统对技术发展和应用的作用或影响是重要的，而且常是重大、很大、巨大的。但如作具体分析，它却没有充足理由来与“社会的技术决定论”平起平坐——这两者中虽都有广义的决定，却又是互有区别的决定。正因为如此，“技术的社会制约论”的提法或许会更贴切和易解些。

社会需要、社会的经济、政治、军事等因素，对技术发展的动力、活力和能力等有重大的（广义说是有决定性意义的）作用和影响，但这并不是说社会条件能决定技术活动的一切方面，也不是说社会因素在任何时候都能左右技术的命运，技术的社会决定乃是有条件的，有限度的，是在其些方面和某种范围的决定性影响和作用。

前已提到，社会需要激发和引起技术发明，只有满足现实的或潜在社会需求的技术才得以形成、成长和发挥作用。然而，社会的需求无论有多么强烈、多么急切，又都不能在实质内容上创造出或产生出特定的技术。也如前所指出，人们早已有高效利用太阳能、根治癌变和预防地震的要求，但至今未见有相称的技术，甚至可以说，社会需要对技术活动的开展和技术成果的获取只作一般号召，并无具体指导，从具体技术内容看社会需要对什么也不能决定。

前也论及，技术总是不断积累、不断进步和高级化的，永远不会停留于某一水平上，人们对已取得的、行之有效的技术成果，只会不断改进完善，增加新的颗粒，而不会死抱住原有技术不放，更不会倒退到低效的老技术去。在这点上，技术与科学一样都是最有生命力、最活跃的因素，没有任何一种因素和任何一种力量能够阻挡科学技术的前进。

就这点看，科学技术的决定论是更有力的，无论社会制度对科技进步多么缺乏支持和热情，或多么严重地阻碍科技进步，都只会延缓科学技术发展的步伐或速度，而不会使科学技术中止积累和前进。在这里，技术有如生产力是最活跃、最有生命力的因素，生产力总是在不断发展并决定生产关系的性质和变革，生产关系可能妨碍或严重阻碍生产力水平的迅速提高，使社会经济停滞，但生产力和技术仍会有或小或大的进步。

技术的社会制约论得以成立，立足于确认社会条件对技术发展和技术应用有制约作用，这点似乎是很明显的、无可置疑的，但却不尽然。在这里，需要与埃吕尔提出的“技术自主论”观点作些辨析。

前面已一再提及埃吕尔的技术哲学思想，对于这位学者提出的观点，无论我们是否赞同，都应当认真对待。他在其代表作《技术的社会》和《技术的规则》中表述了有关技术自主论的观点，概括地说这主要有：

一是认为技术是自我决定的。技术能自我增长，自我扩张，技术进步是不可逆的。“技术的自身内在需要是决定性的。技术已经成为自我存在、自我充足的现实，并有自己的特殊法则和自己的决定论。”

二是认为技术能导致社会的变革，但经济和政治不是技术发展的条件，技术对于价值、观念和国家等来说是自主的。“技术对于经济和政治是自主的。我们已经看到，在当前，无论是经济的还是政治的进化都不能制约技术的进步，技术进步也不取决于社会形势。……技术会诱出和制约社会的、政治的和经济的变革，技术是所有其余东西的最初动因”①。他还讲到：“由于技术已成了一种新环境，一切社会现象便居于其中。说经济、政治和文化领域受技术的影响（influence）或调节（modify）是不正确的。倒不如说它们都处于技术环境之中，在这里有着一切传统的社会观念都在改变的新局面。”②

三是认为技术会自动选择，技术会选择人，但人不能选择技术，面对自主的技术人就没有自主性。“在社会中技术的活动越多，人的自主性和主动性就越少。”他认为，就技术的自我扩张这点看，技术创造乃是先前要素的自动组合，而较少有人的参与和作用；在完成技术操作的过程中，人必须没有什么事可决

① Ellul J. The Technological Society；Vintage Books，1964.

② Ellul J. The Technological Order. Mitcham C（edited）. Philosophy and Technology. The Free Press，1983.

断，但只能有很小的灵活性和首创精神，人的生理、心理条件都必须适应技术的要求；技术能够很好地完成复杂、精巧的操作，而人则是错误的源泉，例如10％的电话费是由于个人的失误打错了号。

对于埃吕尔来说，技术的自主性与人的自主性和选择性是不相容的。“在人自由的时候只能无技术。……技术必须把人降为技术动物，技术奴隶的国王，面对技术的自主性，这里没有人的自主性”。他认为，“由于技术的自主性，现代人不能选择他的手段，就像不能选择他的末日”，“技术的自主性禁止今天的人选择他的命运”。他还指出，人们的选择与其目的和信仰密切相关，但由于现代人的心理状态完全受技术价值的支配，他们的目的只能通过技术进步来实现，现代人的选择已经与技术过程不可分离，人的本性已受到技术过程的改变，因而人已不再能像过去那样自由地进行判断和选择了。

这里不能全面地评述埃吕尔的关于技术自主性的思想。应当说，尽管他有把技术的相对独立性夸大成为技术的绝对独立性倾向和缺陷，但就把技术的独立性发挥得淋漓尽致这点看，则远胜于先前的学者们。他提出了许多值得我们深思和研究的观点，例如，尽管技术的自我决定性使人们减少和损失了自由选择和单独行动的可能性，但怀旧和想返回到前技术社会去是没有意义的，使技术倒退、排除技术或阻止技术进步是不可能的。

然而，在技术与社会的互动关系上埃吕尔毕竟是陷入了片面性的困境，他鲜明尖锐地指出了技术对社会结构和政治权力的决定作用，却把政治、经济、伦理都纳入到技术系统和技术环境之中，至少是否定了政治、经济、伦理等也有其自身的相对独立性，从而也就排斥了这些社会因素对技术也有反作用。关于这些方面，在后几节再作略具体些的讨论。

埃吕尔否认技术的社会制约集中地表现于他否定人的选择性上，他认为人不仅不能自由地选择自己的环境和命运，尤其是不能进行技术选择。在这点上埃吕尔也是既有理又欠理的，我们则既不能作彻底否定又不能全盘接纳。

确实，人们对技术是有不可选择的方面的，人来到世界上就面临着历史形成的、既定的技术环境，而不可能超越已有的基础去自由挑选。在今天，就一般情况说，快捷远行的唯一选择是用飞机，夏日食品保鲜的最佳乃至唯一的选择是用冰箱，建构高层建筑的唯一选择是用钢筋水泥构架，为了特定的产品和工程实施，技术上只有唯一选择的实例不胜枚举。当然，唯一选择和必然选择也是一种选择，不作这种选择就只会碰壁和失败，能否说“唯一选择”也就是别无选择和无可选择，或就是埃吕尔说的不能自由选择呢？

人们不能自由地选择自己的技术基础和技术手段，有如马克思针对生产力说的："人们不能自由选择自己的生产力——这是他们的全部历史的基础，因为任何生产力都是一种既得的力量，以往活动的产物。"[①] 那么，人们不能自主地选择自己的生产力和技术，技术和生产力有其自主性和不可选择性，这是否就意味着现代人只是技术的仆役而根本不可能有技术选择，而如果仍有选择的可能，那么，这里会有哪些选择，这种选择又取决于什么条件和因素。

为了有助于说明技术的社会制约，对以下一些方面的问题需有所分析论证。首先是人对技术既不能全然自由选择，又有某些选择的自由和余地；要继承的技术基础或在技术上要接受的"获得性遗传"难选择，在技术创新的方向上需选择又可选择；对具体技术的内容、程序和规则难选择，对在何种场合、何种程度上去应用该技术要选择；对技术方案的执行措施难选择，而技术发展的战略和技术政策则必须且可以选择。无论是国家、部门和企业都有其技术选择的任务，工程师、企业家都要有进行技术选择的能力。

而且，从更根本的意义上讲，技术既然是人们创造出来的，人们对于技术就不会毫无一点作为，就不会一点也不能影响或调节。埃吕尔在界定技术时既讲"它是人造的"，又讲"它是独立于人的一切干预而自我决定的一个封闭机体"，这本身就是费解的。

我们既认为技术是人造的，又认为人在多种情况和相当程度上可以干预和选择技术，自然就又出现了从何选择、如何选择及哪些因素与人的选择有关的问题，这里显然不仅有技术本身的因素，不限于有人的生理、心理、伦理的因素，更根本的乃是人们的社会关系因素，经济、政治的因素。确认和阐明社会系统和社会诸因素对技术和技术选择的影响、干预，也就是技术的社会制约论。

二、经济与技术

用尽可能少的文字简要讨论社会经济对技术发展和技术活动的一些作用。

第一，技术的发展需要生产力。科学技术是生产力，科学技术是第一生产力，这是从科学技术的功能、科学技术对生产所起的作用讲的；但就科学技术活动的基础、源泉和条件说，科学技术的发展首先要依赖于生产力，且只有在科学技术在得到生产支持而得以发展的前提下，科学技术才得以发挥生产力作用或成为第一生产力。在现代，在强调科学技术的第一生产力作用时，不可忽

① 马克思恩格斯选集（第4卷），人民出版社，1972。

视科学技术本身的发展首先或第一又需要生产力。

技术对经济的贡献和经济对技术的支持是“互惠”的，社会经济和生产要下本钱去“培养”技术，给技术“贷款”（广义的），技术才能回报于社会经济和生产。经济和生产对技术进步的支持也应当有适当的定量标准，例如对于国家和地区（省市）要衡量其研究开发经费占生产总值的份额（R&B/GDP），对于企业要衡量其技术开发经费与销售额的比例。不同时期、不同国家、不同行业和不同企业，对于技术进步的支持强度是有较大区别的。现代的主要发达国家的研究开发投入约占国民生产总值的比重约为2%，世界百强企业的技术开发投入约占其销售额的10%，而发展中国家和一般企业的这两个比例均低。我国在这个问题上的弱点一是在相当时期缺乏对研究开发投入强度的社会统计，且国家的R&D/GDP和多数企业的技术开发投入与销售额之比均不足1%，难以保证科学技术真正成为第一生产力。

第二，市场决定技术的命运。这里所说的市场包括技术市场，又不限于技术市场的市场，而是泛指市场经济的市场，或满足对科技成果用户的需要。

一种技术特别是新技术，是可能诱发或创造社会需求和新的用户的，并因为能满足用户的需求即市场需求而使该技术被普遍采用推广，但是，并非任何的新技术或先进技术都会自然而然地、自主地、决定性地打入市场，而未被市场接纳、认同或赏识的技术就难以得到支持，事倍功半乃至劳而无功。在这点上，日本的技术评论家森谷正规的一句话十分重要——“没有市场，技术是成长不起来的。”①

在这点上技术与技术成果也有不同于科学的特点。在科学上只要是历史上没有的、新的和达到先进水平的就是好的，必定是大受赞赏的，技术则不仅要有新颖性、先进性，只有这两性连专利也得不到，更谈不到专利被应用。科学成果尤其是基础科学的成果，几乎是不费分文就可以得到和利用的，正如马克思指出的，科学的力量也是不费资本家分文的另一种生产力；电流作用范围内的磁针偏离规律，或电流绕铁通过而使铁磁化的规律一经发现，就不费分文了。从科学成果可以几乎无代价地传播、被接受和被利用着，确实可说科学有其馈赠性。

但技术成果就不同了，它主要地不以观念或知识形态存在，而是表现和凝结于实物中，且大量和经常集聚于商品中，人们在市场上购买某种产品，同时就认同了创造它的技术，反之，某种商品在市场滞销，也就意味着与之相关的

---

① 〔日〕森谷正规著，吴永顺等译，日美欧技术开发之战，科学技术文献出版社，1984。

技术未被充分接纳。就此而言，不仅技术市场上的技术是要花钱去买的，一切民用技术都要人们在市场上花钱去买，商品有销路和技术有前途命运与共。

正因为这样，才需要强调技术和技术工作者要适应或顺应市场需求，要具备经济意识和市场观念，而不能只关注于技术的自主性和先进性。正因为这样，才需要强调技术创新要以企业为主体，以市场为导向，以经济效益为目标。也正因为这样，科技研究才需要面向经济和产业，才有科技体制和教育体制的改革。

这里涉及技术进步的政府导向（或计划调控）与市场导向的关系问题。下面将会论及对于科学技术的发展来说国家和政府的作用是极为必要和重要的，市场导向的科学技术有其“严重的”缺陷和弱点。但是以政府为主导进行的科学技术活动也是有“严重的”缺陷和弱点的，其中之一就会在相当程度上影响科技与经济、科技与产业的密切结合，美国《科学》杂志主编布尔逊说过一段会有争议、又引人思索的话：“一旦在大学开展研究的人能任意地从政府手中获得资金，当然就会产生一种完全没有必要与产业界打交道的心情，所以政府提供大量资金，会使大学脱离产业界甚至会把两者的接触减少到最小限度”。① 从这点看，减少政府对某些科研院所的投资，或会有助于科技与经济、科技与市场的结合，有助于技术进步和技术创新。

市场导向的技术发展的重大长处是它更为重视产业技术和技术的产业化，更能促进生产物美价廉且有一定批量产品的技术，更加要求形成现实的、成熟的技术。日本的技术开发就是以市场为主导实现的，尽管它在远程客机、航天飞机、人造卫星领域未有巨大的成果，从在产业技术开发上，在研制和生产物美价廉的产品上，却有了世人瞩目的业绩，日本的许多科技专家、经济专家都自豪地讲到这点，特别是讲到日本诸多的轻、薄、短、小的家用电器和其他日用消费品，与以市场为主导的技术开发的关系。

第三，经济的竞争与协同都能促进技术进步。

经济的竞争是通过多种方式进行的，开发和利用先进技术是竞争的最有力武器，自由竞争有利于新发明的产生和应用，而垄断和垄断性的部门则会对技术和服务的改善持消极态度，乃至把新技术搁置不用。列宁曾经指出，垄断“在经济上也就有可能人为地阻碍技术进步”，但他同时又指出：“在资本主义制度下，垄断决不能全面地、长久地排除世界市场上的竞争。当然，用改良技术

① 〔日〕森谷正规著，吴永顺等译，日美欧技术开发之战，科学技术文献出版社，1984。

的办法可能降低生产成本和提高利润，这种可能性是促进各种变更的。”①

竞争推动技术进步，当然这里只讲正当竞争。同时，经济上的协同、协作和联合也是技术发展的动力。单项的发明就是以人们的社会协作为条件的，马克思在《资本论》中就提到，“18世纪的任何发明，很少是属于某一个人的”。在现代条件下，技术的开发和研制更需要有多方面的合作，如产、学、研联合，重大的技术经济项目还需要有国际合作。在美国、日本等发达国家，许多大公司、大企业之间都不仅有竞争，而且有技术上的联盟，只是我们多讲竞争促进技术，对“技术联盟”却研究不够。

与技术上的协同和联合有关，还可以讨论人们之间的“技术关系”对技术活动的影响。所谓技术关系是指人与人之间、集团与集团之间受技术过程的自然本性制约的社会关系，例如手工技术领域的师徒关系，总工程师与其他工程师的关系、技术人员之间的匹配、总公司与下属各专业化协作工厂的关系、各专业化工厂和车间的配合。人们和集团之间可能既有由财产所有权规定的社会经济关系又有技术关系，也可能主要或仅仅是技术关系。

问题是，不仅社会生产关系或财产关系能推动或阻碍生产力和技术的发展，技术关系的状况也有加速或延缓技术发展的作用。为了有利和有效地进行技术活动，还必须经常地调整技术关系，使之适应于技术过程的特点和要求。可以认为，我们通常进行的技术管理，基本的内容是对技术关系的调节，现代的技术管理主要是要使技术关系符合社会化的要求。

三、技术的国家干预

技术本身是非阶级性、非政治性的，但技术却受到阶级、国家的特殊关照，政府对技术的干预、控制和投入已远超出了它给艺术和文化教育的待遇。可以从诸多的论点和事例来说明阶级斗争、社会革命、民主政体和舆论导向等政治因素对技术发展的重要作用，这里着重于讨论为什么国家要干预技术发展和怎样干预技术活动，技术为什么需要国家的干预，技术作为国家的事业有什么社会历史意义，以及国家干预技术过程的限度和条件。

第一，国家和政府介入技术活动是历来（有国家以来）就有的，从古至今和从中到外并无例外，只是程度和规模不同罢了。没有哪一个阶级，无论它是

① 列宁选集（第2卷），人民出版社，1972。

进步阶级或是反动阶级，没有哪一个国家，无论它是民主政体或独裁政体，可以不关心、不利用、不干预、不管理和不控制技术，不或多或少地给予技术投入。

有一种观点认为，只有资产阶级才必须做到关心技术的发展和应用，资本家离开了技术就无法去唯利是图，无法过日子，而先前的一切统治阶段，奴隶主阶级和地主阶级，乃是靠土地、棍棒的超经济强制来维持其地位的，奴隶主、地主不关心和不依靠技术进步也能活下去，不重视技术是封建社会传统。

这种观点是有理由的，旧社会的土老财和大贵族根本不想以技术作为致富的手段，也不把手工技术的改进放在眼里，技术、技能只是下等人的事情。但这种观点又有点片面，奴隶主与奴隶主阶级国家毕竟是有点区别的，封建制国家作为地主阶级根本利益的总代表，其行为也有别于一个个地主或地主个人，包括对技术活动的态度在内。无论是奴隶社会还是封建社会的国家，都必须干预和实际介入了技术事务。

国家及其政府出于多种需要必须关心和干预技术活动。国家作为阶级专政的机器必须是有实力、威力和手段的，国家在实行防卫和实行侵略（剥削阶级国家）时，也必须是有实力、威力和手段的，国家为了掌握巨大的经济实力、政治实力和军事实力需要有技术、用技术，国家为了显示其权力、权威和威力需要有高级技术、用尖端技术，军事技术历来都是该时代的最先进技术。在奴隶制国家和封建贵族国家还需要有宫廷的手工技术、园艺技术、御医技术。

国家必须干预技术活动还出于执行社会职能的需要。对于这一点，恩格斯讲过一段非常重要的话："政治统治到处都是以执行某种社会职能为基础，而且政治统治只有在它执行了它的这种社会职能时才能持续下去。不管在波斯和印度兴起或衰落的专制政府有多少，它们中间每一个都十分清楚地知道自己首先是河谷灌溉的总的经营者，在那里，如果没有灌溉，农业是不可能进行的。"[①]任何国家为了持续地实行其政治统治都必须执行社会职能，而执行社会职能就又都必须干预、控制技术，只不过有强度和力度的不同罢了。

自从有国家以来，国家就是水利工程及其技术的组织实施者，古埃及的历代王朝都重视兴修水利，李冰父子主持兴建都江堰与李冰任蜀郡守相关，罗马帝国不仅建造宏伟竞技场等以炫耀国力强盛，还大规模兴建道路和城市引水排水工程。现代的资本主义国家也不仅因为进行军备竞赛和研制导弹需要发展和利用技术，在兴造公共设施、高速公路，在防止和治理环境污染等社会职能执

① 马克思恩格斯选集（第3卷），人民出版社，1972。

行上也需要技术；并达到了相当大的规模。

第二，技术需要国家的介入。

上节讲到技术需要市场经济，以政府为主导进行的科学技术活动有严重的缺陷和弱点，其实，以市场为主导进行的科技活动也有其缺陷和弱点，科学技术的发展需要有政府干预。

市场导向是要讲成本、交易、利润的，是以企业为主体的，市场导向的研究开发的重要标志是由企业部门提供技术开发经费，在许多国家的R&D总经费中企业提供的比例甚大乃至是主要来源。例如在20世纪80年代，在日本、德国和“亚洲四强”等国家和地区，源于企业部门的经费占其研究开发总经费的60%以上，只有不足40%源于政府部门的投入。

但是，并非所有的工程、产品和服务及其相关技术都可以讲成本和利润，也并非所有的社会经济活动及其相关技术都需要并可能以企业为主体。至少，公共技术、军事技术、巨型技术是应当和只能由政府主导来承担、来组织实施的。世界上有不少国家，出于不同原因（或经济不发达，或军事任务重，或计划调控比例大等），政府部门投入乃是其国家的研究开发总经费的主要来源。在美国、苏联、法国、意大利、印度、巴西和中国，在20世纪80年代的R&D总经费中，来自政府部门的均占第一位，超过了企业部门。

公共技术的发展和应用有相当的特殊性。尽管某些段落的公路或某些频道的电视可能有偿使用，但终究不能把所有的道路、广播电视或修建一座海上灯塔纳入市场经营的范围。尽管邮电通信和医疗卫生服务是要收费的，但它们毕竟又区别于以赢利为目的产品推销的企业行为。诸如此类的公共事务及其相关技术，必须由政府来主持和组织其发展。

军事技术的发展需要政府。尽管某些武器可进入市场买卖，但整个军事技术特别是尖端武器的研制却不是按成本利润效益进行的，而只能是以政府为主导的活动。而且，这里所说的军事技术还不仅是研制武器，还包括一切与满足军事需要相关的科学技术，它们的发展都需要有政府的主导作用。

大型、巨型技术的实施需要政府。现代科学技术的活动规模巨大，无论是回旋加速器的研制、可控热核聚变能源开发、人类登月、海洋开发、航天飞机计划、消除艾滋病、极地考察，都不是由市场导向的企业能进行的，即或能有利可图，企业也拿不起，何况连收回成本都无保证。在这样的一些领域，必须和只能靠政府来支持和组织实施。

即或是民用技术、市场技术和企业技术的发展和应用，也需要有政府的干预和控制，至少要有国家在法律上的保护。各国政府都制定了有关保证科技投入、科技合同的执行、专利和知识产权、反对不正当竞争和技术监督等方面的法令法规，它们对于保证科技活动的有序开展，科技成果的合理利用，科技人员的各尽其才，都必不可少和有积极意义。

这里特别值得一提是专利制度和专利法。专利一开始就是由政治统治赋予和认可的权利，在14世纪时英国国王就把商业上的专卖权赐给宠臣。到19世纪英、法、德等资本主义国家改革了旧的专利制度，否定了贵族特权，制订了有利于技术进步的新的专利法。分析地说，专利法一方面是有利于技术发展，规定必须有偿使用专利发明，另一方面又有利于技术应用，规定发明专利必须在一定时期内得到实施，否则即取消。专利制度对技术进步起了非常积极的作用，资产阶级在技术史上起了非常革命的作用。

市场导向的科学技术要受国家法律的制约，还要受到政府政策的宏观调控。任何一个国家的技术发展都不能仅仅依靠自己的力量，还须实行技术引进，技术引进的范围和措施就不能都由企业自主，而要受到政府控制。国家实行对外封销的政策或开放政策，对企业的技术创新有重大影响。

企业的技术人才尤其是高级人才，是不可能只靠企业部门自己来培养训练的，也不能只靠私立学校造就，这里也需要有政府行为和国家教育。在世界各国都有国立的理工科大学，美国国会通过的“土地赠予法”（规定各州把出卖土地得到的钱用于建立农业专业学院），对技术教育有深远的影响。

在社会主义条件下，国家对技术领域的介入更有其特点。不仅有政府主持的发明奖、科技进步奖，企业的技术创新也是政府倡导、扶植下进行的。

第三，国家干预和介入科学技术事业有重要的社会意义，这乃是技术的社会制约论的重要论据之一。

埃吕尔在反对政治统治会决定技术时，特别指出国家不能影响技术，在他看来，“如果国家介入技术领域，不管这种介入是出于情感的、理论的理由，还是出于智力的理由，这种介入的结果都将是否定的或无效的”。当然，国家对技术领域的干预控制作用是有正负之别的，但一是要肯定政治对技术的制约，二是要确认这种制约是会有效的。

国家的干预和介入，首先是对科学技术本身的发展和进步有重大的作用。一项新的、特别是开创性强的科技项目在起步时，是既需要相当的资金投入又无效益产出并难以预计产出的，除了偶尔会有某位聪明、高明、开明的企业家愿承担风险资助，争得政府支持常是必选途径，而政府投入是更多考虑长远价值的。由于与军事需求相关的研究开发可以很少乃至几乎不顾及成本的经济效益，常会提供科学突破的优惠条件，近现代的许多创新成果如核能利用、计算机、人造卫星等，就是首先由军需引出，尔后才转为民用。在一些场合，为战争做的准备却有益于和平利用，矛盾，但却是现实；可以说，国家介入对现代科学技术功不可没。

正确评价国家干预对技术进步的作用，有助于全面理解科技工作的政府导向与市场导向的关系。企业技术或产业技术的发展和应用是必须以市场为导向的，主要由政府指令来进行的企业技术创新和技术改造，脱离了市场的指挥棒，往往陷入技术虽新，但产品无销路、经济少效益和技术再萎缩的困境。然而，如果仅仅只强调科技与市场的结合，忽视了政府的介入和调控，公共技术、大型技术、高技术和基础研究就发育不起来，产业技术的发展也会处于无序状态。

国家干预和介入科学技术领域，是科技活动社会化的标志，而且，这种社会化正在扩大和强化。可以设想，今后，公共的科学（科学本性上是公共的）、公共的教育（如义务教育）、公共的技术（如计算机网络、信息高速公路、环境技术）等，还会有进一步的发展，并会影响到整个的社会生活和社会结构。

第四，政治、国家对科学技术活动的干预和介入是有限度和有条件的。公共技术、大型技术、尖端技术需要政府支持同时也就是国家干预的某种界限。作为国家特别是较大的、历史较久的国家总是要有国威和国际地位的，技术落后、经济落后不仅会难以自立于世界民族之林。还会受欺侮、受歧视和挨打，为此必须要有“国有技术”或“国营技术”，至少要有国家技术项目。但是，对于一般民用产品企业及其产业技术，政府没有必要也很难进行直接控制和管理，在这点上亦应有政企分开，更无需把民用产业技术的进步作为政治较量的砝码。如果要求企业以提供样品、展品和礼品来显示政治上的优越性，就会阻碍企业具有自主的技术和自主的经济，从而无助于国家整个经济的发展，这样的政治介入就会真像埃吕尔所说是否定和无效的。

同时，国家得以干预和介入公共科学、公共技术，是要立足于整个国民经济包括各企业部门发展的。在一些情况下。为了发展“国家技术”，还要以更大的精力去促进“民间技术”，投入过多物力财力于军需技术、尖端技术，甚至会导致国民经济和国家陷入严重困境。对于经济不甚发达的国家，对于发展中国家来说，国家对科学技术活动的介入程度，特别是对于大型项目、尖端项目的选择更必须量力而行，确实可能进入世界一流或填补空白当可争取，有的只能甘居第二、第三乃至暂时放弃。

国家干预和介入科学技术领域的一个重要条件，是要制定和执行合理的科学技术发展战略、政策和规划，进行正确的、有远见的技术预测和技术评估。美国的曼哈顿计划、阿波罗计划，以及我国 20 世纪 50 年代的土洋并举方针，80

年代的“863 计划”、“星火计划”就是属于科技战略性质的。在三峡工程的可行性论证中，就有着大量的技术预测和技术评估。

技术战略、技术政策、技术规划、技术预测和技术评估，是科学技术管理学研究的内容，又都与对技术发展规律的把握相关，会涉及基本的理论分析（如对“中间技术论”、“适用技术论”的评价），并要有方法论的指导。技术预测常常会不准确，技术评估常常会不全面，需要从理论观点上总结经验。这些方面都与技术哲学的观点相关，乃至可以认为是技术哲学的应用研究。

四、观念文化与技术

文化对技术发展的制约表现于诸多的方面，制度文化、物质文化、观念文化都对技术活动有重要影响，在观念文化中，科学文化、意识形态文化（如艺术、伦理）与社会心理习惯对技术的作用又各有不同。本节除泛论文化对技术的意义，并简略讨论社会心理、技术意识是何以及如何制约技术发展的。

第一，需要界定文化对技术影响的尺度。近 20 年来，文化热在理论界持续不减，其中包括着许多人热心于讨论文化对科学技术发展的影响，讨论西方文化与东方文化在科学技术影响上的区别，讨论中国的传统文化或文化传统与近代科学技术的关系。在这种讨论中有不少论著分析了中国的传统文化是有碍于近代科学技术产生和成长的，是近百余年中国科学技术落后的重要原因，本节还会继续这个讨论，包括“指责”不利于技术进步的传统观念，“揭示”传统文化的弊端。

但是在已有的探讨中，有的文章或许让文化传统对我国近代科技落后承担了偏多的责任，例如较多地论及独尊儒家、崇尚理学、重农抑商、重义轻利、重仁义轻自然、官本位等观念的消极影响，而较少从经济的、政治的因素去考虑问题，较少说明资本主义经济的萌芽被扼杀、民族纷争、外强入侵乃是近代中国科学技术落后的根本原因。

对于文化的技术影响有一些值得从理论上研究的问题。例如，与上层建筑联系较为密切社会文化怎样会作用于与生产力紧密相关的技术，民族差异鲜明的、特殊性强的传统观念怎样会作用于通用性、普遍性强的技术，为什么经济、政治、军事对技术的发展有强制约、显制约的作用，而文化对技术的影响相对说是弱制约、潜制约的。对这类问题的研究，会有助于说明文化对技术作用的性质和程度，有助于说明哪些文化因素从哪些方面影响技术活动，有助于明确文化制约的基础和前提。

第二，就观念文化看，对技术领域影响最大的是人们对于技术、技术活动、技术职业的认同程度，人们关于技术价值的社会心理和习俗观念，或简称人们的技术价值意识、价值观。在这一点上，可把日本的“现场优先主义”与中国的“秀才传统”作点比较。

总结近代日本技术发展的书多提到，“日本的技术具有重视现场的传统。企业对生产现场不断投入优秀的技术人员，因而有能力的技术人员甚多。”“日本型工程师首先是生产现场的实际指挥者，必须是能解决车间问题的人。”作者在一篇文章中也着重介绍了日本的“现场优先主义”，讲到“日本的工程技术人员大都亲身参加实践，以解决现场实际问题为己任，以手上有油污为本分。”日本近代早期的工程技术人员多属以往的下级武士出身，而下级武士虽依附于藩主，又大都在经济上、生活上较接近于平民，要参与一些农业或手工业劳动来谋生，因而更重于务实而轻空谈，他们中一些人在明治维新后步入工程技术领域，并延续了这种现场优先，首先是重视而不鄙薄技术工作，和更注重于要有动手实践的能力和效果，而不只读书本和迷信条文。

在中国的历史文化传统中，虽也有对一技之长的师傅的尊重，有“家财万贯不如薄技在身”的警言，但长期占支配地位的乃是当秀才读书做官，只动口（读书）而不动手（实践），以手上有油污为低下。当然对于以读书求功名，由科举封官职的“秀才传统”也需要一分为二。从政治上说，它有民主性，乃至可把古代的科举制度看做是封建民主的高级形式——除了皇帝子继父位，其他人都不得子继父官，当官都要经过统一的科举考试，而至少在形式上人人皆有参考的资格，人人皆有成为秀才或中举的可能。然而，对于科学技术来说秀才传统的影响就不同了。这种传统以官位为目标，重礼法人伦、书本教条、八股文章，《天工开物》的科学技术，像宋应星所说乃大业文人所不齿。攻科学与技术，又会以学好数理化为一流，工农医则为次等。在工程技术领域，学位有工学硕士似胜于工程硕士，高工要晋升为教授级，以及重理论文章轻技能熟练，下车间莫如到科室，都可能与秀才传统有关。不能说秀才传统已经是阻碍技术发展的主要倾向，但又不能完全否认有这种传统及它的不利影响。

社会的文化传统是在长期的历史发展中沉淀下来的、相当稳定的、成为习惯的思维方式和行为准则，人们可能一下子难以找到它的全部根源和看到它的直接后果，它却深刻地、渗透性地影响到科学、技术和经济的各个方面、各个角落。除了日本的尚武传统中有现场优先主义，中国的秀才传统中把文章看作“经国之大器，不朽之盛事”，在英、美、德等国也各有其文化传统观念。在近代英国，出现了牛顿、玻义耳、哈雷、普利斯特列、卡文迪什、道尔顿、法拉第、达尔文、焦耳、汤姆生、麦克斯韦等彪炳史册的伟大学者，另一方面，英国文化中的绅士传统，又把经营企业和商业看做是相对次等的活动，工程技术和工程技术人员未得到应有的重视，这可能是英国的工业与英国科学不大相称的原因之一。相比之下，美国是一个移民国家，更富于开拓、冒险、求实、独创的精神，在技术的发明和应用上走到了英国的前面。

第三，对技术活动的影响较直接和密切的观念文化，是上一章讲到的“技术意识”、“产业意识”。它产生于长期在某种产业从事其特定的技术活动，反映和适应这种产业和技术，成为这种产业和技术持续下去的准则或规范，可以认为类似于库恩讲的“范式”（paradigm）；而在新的产业和技术取代已有产业技术时，原来的技术意识、产业意识又会对新产业的发展起阻碍作用，对新技术的应用有消极影响。

与传统农业、手工业及其技术有关的心理习惯——手工意识，就难以符合大机器工业和机械技术的发展。对于一个长期处于农业社会的国家来说，要保证工业化进程的顺利实现，必须同时有一个逐步克服“手工意识”、培植“机械意识”的过程和任务，逐步扭转只重丰歉、只重经验技艺的观念，树立起质量意识、标准化意识、科技意识等，低估了这个转变的意义就会延缓从农业社会向工业社会的过渡，导致挫折和损失。我国1958年的“大跃进”、“大炼钢铁运动”固然有多方面的原因，长期在农业和手工业为主导的环境中生成的技术观或技术意识可能也有其影响，这种影响可能是不自觉的，却潜移默化地、广泛渗透地起着作用。

再例如，在一段时期里，我国一些工业企业是把近代机床当作手工工具来使用的，他们几乎像对待斧锤锄锹那样来对待机床，缺乏认真经常的保养维护，常是开动了就用，能开动就照用，仅这一点就使不少机床未到其使用年限就失去应有精度，另一方面又缺乏适时的更新换代，乃至过了其合理使用年限仍在服役。这样，虽然机床总量不少，但其中精度不合格或该淘汰的比例较大，靠它们加工出的产品也难以达到高精度和标准化的要求。这种把机器当手工工具来使用和对待的观念，通常是不自觉的，但却是有潜制约作用的有害意识。

消除手工意识的弊端，确立机械意识，例如从重丰足到重质量、从重技艺到重标准、从重经验到重科技、从重天命到重创新，实可谓是观念的变革，而且是艰巨的任务。实现这个变革，是工业化的必需和保证，在我们今天似乎还不能说从手工意识到机械意识的过渡已彻底完成。

对于新的信息产业及其技术活动来说，与机器大工业适应的机械意识也会有其不适应的方面。机器大工业强调批量化、大批量、大规模，与信息产业更注重多品种、小批量有矛盾。机械技术要求高度的专业化分工、流水作业，与信息产业更重视系统综合、并行匹配有矛盾。机器工业和机械技术特别要求有足够的资金、硬件，与信息产业和技术非常关心高级人才、软件有矛盾。如果袭用“大批量、细分工、重硬件”的机械意识来发展信息产业，也会有不利的潜制约作用。

第四，伦理观念对技术活动有重要影响。

社会意识形态观念，政治思想、哲学思维、宗教信仰、伦理规范、审美情趣等，都会影响科学技术。这里只涉及工程师的伦理观念怎样影响技术活动，义利观与技术的关系。

科学技术活动的开展需要有人的知识、人的才能，以及人的热情、动力、积极性。社会对科技主体要有激励，支持，工程技术人员要有恰当的自我定位、个人奋斗，凡此都离不开伦理。在这点上，科学家的伦理观念．与工程师的伦理观念是有点差异的。由于科学，特别是基础研究成果的经济价值难以估量测算，技术，特别是产业技术有较明显的经济效益，科学家的伦理可能较多地与名声称号相关，而工程师、发明家的伦理则会更多地涉及处理利益、金钱、报酬问题。

工程师的利益驱动有利于技术的发展和应用，是毋庸讳言和不该含糊的。很难设想让工程师只重视技术的社会经济效益，而不理会自己贡献的份额，也不该设想工程师只为企业、为别人赚钱，而不顾个人的经济所得。对工程技术人员要求重义轻利、见义忘利，不按他们创收奖励，必有碍于技术进步和劳动生产率提高，在经济发达国家，企业工程师的收入平均高于同学历同工龄的科学家、教授，决非分配不公。

然而，又并非所有的技术活动都能明确地认定其经济价值，也并非所有的工程师都该以“技术致富”为重，或能靠技术先富起来。在许多工程技术活动中，也是需要有奉献精神或要讲“技术奉献”的，在公共技术（如医疗技术）、国防技术及其他不能按创收提成分配的领域，除了也要有合理的物质利益，又必须要讲服务。为我国研制核武器、人造卫星和在重大水利工程、地质勘探工作出突出业绩的工程技术人员，包括那些舍弃国外优厚待遇献身祖国的技术专家，他们在推动技术进步工作的努力是不能以物质利益为主来解释的。工程师的爱国主义精神、社会责任感和为大众服务的意识，是他们从事技术活动的动力。

伦理观念不仅影响技术活动的出发点和目的，也影响到技术活动的内容和方式，影响到工程师如何处理技术活动中的矛盾和人际关系。在我国古代的技术、技艺活动中，有一个好的传统是尊师爱徒，在许多情况下，师傅以出高徒为己任，徒弟以师傅为师父，乃至有“一日为师终身为父”之说。这种传统的延续，特别是在社会主义条件下人们有着根本利益的一致和倡导团结合作，在新中国成立后至今的我国高级技术专家与一般工程技术人员之间，在企业或工程领域的高级工程师与技术员之间，在工农医科大学的教授与助教之间，多有融洽互助，较少高低不平，这可能是有利于我国技术发展的一个因素。当然，在我国的工程技术界也有矛盾，市场经济条件下也会有工程师之间的竞争乃至彼此的技术封锁。

伦理意识对技术活动的制约是复杂的，归根到底德行和善意要以技术经济效益为基础，但并非一切伦理追求都与技术过程，或都有益于技术活动的开展。人们之间在权利、地位诸方面平等，可以是一种道德理想，而技术活动尤其是近代工业技术的过程，则必须要求有听从指挥、服从和权利地位上的差别或不平等，而不能也不该是大家平起平坐作为公民，企业家、工程师和生产劳动者应当是彼此平权平等的，但作为工业化、现代化的职责担当者，工程师就应当在技术上成为有权威的指挥者，要求他人对其“号令”有合理和严格的听从。在一个工程技术项目或生产技术活动中，必须要有发号施令者，必须要有持指挥棒的当权者，而另一些人则要围绕这个中心或居于台下。

伦理追求与技术要求之间的不一致是现实的、往往是深刻的矛盾。强调技术权威，强调没有服从就没有技术活动，有可能引起心理失衡。强调均等划一，强调没有平等就没有社会公正，又可能导致各奏其调，缺乏效能。我们应当且可以恰当地处理这个矛盾，做到既有益于技术经济发展，并最终也有助于伦理完善，这当然也是一个过程。

五、关于社会技术

社会对技术活动的干预和控制，是借助于规划、政策（决策）和管理等手段实现的，这里所讲的“技术活动”，以及本书所论及的技术，基本上是指通常说的工程技术、生产技术，或如有的学者概括的，是指“自然技术”，而几乎未涉及部队的作战技术、军事指挥技术，学校的教学技术、教育质量评估技术，银行的服务技术、存贷利率决策技术，政府部门技术规划技术、组织评奖的技术，以及企业的质量管理技术、促进市场营销的技术等等，有的学者把这样一些技术概括地称为“社会技术”。

本书无意否定社会技术，又难于进行讨论，而作为技术哲学引论又总该在这个问题上有点述评，姑且在这里写一节。关于社会技术，大致有以下几点值得讨论：

第一，是否存在着社会技术。

有的学者如埃吕尔较早就讲到“政治技术”、“社会组织技术”、“社会心理技术”，但国内外也有较多的人对社会技术不表赞同，作者在以往的文章中是“回避”社会技术的，在观点上则认为社会技术的概念恐难以成立，难以论证和说明，这主要是基于以下的考虑——如有所谓社会技术，技术既包括“自然技术”又包括社会技术，在阐明技术的本质时就不能只讲利用改造自然，而且要把利用、控制、变革各种对象的各种方法和活动都归之于技术，把一切能达到目的的手段都称为技术，这样一来，岂不认为权术、骗术和阴谋诡计都是技术，岂不是把投机取巧“成功者”都视为技术专家。

这种怀疑社会技术存在的正统观点还是以社会大众的心理习惯为基础的。人们通常认为技术工作是与摆弄刀具、操纵机器有关的，是工程师系列人员的事情，而不会把省长、市长、部党组书记和军区政委看做是技术人员或技术专家，通常说的科技界不包括他们。类似地，人们也不把钢琴家、运动员列入技术工作者的范畴。

然而，要是断言根本就不存在社会技术，要讲技术都只能是生产技术、工程技术或再加上医疗技术，也难以充分论证，要为社会技术辩护亦有其理由。

理由之一是逻辑上的，与自然科学相对应或作为自然科学应用的有自然技术，为什么与社会科学相对应或作为社会科学的应用，就没有和不可以有社会技术呢？为什么在社会领域就只可能有关于社会现象“是什么”和“为什么”的理论学说，而没有解决社会行为该“做什么”和“怎样做”的运作技术呢？

实际上，在城市规划、交通管制、产业结构调整、物价控制之类的问题上，是不能只讲大道理而不实际操作的，也不是人人都会操作和都操作得好的。为什么要只认定修建一幢大楼有技术，而规划一座城市区划非技术；为什么只认定驾驶一台汽车有技术，而管制一组道路的车流非技术；为什么防洪救灾有技术，而组织好抗洪救灾非技术——这类问题也不易讲得很清楚。

第二，怎样界定社会技术。

是否认定社会技术，与如何界定社会技术有些关系。大体说，社会技术的赞同者类似于埃吕尔，给技术前置有“合理有效”的定语，例如，认为：“社会技术是形成、调整或重组社会（或社会中某个组织）的社会关系，以合理地达到某个社会目的的方法或手段。这里‘合理地’包括‘有效地’和‘公正地’。”[①]

对社会技术讲有效性似无需多说，强调合理性特别是公正性，正是为了与

---

① 潘天群，存在社会技术吗？自然辩证法研究，1996，12（10）：16～29。

权术、骗术和阴谋诡计等划清界限，即它们虽有效但不公正则不算社会技术。但这似乎仍没有给社会技术以确定的、可衡量的准则。某种社会手段或方法是否有效，尚可从其达到目的的程度来判断，至于是否公正合理，则常是仁者见仁，智者见智，乃至公说公有理，婆说婆有理了。于是，各个国家、各个阶级、各个时代都会有自己特有的、互不一致和难以沟通的社会技术，与自然技术的情况大不相同。

也还有人认为，社会技术的合理性虽在道义上不易认定，却可以从操作的可重复性上把社会技术同骗术等区别开来。无论是自然技术还是社会技术，都不是只靠随机性或尝试性操作实现的，碰巧或投机得到成效不同于有了技术或技术合理。社会技术的方法和手段也应当满足可重复再现某种结果的要求，社会技术要具有操作程序、操作规则的可重复性，尽管这一点也难以确定和认同。

第三，社会技术与自然技术的关系。

有一种观点认为，从历史的演化看："一般说来，最初总是社会技术先发生，然后促进或引起自然技术的出现。"① 这个观点值得研究，而且，在这里还涉及社会技术可以及何以促进和制约自然技术发展的问题，更值得探讨。

社会技术要依赖于自然技术，特别是现代的社会技术在很大程度上依托于计算机技术，更不待言。

总之，如果有社会技术的话，需要讨论的问题还很多。社会技术有什么样的外延和类型，社会技术与社会科学之间是怎样相互转化、相互促进的，自然科学工作若和"自然技术工作者"该怎样看待、掌握和运用社会技术，都不是轻易能讲清楚的。例如，社会技术中方针政策的制订就有可推敲之处，究竟什么是路线，什么是方针，什么是政策，应当有较明晰的界定。

参考文献

贝尔纳 J〔英〕.1981. 历史上的科学 . 伍况甫等译 . 北京：科学出版社

陈昌曙，远德玉 .1987. 关于中日技术发展比较研究的几个问题 . 科学学研究，5 (3)：75～84

陈凡 .1995. 技术社会化引论 . 北京：中国人民大学出版社

吕乃基等 .1993. 科学文化与中国现代化 . 合肥：安徽教育出版社

星野芳郎〔日〕.1985. 技术发展的政治经济背景 . 刘玉劲等译 . 沈阳：沈阳出版社

远德玉等 .1994. 中日企业技术创新比较 . 沈阳：东北大学出版社

① 黄天授等主编，现代科学技术导论，中国人民大学出版社，1995。

第十一章　技术批判主义的启示

在介绍技术哲学的历史时曾提到，除了在古代和近代早期有少数人对技术持怀疑观点，19 世纪以来的多数学者都是肯定和赞许技术的，现代的一些哲学家特别是人文主义的技术哲学家，则对技术持批判的态度，在现代还出现了技术悲观主义的思潮。我们历来不认同技术悲观主义，也几乎不讲技术批判主义有多少可取之处，本书亦主要是以肯定的口吻评述技术。

然而，技术批判主义、技术悲观主义是不该被淡化、一笔带过或轻易排除的。技术批判主义毕竟是严肃学者们认真思考得到的学术观点，应当作为一个学派被接纳和研究。技术悲观主义思想确有合理的内核和有益的忠告，绝非只是危言耸听或无稽之谈。本章的标题和内容有恰当评价技术批判主义和褒言技术悲观主义之意，只是考虑本书主要是工程倾向的技术哲学引论和研究不足，难以讲得更多。

一、技术的两重性

对技术持批判态度的一个出发点和结论，是认为技术还有其消极的方面或有其两重性，西方的一些学者把这种两重性称为“技术悖论”（technological paradox），指技术产生的后果与技术要实现的目的相背离或不一致。

从对社会产生的积极后果与消极后果来讨论“技术的两重性”，与已有文献常见的（也是笔者曾用的）“技术应用的两重性”，似没有重大的、原则性的区别，但这两个命题毕竟略有差异，且事关技术的性质，仍需作些推敲，并作为对前面章节的补充。

对技术和技术应用两重性的讨论，会涉及所谓“技术中性论”的观点。国内外有不少学者都持技术中性论的看法，但他们所主张的技术中性论在内容和重点上又不尽相同。

有的更强调自然科学和技术本身没有阶级性，科学技术不反映阶级内容，无所谓资产阶级性的计算机技术或无产阶级性的计算机技术，工具、机器、控制仪表谁都可以应用。

有的认为应当把技术本身和技术应用区别开来，技术本身无所谓善恶，只是技术应用有目的不同，技术目的可以有善恶之分，同样的手枪可用于抢劫也可用于自卫。技术应用的后果可区别出良莠，但技术本身并不对技术的合理使用或过度滥用负责，无节制地资源开采、无限制地排放尾气不应归罪于采矿技术本身或内燃机技术的发明。

我国的大多数科技工作者、哲学工作者长期以来持这类的技术中性论见解，即他们并不否认技术有其社会作用、社会影响，技术应用可服务于不同的社会目的，但技术本身是中性的。

在国外学术界，近 20 年来有着技术价值论与技术中性论之争。一些学者更强调技术是负荷社会价值的（value-laden），认为不应当只从技术看技术，不应当把技术作为中立的东西，而必须超出于“技术本身”来谈问题。拉普曾从三个方面指出技术手段的中立性观点是站不住脚的，他虽也认为技术可以为任何目的服务。但是：①技术过程和对象并不总是事事上中立的，“可能永远找不出高度专门化的军事武器有什么和平用途”；②技术在心理上不是中立的，“技术不仅会产生物理上的副作用，同样还会产生感情和精神上的影响”；③技术手段不是社会中立的，“技术条件不能不影响到特定的经济、社会、政治和文化条件”。①

拉普所批评的技术中立论与我们认定的技术本身没有阶级性并不全然是一回事，后者虽指技术本身，却不否定技术影响社会，而在拉普看来技术中立论是只看技术，轻视技术的社会影响。但应当说，如果只把技术或技术手段看做是中性的工具，或强调要把技术本身（无善恶）同技术的社会应用（有善恶）作截然的划分，确也难以充分论证。难道能说植树造林技术本身不是善的，研制化学武器、细菌武器的技术本身不是恶的。而且，把技术同技术应用分开来在道理上也不周密，技术本身就是动态系统，就是活动，就离不开应用，离开

① 〔德〕F. 拉普著，刘武等译，技术哲学导论，辽宁科学技术出版社，1986。

了应用就不成其为完整意义上的技术或现实技术。

在这里，不拟再过细地讨论怎样界定和评价技术中性论。而是转向具体些地分析技术两重性的问题。技术的两重性是可以从广泛些的角度来考虑的，即一方面，技术作为实现自然界物质变换的手段、方法和活动，有其自然属性并是自然过程，世界各国、各民族尽管社会制度、政治结构和伦理传统殊异，它们在种植技术、石油开采技术、焊接技术、航空技术等方面（在生产技术和工程技术上），是基本相同和相通的；另一方面，技术作为社会的人所创造和掌握，并有一定社会性目的的手段、方法和活动，又有其社会属性并是社会过程，不同社会制度国家的技术环境会有较大区别，利益层次不同和利益相悖的人们对技术作用会有不同要求。

技术兼有自然属性和社会属性，技术的自然属性是其社会属性的基础。从总体上、哲学上讨论技术，包括讨论技术的价值，不可只看到和只强调技术的自然属性，忽视和低估技术的社会属性；也不可只顾及技术的社会属性，舍弃技术的自然属性。例如，只有全面地注意到技术既有自然属性又有社会属性，才能解释不同社会制度国家间的技术输出和技术引进，才能解释在技术转移中的条件和限制。

然而，更强调技术的自然属性或更强调技术的社会属性，是经常发生的。前者多讲设计师、工程师为提高发动机效率使飞机航速更快的努力无所谓善恶，多讲不要把社会性、功利性、（伦理的）价值性和阶级性附加于技术，后者多讲致力于提高飞机航速会使亲友早日相聚或能武装战斗机，多讲“不要把技术看做是超社会和历史的东西”。

技术的两重性可分为自然属性、社会属性，技术的自然属性又可再分为优劣，技术的社会属性又可再分为善恶。本节标题指的技术两重性主要是指技术的社会属性、善恶价值的两重性。本章所说的技术批判主义的贡献，主要也不在于对技术中性论提出质疑，而是指出了技术怎样为善又不尽为善以及又怎样为恶的。

是赞成或反对技术中性论，怎样展开剖析技术的两重性，可能还会有长时间的争论，但这不应当妨碍对技术价值的两重性作一些概括陈述。基于上面的讨论，我们在列举技术的功过时不拟把“技术的两重性”与“技术应用的两重性”分得那么清楚，即既要讲技术本身就有的积极方面、讲“善的”技术，及技术应用的有益后果，也批判技术本身就有的消极方面，讲“恶的”技术，及批判对技术的无约束、无节制和不合理应用的有害后果。

大致说，技术有以下八个方面的两重性：

第一，总的说，人类因为有技术而摆脱了受盲目自然力支配的地位，获得和扩大了自己的生存条件，创造了人工自然和社会生活，不断推进了生产力的发展，积累了巨大的财富，改善了人们的生活质量，奠定了文化和精神文明的基础，并有可能持续进步；人类利用技术改造自然、变革自然，又会破坏人类赖以生存的环境，遭到自然界的报复，威胁自己子孙的延续。

第二，人类对资源的开发、采取，奠定了社会文明的基础，特别是材料和能源两大支柱，现代技术开辟了新材料、新能源的广阔领域，有巨大的发展潜力；人类对非再生性资源的利用又不可逆地导致资源减少，技术的多样化和无节制发展还会使可再生资源过度消耗。

第三，技术使人们的劳动生产率得以不断提高，使利用同一劳动时间能创造出更多的产品和价值，使一类产品的社会必要劳动量趋于减少，成本逐步降低，从而能节约开支，微电脑诞生以来性能不断提高、价格不断下降，首先应归功于技术进步；而随着技术领域的延伸（如在地下深层开采），随着技术的高级化和完善化（如从黑白电视到彩色电视，再到高清晰度电视），后得到的资源和新加工成的高级产品必然要以更多的劳动支出为代价，成本价格上扬，导致通货膨胀，世界性的原材料价格日趋上涨，以及建筑、交通费用的上涨，就包含着技术投入增加的因素。

第四，技术进步，劳动效率的提高，物质财富的增加，改善了群众的生活质量，使原来比较贫困的阶层、地区和国家逐步富裕起来，当今发达国家中工人的实际工资和购买力高于早期资本主义下的工人的水平，多数发展中国家在本世纪里减少了贫困；但最新、最高的技术成果如高级轿车、家用飞机总是首先“造福”于富人和富国的，技术也可以成为主要由富人、富国控制的特权，技术又扩大着贫富差别和南北对立。

第五，技术的发展特别是微电脑的广泛应用、自动化的普遍推动，减轻了人们的体力劳动，缩小了脑力劳动与体力劳动的差别，使劳动结构、企业结构和产业结构更加合理化；现代信息技术又使人们之间、企业之间的知识差距具有更重大的意义，使人们之间、企业之间的竞争主要不再是体能的竞争、劳动力数量的竞争、设备规模的竞争，而是智能的竞争、人才素质的竞争，现代技术又扩大着人们的文化差异和知识差距。

第六，技术大大提高了生产物质财富的能力，使人们得以加工、创制出诸多的物质产品，现代技术是首要的生产力；现代技术又是头等重要的战斗力，技术的进步大大提高了毁灭物质财富和杀伤人体的威力。两次世界大战和近半个世纪的局部战争，尖端武器的应用造成了生命财产的巨大损失。当然，也有的学者（可能书生气太多）曾设想，如果人们只有拳头和棍棒，打起仗来会很少伤亡；可只有拳头和棍棒时也没有汽车、飞机，能造出汽车、飞机时就会有坦克、炸弹。

军事技术、军用技术总在不同程度上与杀人和破坏有关，因而会被认为在本质上是“恶的”技术，但各种军事技术也仍然有其自然属性的方面，火药及其爆炸力，激光及其对火箭的控制，都有自然过程，对于军事技术不仅要区别其社会属性与自然属性，并需对社会属性的善恶有所划分。对于军事，不能不讲侵略与自卫、正义与非正义，原子弹用于核威胁、核讹诈，与研制原子弹来打破核垄断、对抗核霸权，毕竟不是一回事，这里的区别不能由原子弹本身来负责。当然军事技术是“多悖论”的，它为制服人又造成了尖端技术，它要打击人又可以被和平利用！

第七，医疗技术对于延续人的生命，保持人种的繁衍有巨大作用，它降低了婴儿死亡率，使人能活得更健康、更长寿，医疗技术无疑是“善”的技术，救人一命胜造七级浮屠；医疗技术的不断发展、进步，又会大大增加医疗成本和群众的医疗开支，从听诊到X射线透视、CT和核磁共振检查，费用直线上升，使出生仅500克的婴儿也能成活，护理耗费会高出10倍，医疗技术的进步意味着各个家庭的支出猛增乃至不胜负担，而且，由于医疗技术的提高和普及导致的人口数量增加，还会给资源消耗、粮食供应、就业机会等诸多方面造成压力。

医疗技术的为善也是就其社会属性方面讲的，医疗技术同样有其自然属性的方面。杜冷丁无论用于重症止痛，或是用于吸毒为害，首先在于它有麻醉人体的生理作用。医疗伦理之所以特别重要，以疗法和药物可能救治也可能危及人命为前提。当然，在医疗上把人仅仅看做是自然生物机体是不够的、片面的，但医疗总要以人首先是自然人和有自然的生理病理为基础。

第八，交通运输技术和通信技术是保证人们交往的“人情技术”和“善的技术”，现代交通和通信技术大大增加了人们的交往途径，增加了交流机会，加速和密切了人们在情感和认知上的协同合作。然而，这类技术也不是毫无过失或不会被滥用的。公路的高速也意味着更高的风险性。把人声交由拾音器和听筒转递又会造成人们之间的某种隔断、隔离，乃至只闻其声而老死不相见面。键盘和屏幕的电子通信的缺乏个性和亲切感，而且，计算机还会使许多人把相当大部分的精力和时间去面对荧光屏，迷醉于智力较量和猎奇，在最能节约时间的机器上浪费时间，且限制了直接参与社会实践和社会群体的接触。

对技术的两重性还可以做出更多、更深的概括，但特别值得注意的是怎样分析和评价这些两重性。这种分析和评价首先是由技术批判主义进行的，大体上可以分为两种情况。一种是从社会学的角度批判技术，批判技术所处的社会环境、社会条件，由于近代技术是在资本主义社会中发展和应用的，这种技术批判又常常是或包含着对资本主义的批判；另一种则是从生态学、人类学的角度批判技术，它主要不着眼于社会制度的不同，而是讨论技术给人类造成的问题，人类对技术应负的责任，也可看作是对人类改造自然的自我反省。这两种批判都有其进步的或积极的方面——尽管又有怀疑论或悲观主义的观点，且正是通过批判才能真切地理解技术及其应用的两重性。

二、社会视角批判

从技术产生的社会根源和社会后果去批判技术由来已久。我国古代的庄子就提到技术发端于省力，机械技术会造成“人为物役”和投机取巧的、不纯正的“机心”。近代早期批判科学技术的代表首推法国的卢梭（1712～1778），在他看来，科学技术是生于游手好闲的，反过来又培养游手好闲，“奢侈很少不伴随着科学与艺术（art，也指技术——引者），科学与艺术则无往不与奢侈并行。”[①] 他还认为，农业技术和冶金技术，乃是人间不平等的起源和基础，谷物和铁使人类进入文明，同时又造成了奴役和贫困。

19 世纪以来，有更多些的学者从社会学的角度批判技术，但他们所批判的重点又情况不同。有的明确指出，技术的两重性是与资本主义制度特定社会条件分不开的，有的是怀疑技术会在资本主义环境中得到合理利用，有的则认为技术是造成资本主义社会中种种弊端的根源，提出了社会的技术悲观主义（区别于生态的技术悲观主义）。

第一，马克思作为无产阶级的革命家、理论家，既充分肯定了科学技术推动历史发展的伟大作用，又深入剖析了技术在资本主义制度下利用的社会矛盾。西方的一些技术哲学家也很重视研究马克思的技术观，特别是马克思关于“资本家使用机器的影响”问题的辩论。

在马克思的时代，资本主义发展的早期阶段，社会矛盾错综复杂。一方面产生了以往人类历史上任何一个时代都不能想象的工业和科学的力量，机器的出现和应用导致生产发展和劳动分工的扩大、另一方面，机器又提高了工人的

---

① 北京大学外国哲学史教研室编译，18 世纪法国哲学，商务印书馆，1963。

劳动强度且使劳动简单化，它随时可以使雇佣工人过剩，并把妇女和儿童驱入工厂。在19世纪，还有相当一些工人把自己的贫困和疲惫不堪归之于机器，乃至用破坏机器来实行反抗。

因而，马克思在揭示资本主义剥削的秘密，论证剩余价值学说时，还要引导工人把机器的社会使用形式与机器本身区别开来。马克思在《资本论》中多处论述了这个区别，尽管这种论述可能被认为包含着技术中性论的观点，其立论的依据和针对性是明确有理的。他还指出，“工人要学会把机器和机器的资本主义应用区别开来，从而学会把自己的攻击从物质资料本身转向物质生产资料的社会使用形式，是需要时间和经验的。”

马克思在19世纪中就精辟地指明了技术的两重性，他反对“一些党派可能为了要摆脱现代冲突而希望抛开现代技术”，同时又提出，“在我们这个时代，每一种事物好像都包含有自己的反面。我们看到，机器具有减少人类劳动和使劳动更有成效的神奇力量，然而却引起了饥饿和过度的疲劳。新发现的财富的源泉，由于某种奇怪的、不可思议的魔力而变成贫困的根源。技术的胜利，似乎是以道德的败坏为代价换来的。随着人类愈益控制自然，个人却似乎愈益成为别人的奴隶或自身卑劣行为的奴隶。”① 马克思认为，要解决这种矛盾，必须要有新生的人即工人阶级来掌握科学技术的新生力量。

第二，在20世纪，也有一些科学技术专家对技术的合理利用抱疑虑心情，虽未必构成技术悲观主义，但肯定不是全然乐观的。

在本世纪初，就有一些正直的科学家对完全肯定科学技术造福于人类的观念表示怀疑。居里夫妇在1905年接受诺贝尔奖金的讲演中指出了镭在科学上的意义和医疗价值后，接着就提出了一个问题：镭已经丰富了知识，并且已经给“善”服务，但是它是否也能为“恶”服务呢？但是他们对这一点却没有充分的信心，他们虽认为人类由新发现得到的利益将会比过去多，在总结时还是说，“……人们可以想象得到，在罪犯手里，镭可以成为极危险的东西；因此人们可以自问：认识自然的秘密是否于人类有益？人类是已经成熟到能够由这种认识得到益处呢？还是这种认识仍会对人类有害？”②

两次世界大战给人类带来了巨大的伤亡和损失，进一步提出了技术批判的问题，一些学者对科学技术的价值更感惶惑。爱因斯坦在1931年对美国加州理工学院学生的讲话中就提到，“在战争时期，应用科学给了人们相互毒害和相互

---

① 马克思恩格斯选集（第2卷），北京：人民出版社。

② 〔法〕E. 居里著，左明彻译，居里夫人传，商务印书馆，1957。

残杀的手段。在和平时期，科学使我们生活匆忙和不安定。它没有使我们从必须完成的单调的劳动中得到多大程度的解放，反而使人成为机器的奴隶；人们绝大部分是一天到晚厌倦地工作着，他们在劳动中毫无乐趣，而且经常提心吊胆，唯恐失去他们一点点可怜的收入。”① 爱因斯坦在1938年写的著名信件（称为《给五千年后子孙的信》）中，表达了类似的思想。

控制论的创始人维纳（N. Wiener，1894～1964）提出了技术是双刃剑的观点，他在1950年初版、1954年修订出版的论述控制论与社会的一书中指出，“新工业革命是一把双刃刀，它可以用来为人类造福，但是，仅当人类生存的时间足够长时，我们才有可能进入这个为人类造福的时期。新工业革命也可以毁灭人类，如果我们不去理智地利用它，它就有可能很快地发展到这个地步的。”② 维纳还提到，技术的为善与为恶并不全决定于技术本身和技术专家个人，而是决定于该项技术所处的社会环境。他在其主要代表作《控制论》（中译本1963年科学出版社）的序言中也讲到，科学技术家只能把自己的成果交给他们在其中生活的世界，即或是存在着贝尔森集中营和要向广岛投原子弹的世界，也就是说科技专家在促进新科学新技术的发展上有其主动性、选择性，但他们对技术发挥作用的社会环境和社会后果却是无力抉择和控制的，而只能无可奈何地让社会来支配和应用某项成就。

居里夫人、爱因斯坦和维纳等学者的这些见解又决非仅只是消极的感叹，他们批判性地指出了技术可能为恶，同时又告诫人们要学会利用科学技术造福于人类。就在爱因斯坦1931年给加州理工学院学生的讲话中，他就明确说明，指出科学技术可能成为祸害并不是为了唱不吉利的反调，而无非是要提出一点忠告：“如果你们想使你们一生的工作有益于人类，那么，你们只懂得应用科学本身是不够的。关心人的本身，应当始终成为一切技术上奋斗的主要目标；关心怎样组织人的劳动和产品分配这样一些尚未解决的重大问题，用以保证我们科学思想的成果会造福于人类，而不致成为祸害。在你们埋头于图表和方程时，千万不要忘记这一点。”这段忠告在今天仍有重要的现实意义。

第三，在现代的技术哲学家、社会学家中，埃吕尔的技术批判是颇有特色的，他认为自主的技术决定社会而不受社会制约，但在他看来“技术社会不是，也不可能是一个真正合乎人性的社会”，在文明与技术之间存在着三个方面的矛盾，即①物质与人的矛盾，技术使人成为“淹没在物体、机器和无数的具体事

---

① 许良英等编译，爱因斯坦文集，商务印书馆，1979。

② 〔美〕N. 维纳著，陈步译，人有人的用处，商务印书馆，1978。

物的世界之中的一个微粒”；②有效性与价值的矛盾，技术追求无限制的有效性，妨碍对道德精神的追求；③必然性与自由的矛盾，技术是必然的秩序和确定的过程，技术的效果是反对自由的。[①]

我们可以把埃吕尔的这些观点归之于技术悲观主义乃至反技术主义，但同时要注意到他提出的这些观点是值得认真研究讨论，而不能简单驳倒的，还要注意到他为论证这些观点提出的言之成理的论据。例如，他认为“技术的完美只能靠量的发展，靠完全可以测量的东西为目标才能实现。与此相反，人在质的、不可测量的方面（感情、智慧和美德）则更为优越……从技术的量过渡到人的质是不可能的。”因而，“技术的完美和人的发展之间存在着根本的矛盾。”[②]

在这里，埃吕尔从技术与精神文明两者的测度（尺度）不同把它们对立起来，类似于他把必然性与自由对立，当然是可以批评的，何况文明和道德也有程度的不同，也有各自的测度标准，但终究又应注意到，技术的效率和经济的效益可能被准确、精确定量，精神文明、道德善恶的量化相对模糊，因而可能会影响到人们较易于看清技术经济和看清精神文明。

埃吕尔还试图解决文明与技术之间的矛盾，尽管他承认自己在这个问题上陷入了困境，他还是提出了解决技术问题的五个必要条件，[③] 即：

（1）要真正认识问题的所在。“只有使人意识到，在获得‘幸福’的同时他们已在多大程度上变成了奴隶，他们才有可能驾驭已开始支配他们的技术，也才有希望重获自由，当然，这也许要付出很大的牺牲”。

（2）要摧毁对技术的神化和美化，把技术看做普通的东西使技术世俗化。“也必须使人们感到，技术根本就没有什么值得为之献身的东西，没有什么值得过分尊敬的东西，根本就不值得将自己的功名利禄寄托于它，也根本不值得为此去谋害自己的同类。必须使人们相信：技术的进步并非人性的最高成就，而是某些对象的普普通通的制作”。

（3）要教育人在利用技术产品时又独立于技术，如不完全依赖于汽车和电视。

（4）要对技术进行哲学的反思。“真正意义上的哲学将给我们带来人和技术现象之间的中介，没有这种中介，任何正当的态度都是不可想象的。但这样的哲学意味着：哲学第一次不再是一套专门词汇的纯粹的学问，哲学再次重新变成为谋生而忙碌、同时又在思考的一切人的财富”。

（5）要有与技术专家的交流和对话。

在埃吕尔提出的这五个条件中，同样包含着片面的观点，例如他反对说技

---

①②③ Elull J. The Technological Order. Mitcham C（edited）. Philosophy and Technology. The Free Press，1983.

术是争取自由的工具和实现历史使命的手段，认为技术减少自由，例如他断言技术专家已成了独裁主义者，因为这些专家深信一切非技术性的演讲都是些毫无意义的罗嗦话。然而，就在这些条件中也能找到合理的东西，他毕竟提出了人会在什么情况下主宰技术，提醒人们不要如痴如狂地崇拜技术，不要过分地依赖技术，告诫哲学家们不要拒绝技术，技术专家也不要“谦恭地”回避哲学。

埃吕尔的技术批判，还表现于他对“技术进步总是有多重含义的”这个命题的解释中。他认为这个命题包括四个要点：一切技术进步都是有其代价的；技术提出的问题要比它解决的问题更多；技术的不良后果与有益影响是不可分离的；每项技术都隐含着无法预料的后果。① 在说明这四点时，埃吕尔论及到技术进步同时使文化日益肤浅、城市生活中缺乏人际接触、技术节省劳动又使人们神经紧张等问题。

值得一提的是埃吕尔对自动化技术与信息技术的评述，他在这篇出版于1963年的文章中列举了自动化技术的三个困难，首先，“自动化意味着以相当恒定的类型批量生产物品。这就是说，一旦生产已自动化，就不再能改变产品类型。……直到现在，资本主义世界的商业市场没有一个适合于专门经营不变产品的生产，而现有的西方经济组织也没有为自动化生产找出答案的准备。”“自动化的另一个困难是它将使所需劳动力锐减。……自动化对减少工人的劳动时间并无益处，其结果表现为失业与就业的不平衡。”“自动化引起的第三个问题是工资问题。……无论根据工作时间还是根据生产量来计算工资都有困难。”② 至于信息技术，它不仅没有解决“信息重要系数”即信息意义问题，而且也没有解决“怎样才能从信息的洪涛中选出刚好是应当保留的，判别出事实和可能是错误的信息”的问题。

尽管埃吕尔对自动化和信息技术持批评态度，这30多年来，这类技术有了非常迅速和巨大的发展，同时，我们又不能说埃吕尔的批评已彻底过时和失效。世界上的大多数国家在今天仍要慎重对待自动化与结构性失业的关系问题，几乎所有的部门和企业都要恰当选择其自动化的重点领域和主攻方向，实质上是要尽量减少陷入埃吕尔讲的困难。

第四，在技术批判主义思潮中，法兰克福学派的观点有特殊意义。这个学派的社会批判理论揭露了资本主义制度的种种矛盾、异化现象，对科学技术的批判在其社会批判理论中占有突出地位。同时，这个学派又提出了许多复杂和“费解”的课题，如他们所说的要“重构”马克思主义，要把科学技术看做发达

---

①② Elull J. The Technological Order. Mitcham C (edited). Philosophy and Technology, The Free Press, 1983.

工业社会或现代资本主义制度的统治形式和意识形态，乃至要用批判科学技术来代替批判资本主义。在法兰克福学派中，马尔库塞（H. Marcuse，1898～1979）写的《单向度的人》可认为是技术批判的代表作。

或许是考虑到法兰克福学派自己以“马克思主义的现代化者”自居并曾有较大影响，马尔库塞还被不少西方学者认为是“发达工业社会马克思主义的最重要的理论家”，我国哲学界较早就注意到了对法兰克福学派及马尔库塞的技术批判的研究。在1981年出版的《现代西方哲学》（刘放桐等编著，人民出版社）中，在其法兰克福学派一章中，就有马尔库塞对单面社会的分析一目。在1985年出版的两大卷《西方哲学史》（全增嘏主编，上海人民出版社）的目录中，也列入了马尔库塞的《单向度的人》对资本主义社会的批判和他的理论的缺点。

考虑到问题的复杂性及法兰克福学派观点偏于思辨，且主要是作者缺乏研究，这里不能对法兰克福学派的技术批判作出一点点有新意的述评，好在这个学派的代表著作在近10年中已有10多种译成中文出版，在本节里对这个学派不再赘言。

三、生态视角批判

社会视角的技术批判在不同程度上是与政治经济制度、阶级划分相关的，不同利益集团的人们、不同阶级对于某种技术的为善或为恶，可能并常有不同的观点和态度。从生态角度批判技术，同样也涉及技术和技术应用的两重性，但与社会视角的技术批判有重大的区别。生态视角的批判是与所谓“全球问题”紧密相关的。全球问题包括诸多方面的具体内容，但它们都有一个共同点，即它们是整个人类或全部地球的问题，而不只是哪个国家（不管是发达国家还是发展中国家）、哪个阶级（不管是无产阶级还是资产阶级）、哪个集团或人（不管是富人还是穷人）的问题。全球问题不解决，所有的国家、集团、所有的人都难以为继，在这个意义上，生态视角的批判也可以认为是人类视角的批判或代表人类的批判，它讨论和涉及的问题要广泛得多。

生态视角的批判吸引了当代越来越多的学者的关注，提出了“生态危机”、“环境革命”等概念，并论证了这种批判的巨大意义。如余谋昌就讲到，在当代，“主导人类生死存亡的主题，已不仅是‘战争与革命’或‘和平与发展’这些人与人之间的问题，而是人与自然之间的‘环境与发展’的重大问题。人们终于醒悟到地球处在危机中，人类持续生存依赖于保护地球。”①

本节简要述及从生态角度讨论技术问题的一些观点，但不可能对环境危机、生态哲学作专门研究和评价。

第一，马克思主义开创了从生态视角看待人类改造自然的先河。

前节讲到，马克思在19世纪深入剖析了技术的资本主义应用，在社会的技术批判上有开创性，无独有偶，在19世纪的许多学者庆幸人类改造自然的胜利时，恩格斯深刻地批评了技术的无节制应用，在生态的技术批判上有开创性。今天，人们在论述生态环境是当代“最新颖”的问题时，仍在反复地引用恩格斯在一百多年前在《劳动在从猿到人转变过程中的作用》② 一文中提出的观点，只不过引述的重点和解释不尽相同。当今一些人较多地从“自然界会报复于人”和“人不该征服自然”这两点上引用恩格斯的这篇文章。

当然，我们今天不该以为恩格斯文章中的每个论点、每句话都绝对正确，但在这个前提下要认真研究这篇文章提出了那些有重要意义的见解。在这篇论文中，主要是其后半部，在有关自然界与人类的关系（或我们当今所说的生态关系）上，或许有以下六点值得注意：

（1）人属于自然界，与自然界一致。“我们连同我们的肉、血和头脑都是属于自然界，存在于自然界的”，“人们愈会重新地不仅感觉到，而且也认识到自身和自然界的一致，而那种把精神和物质、人类和自然、灵魂和肉体对立起来的荒谬的、反自然的观点，也就愈不可能存在了”。

（2）人能支配自然界。“人则通过他所作出的改变来使自然界为自己的目的服务，来支配自然界。这便是人同其他动物的最后的本质的区别”。

（3）人对自然界的支配和控制基于正确认识和运用自然规律。“我们对自然界的整个统治，是在于我们比其他一切动物强，能够认识和正确运用自然规律。”

（4）人不应把自然界作为异己的、外在的征服对象。“我们必须时时记住：我们统治自然界，决不像征服者统治异民族一样，决不像站在自然界以外的人一样”。

（5）自然界会报复人。“我们不要过分陶醉于我们对自然界的胜利。对于每一次这样的胜利，自然界都报复了我们。每一次胜利，在第一步都确实取得了我们预期的结果，但是在第二步和第三步却有了完全不同的、出乎预料的影响，

① 见叶平，生态伦理学，东北林业大学出版社，1994。

② 马克思恩格斯选集（第3卷），人民出版社，1972。

常常把第一个结果又取消了。”

(6) 人们行为的自然影响是受社会利益制约的。“一个厂主或商人在卖出他所制造的或买进的商品时，只要获得普通的利润，他就心满意足，不再去关心以后商品和买主的情形怎样了。这些行为的自然影响也是如此。当西班牙的种植场主在古巴焚烧山坡上的森林，认为木灰作为能获得最高利润的咖啡树的肥料足够用一个世际时，他们怎么会关心到，以后热带的大雨会冲掉毫无掩护的沃土而只留下赤裸裸的岩石呢?”

对于恩格斯的这些观点都是可以讨论的。例如，外语中的“统治”一词(如英语中的 dominate) 兼有支配、控制之意，就人与自然界的关系说，当讲到人们对自然界的统治时，是主要或仅仅指人类征服自然，还是指人类控制和支配自然力，就值得推敲。

再有，根据恩格斯的观点，自然界对人类的报复是源于技术的无节制滥用或过度使用，在这点上，并不决定于社会制度的性质——无论是资本主义社会还是社会主义条件下，工业的发展和技术的应用都有可能导致生态环境失衡，认为只有在资本主义制度下才有生态破坏和环境污染，至少是一种天真的看法。然而，我们又不能把生态环境问题都归因于技术，不能简单地说全人类或一切国家的一切人都对环境恶化负同等的责任。环境污染对人人同样有害（公害），但并非人人同样有过，在这里确实要考虑到社会利益制约的因素，为利润不顾自然影响的因素，以及富国、富人与穷国、穷人在“生态环境贡献”上的区别。

第二，20 世纪 60 年代以来，生态的技术批判成为思潮。这在很大程度上是由于 20 世纪上半叶世界工业的空前发展及其负效应的突出显现。20 世纪 60、70 年代从生态环境视角出发的技术批判直接针对着工业和经济增长带来的问题，只不过技术及其应用作为造成工业和经济增长的主力和手段，一并被列入为被告。

在 20 世纪的前 50 年，世界上不少国家都发生了明显的、远比过去严重的生态问题和环境事件。其中有代表性的有：1930 年比利时马斯河谷工业区的空气污染灾难，1948 年美国宾夕法尼亚州多诺拉镇的大气污染公害，1952、1956、1957 和 1962 年伦敦的“烟雾事件”，1956 年日本九州的水俣病（食用甲基汞污染的鱼）事件，1955～1975 年濑户内海的赤潮，以及多处发生的酸雨、光化学烟雾、CO_2 问题。这些事件都是由工业的大量排放物造成的，其中有的还在短期内导致几十人死亡、成千人中毒。

在 20 世纪 60 年代，就开始有了为数很少的揭露生态问题的著作。美国海洋生物学家卡森在花了四年时间阅遍美国官方和民间关于使用杀虫剂造成污染危害的材料，写成了《寂静的春天》一书（中译本于1979年由科学出版社出版），被认为是世界上第一部有影响的环境科学普及读物。

20世纪70年代初，对环境的关注和生态视角的技术批判形成高潮。1972年6月在瑞典斯德哥尔摩召开了联合国人类环境会议，通过了《人类环境宣言》。为这个会议提供背景资料的，是由英国经济学家沃德、美国微生物学家杜博执笔，并在58个国家的152位专家协助下完成的非官方文件《只有一个地球——对一个小小行星的关怀和维护》，它指出，人类生活的两个世界——他所继承的生物圈和它所创造的技术圈——业已失去平衡，处于潜在的深刻矛盾之中，而人类正好生活在这种矛盾中间，这就是我们所面临的历史的转折点。这本书和书中的这段话，被认为是环境科学的哲学的最有代表性的著作和代表性的观点。

1972年公开发表的，主要由美国麻省理工学院教授米都斯执笔撰写的《增长的极限——罗马俱乐部关于人类困境的研究报告》，是生态的技术批判的重武器。它研究了包括世界人口、工业发展、污染、粮食生产和资源消耗这五个因素之间的变动，并得出结论：如果维持现有人口增长率和资源消耗不变，那么，由于世界粮食短缺，或者由于资源枯竭，或者由于污染严重，世界人口和工业生产能力将会发生非常突然和无法控制的崩溃。在2100年之前，增长就会终止。①

如果说，《增长的极限》直接讨论的是关于人口、污染、粮食、资源等“全球问题”，还未及提出技术结论，在它之后的许多著作则明确表述了对技术的批判。由梅萨罗维克等写的给罗马俱乐部的第二个报告《人类处于转折点》则得出结论：“在地球上的人类生活中，人类第一次被要求进行自我克制不去做自己有能力做的事情；人类被要求不要在经济上和技术上继续推进，或者至少将其引导到不同于从前的方向上去。”② 英国的J. 拜雷姆甚至在1978年出版了一本名为《技术危机：世界的毁灭》的书。

20世纪80年代技术批判的文献增多，其中的主要代表作，是美国学者里夫金等写的《熵：一种新的世界观》。这本书的中心思想是认为热力学定律即熵的定律将取代牛顿理论统治人类，认为人类科学技术创造出来的多是有害于人类的垃圾，而不是对有益于人类的财富。书中有专门三节分别讨论“技术”、“技术的外部代价”和“技术报酬递减律”，其中讲到，技术现代化的进程越快，有

① 〔美〕D. 梅多斯著，于树生译，商务印书馆，1984。
② 〔美〕M. 梅萨罗维克著，梅艳译，人类处于转折点，三联书店，1987。

效能量就耗散得越多，混乱程度也就越大。“每项技术所建立起的只是一个暂时秩序的岛屿，而在此同时这又会给周围环境带来更大的混乱。……原子能带来了核辐射和癌症。大型高速汽车赠予我们的是一氧化碳中毒和污染。”①

生态的技术批判著作中多有惊人之笔，乃至耸人听闻，罗马俱乐部的米都斯的观点在提出后得到一些人的赞许，又被一些人视作技术悲观主义予以批评，如在美国又出版了《没有极限的增长》一书。但这并不能否定技术悲观主义确能发人深省和有重要启示的。

生态悲观主义的重大贡献之一，是引起了人们对“全球问题”的进一步重视。在我国，不仅生态技术批判的代表作被大量译成中文，在《面向世界丛书》（辽宁人民出版社）的第一批书目中就有《全球问题和“人类困境——罗马俱乐部的思想和活动”》（徐崇温著），在供干部选读的《现代科学技术基础知识》一书中也有专章讲述人口、资源和环境问题。此书指出了“生态危机是人类面临的共同危机。”并认为，“技术因素是影响环境质量最积极最活跃的可变因素。它既是污染物排放的引起者，又是防治污染的创新者。它具有双重特征，它决定了环境质量变化状况及趋势。”②

生态视角的技术批判引起了广泛的讨论，这种讨论的一个重大成果，是提出了可持续发展。在1981年，美国的世界观察研究所所长、农学家布郎就写了《建设一个持续发展的社会》一书（中译本于1984年由科学技术文献出版社出版）。在下章我们还要讨论可持续发展问题，这里只是说，提出可持续发展，也有技术悲观主义的功劳——传统的发展被认为有增长的极限，在经济上和技术上要有不同于从前的方向。

第三，作为生态技术批判的一种学派或延伸，或还能划分出人性的、伦理的技术批判。在最近几年，生态伦理视角的技术批判尤为引人注目。对于这个本应作为专节述评的问题，只能作为一类观点在这里略作探讨。

英籍德国经济学家舒马赫（E. F. Schumacher，1911～1977）在1973年发表的《小的是美好的》一书，主要是探索经济与社会发展战略的，技术批判也是本书的重要内容，“具有人性的技术”是书中的主题之一。此书的出版产生了广泛热烈影响，至1979年就重印12次，平均每年重印两次。

舒马赫的技术批判颇有自己的特色和独到见解。首先，他提出了技术与自然相矛盾、人性与非人性的技术相矛盾的思想。自然界的事物在大小、速度和

---

① 〔美〕J. 里夫金等著，吕明等译，熵——一种新的世界观，上海译文出版社，1937。

② 宋健主编，现代科学技术基础知识，科学出版社，中共中央党校出版社，1994。

暴力上都有限度，技术在大小、速度和暴力方面不承认任何自我限制原则。人类作为自然界的一个组成部分总是自我平衡、自我调节、自我净化的，技术则不具有这些优点，现代世界的超级技术更是一种异物。

舒马赫认为，现代的资本密集型产业和大规模技术为人类真正做了些什么是令人怀疑的。人类最大的乐趣是创造性地、有益地、富有成效地使用他们的双手和大脑，现代技术则剥夺了人使用双手和大脑的有益的创造性的劳动。“大量生产的技术本质上是暴力的，破坏生态的，从非再生资源的角度来说，是自我毁灭的，并且使人失去作用。”

在舒马赫看来，现代技术塑造的世界已陷入深刻的危机。“如果技术所塑造的而且继续塑造的世界呈现病态，那么，明智的作法也许是检查一下技术的本身。如果感到技术变得越来越非人性，我们不妨考虑是否有可能找到更好的技术——一种具有人性的技术。”[①] 他还认为，为了扭转威胁着人类的有破坏性的发明与机器，应当寻求一次技术上的革命。

按舒马赫的主张，“中间技术”就是具有人性的技术。这种技术有较高的生产率，又具有下述三个重要特点：①价格低廉，基本上人人可以享有；②适合于小规模应用；③适应人类的创造需要。他认为，穷国在资金、能源和资源密集上不及富国，富国的技术不完全适用于穷国，穷国必须考虑本国的人力、物力条件，采用适应本国国情的中间技术，寻求新的生产、消费和生活方式。

舒马赫提出的“人性的技术”和中间技术曾引起广泛的讨论。有些人认为，由于中间技术有其小型、简易、投资低和非暴力性（即尊重生态环境、不强行干预自然系统）等优点，容易消化吸收和推广，更适宜于发展中国家，也有些人认为，中间技术不利于技术进步，会增加生产费用。尽管这样，舒马赫主张发展中国家的技术发展模式应有别于发达国家，仍是值得研究的。在哪些产业领域可以且应当应用中间技术，也值得讨论。

存在主义哲学对技术的批判，是典型地从人性出发的。存在主义者巴雷特认为，有技术的人发动了一场统治自然的狂热的斗争并虚伪地把这种斗争等同于进步；技术本来只是一种手段，但现在变成了人的目的；技术已成为对人的个性的桎梏，人成为与自然界异化的人。“集团的文明同现代技术一道使我们生活在一种缺乏真实性的存在中。个人变成了完全失去人性的对象，他丧失了自己的统一性，被他的社会和经济职能所吞没。”[②]

---

① 〔英〕E. 舒马赫著，虞鸿钧等译，小的是美好的，商务印书馆，1984。

② 刘放桐，现代西方哲学，人民出版社，1981。

海德格尔的技术批判在存在主义哲学中有重要地位，他在《关于技术问题》等著作中认为，天、地、生命和神本来是一个四维连续统一体，但现代技术打破了这个整体，造成了它们的分离和对立，因此，要克服现代技术，技术必须进行转折，要转向“思”，人应该沉思地生活在地球上，应该诗意地存在于地球上。在海德格尔看来，人通过技术活动把自然展现为非对象性的持存在，技术的危险把人类种族推到了生态毁灭的边缘，因而需要一种拯救的力量。他同时又认为使人陷于危险境地的技术也是一种拯救的力量。

生态视角的技术批判是现代技术批判的主流，在生态的、人性的技术批判中又会延伸出新的方向，产生出新的学科，例如，“生态技术论”、“技术人性论”、“环境伦理学”、“生态伦理学”等。

舒马赫技术暴力和人性技术的非暴力性，实质上已是伦理视角的技术批判。他所谓的“技术暴力”指的就是技术强行干预自然系统，而不尊重生态环境。可以说，生态伦理学的技术批判就是循着这种思路的方向发展起来的，当然，生态哲学和生态伦理学首先是对“全球问题”的反思。

生态伦理学对人与自然界的关系的许多重要问题都提出了新颖独到的见解，并认为自己就是“人—自然”系统的伦理学。我国学者余谋昌认为生态伦理学的基本原则是：爱护从而尊重生命和自然界；不应当伤害生命和自然界；应当保护和促进生命与自然界的发展。他还引述了汤因比关于宇宙万物都有尊严性的观点：“自然界的无生物和无机界也都有尊严性。大地、空气、水、岩石、泉、河流、海，这一切都有尊严性。如果人侵犯了它的尊严性，就等于侵犯了我们本身的尊严性。”①

生态伦理学或环境伦理学应用了一般伦理学的一些概念和道德原则，但它已在很大程度上超出了应用伦理学的范畴，或已不再是伦理学的一个分支，而是一种带有生态学和伦理学色彩的人与自然界关系的学说，或现代的“天人关系论”。由于生态伦理学涉及面太广，观点多有不一，在这里对其论点只能述而不评，例如，这些论点中有：“自然界生态权力的不可侵犯性”。主要是反对掠夺性地开发资源，也有人认为，地球拥有消除其身上的破坏因素的能力，如果人类不净化其技术活动，人类有可能被地球排泄掉。②“人与动物是平等的”。要“崇尚生命”、“动物解放”，不给动物带来不必要的痛苦，乃至应当把自由、平等和博爱的伟大原则推广到动物身上去。③

---

①③ 余谋昌. 生态伦理学的基本原则，自然辩证法研究，1992，8（4）：25～29。

② 参见杨通进，动物权利论与生物中心论，自然辩证法研究，1993，9（8）：54～59。

生态伦理学及其提出的种种观点都可以讨论，可以批评，在下一章也会对其中有些看法作点评价。但至少在以下几点上，生态的技术批判和生态伦理学是很有益的。它不仅会帮助我们从新的角度和材料去思考人类改造自然、征服自然和向地球开战等命题，而且使我们进一步认识到确有必要建立起一门人与自然关系的学科领域，不管是把它叫做生态哲学、生态伦理学或别的名称。它对传统的道德规范提出了新的问题和挑战，尽管人们对“生态伦理学”的界说和理解会有差异，但都必须承认和探讨环境道德、生态道德的内容，要求及其意义，至少要以环境道德、生态道德来自律。它对现代技术（机械技术）的批评，对后现代技术（生态技术）的设想，也值得借鉴。

除了社会的、生态的技术批判，还可能会有政治视角的、宗教视角的或艺术视角的技术批判。绿色和平组织或“绿党”的技术批判，就其内容说与前面讲到的类似，区别是更具有政治色彩并有所行动。

参考文献

柳树滋．1993．大自然观——关于绿色道路的哲学思考．北京：人民出版社

什科连科 Ю〔苏〕．1988．哲学·生态学·宇航学．范习新译．沈阳：辽宁人民出版社

绍伊博尔德 G〔德〕．1993．海德格尔分析新时代的科技．宋祖良译．北京：中国社会科学出版社

星野芳郎〔日〕．1985．未来文明的原点．毕晓辉等译．哈尔滨：哈尔滨工业大学出版社

余谋昌等．1985．全球研究及其哲学思考．北京：中共中央党校出版社

第十二章　技术与未来

几乎每一种技术哲学和技术批判都会涉及技术的未来发展问题。研究未来的技术和技术的未来主要与社会学、经济学和自然科学有关，主要不是哲学问题，不能靠哲学来回答和解决。但这并不妨碍人们从哲学的观点去思考技术与未来，而且正由于事关未来的总体和大局，也有必要容许和接纳哲学的探讨。

本章讨论的新的发展观、自然观和技术观，都是对技术与未来的看法，也可以理解为是要讨论未来的发展观、未来的自然观和未来的技术观。当前，“后现代”研究成为一个热点，国内外的不少学者在谈论后现代文化、后现代科学、后现代艺术、后现代哲学，作为当代技术哲学，本应当使本章内容接近于“后现代技术的发展观、自然观和技术观”，但考虑到本书现代化水平就很低，离后现代更远，用了“新”字已属壮胆。想要讲未来、讲新，必应提出过去未见的东西，要有前人未论的见解。本章内容又多与新论不符，只继往而不开来。

一、新的发展观

这里所说的发展观主要是指对经济和社会发展的总的看法，这是讨论技术与未来的一个前提。新的发展、未来的发展，是相对于传统的发展、以往的发展来说的。人类已经走过了农业文明和工业文明的发展阶段，正面临着现代文明带来和伴生的日趋严重的全球问题，已有的社会经济和技术发展模式暴露出许多矛盾，难以也不该原封不动地继续下去了。代之而起的，应是可持续发展（sustainable development）的道路和模式。这里所说的新的发展观，就是对可持续发展的一些看法。

近几年里，在我国的报刊上已发表了许多讨论可持续发展的文章，论述了可持续发展概念的由来、内涵和意义。科教兴国、可持续发展已成为国家的发展战略。探讨可持续发展，必须对国民经济计划、工业、农业、环保等方面的具体问题作具体分析，在本章本节也只能发点大而无当的议论。

第一，可持续发展是一种发展。对于可持续发展，人们是可以主要从“禁止”和“保护”的角度来理解的。讲到可持续发展，就要求禁止乱砍滥伐，禁止盗猎偷杀，禁止掠夺资源，禁止无处理排放，就要求保护生态，保护环境，保护自然。这种“禁止性原则的可持续发展”，重点是在于“可持续”，而不是在于“发展”。

实际上还有一种理解，即认为技术进步（科学技术是生产力、科教兴国兴省）是有助于经济收益、是列入财政收入项的，而“可持续”（环境保护、治理污染）则是财政中的支出项，是有求于经济花费的。这样一种理解会把“可持续”与“发展”对立起来，把可持续发展置于次要的、可被忽视的地位。

正因为这样，就有必要说明或强调可持续发展乃是一种发展，既不是只持续不发展，也不是为持续牺牲发展。为此，又需要讨论可持续发展与零增长、负增长的关系，及在更一般的意义上讨论发展（development）与增长（growth）的关系，以及是否可以和能够做到“放弃增长而转向发展”。

可以简略地认为，社会、国家和地区的发展是其高级化的过程，增长则主要指经济上量的添加、提高。那么，鉴于传统的社会经济战略在实现经济增长同时造成对自然界的破坏，人们能否设想出一种非增长的持续发展呢？这种设想是有过的，《增长的极限》一书中就提出了人类为达到“全球均衡状态”的种种措施。

但是，非增长的持续发展或持续的“全球均衡状态”终究只不过是一种设想。例如说，人类如果要从 2000 年起放弃增长进入这种“状态”，至少必须保持世界人口的出生率等于死亡率（平均寿命不延长），必须保持世界上所有的人的平均物质消耗不再增加（贫富差别亦保持不变）……仅仅人口稳定均衡这一点，就是很难设想的。

好在赞同可持续发展的多数人，而不仅是“乐观派”的社会学家，都不主张放弃增长，他们既看到传统增长模式的弊病，又认为持续发展是包含着适度增长的，可持续发展应当有助于实现合理的、适度的经济增长，包括为财政收入项中增加份额——且只有这样的发展才能真正长期地持续下去。如果国家、地区和企业要走持续发展道路就只意味着支出，只要求花钱，那是持续不了多久的。

既要持续，又要发展，既要有禁令，又要讲办法，应当是对可持续发展的根本观点和态度。我们不仅要避免不可持续的增长，又要找到可持续发展的领域、方案和措施。

第二，可持续发展是与传统发展观有原则区别的新的发展观。明确和尖锐地提出全球和世界各国都面临着对“可持续发展”的战略选择，对“可持续发展”做出界定，是20世纪80年代后期联合国一些纲领性文件中的结论。可持续发展要求“在不危及后代人需要的前提下，寻求满足我们当代人需要的发展途径”，也就是要使人类社会的发展，能够从我们这一代到后代之间，得以持续不断地延续下去。

我们今天讲的可持续发展决不是突发奇想，在人类的古代可以说已有了这种思想的萌芽，或说已有了一种“适度发展观”。例如在我国的古代，就有过“斩伐养生不失其时”以保证“山林不童”、反对“竭泽而渔”和提倡“开源节流”等提法，即容许合理的砍伐和捕捞。

认真严肃地提出可持续发展则只能是现代的和“后现代”的观念。前已提到的《增长的极限》认为传统的增长方式已面临着无法再持续下去的局面，尽管这引起了许多批评，但毕竟已尖锐地提出了问题。与此相关，在20世纪60和70年代，则有更多的学者提出了可持续发展的思想。1966年，美国学者包尔丁主张用生态型经济取代消耗型经济，把发展建立在商品耐用和物质能量再循环的基础上。在70年代，舒马赫以中间技术为核心提出了“为达到持久而设计的生产方式和生活方式”。英国学者克拉克则以倡导“替换技术”（alternative technology）为主题，主张发展既能确保衣食住又不产生公害和浪费的技术。他的支持者杰克逊在其《替换技术论》一书中，描绘了由这种“另一种技术”为基础的“软技术社会”的35个特征，其前5条就是“生态学上的健全”、“投入少量的能源”、“低或完全没有污染率”、“对资源和能源的可以再生产性的利用”和“永远发挥功能”。①

展开地讨论可持续发展与传统发展的不同，涉及自然的持续性、经济的持续性与社会的持续性等诸多方面的问题。但从根本上说可归结为“不能借用儿孙的地球”和“控制人口、节约资源和保护环境”这两个方面。前者是发展原则，后者是发展措施。

“我们再也不能借用儿孙的地球了”，是美国学者莱斯特·布朗1984年主编

① 〔日〕星野芳郎著，毕晓辉等译，未来文明的原点，哈尔滨工业大学出版社，1985。

的文集《纵观世界全局》(中译本由中国对外翻译公司 1985 年出版)中的观点。它生动深刻地说明人类当前的繁荣和今后的发展,不应对人类的未来造成危害和障碍,不能只靠吃老本度日或通过借债来维持当代人的消费,而让后代人亏空和负债。

为了实现可持续发展,必须要有不同于传统发展的战略措施,要有发展模式和发展目标的转变,但这就更超出哲学议论的范畴了。

第三,可持续发展也有它的矛盾,也有难以解决的一系列问题。首先,扬弃传统的发展观就不是一件轻而易举的事情。人们自觉和不自觉地总会把当代经济的繁荣放在首要的,乃至压倒一切的地位,而较少或不顾及目前尚未成现实的子孙后代的未来。

从根本上说,可持续发展是既关注于当今的人们和未来的人们都有所发展的战略,从一定意义上说,是当代人为后代人着想的发展战略,但这是在后代人缺席情况下由当代人来确定。在后代人缺席的条件下确定与后代人命运密切相关的事情,这已是一种矛盾。这不仅可能使持续发展的设计难以做到很周全、很具体,而且会使当代的许多人不把它当作紧迫的任务。

要实现可持续发展,必须更多地考虑未来,考虑到长期行为,而对大多数的人们来说,又是很难避免短期行为追求的。对一般人来说,非常现实的是自己天天要吃、穿、住、用,是自己的经济利益,关心他人包括关心后代也会首先是自己家庭的成员;当然他们也会"老吾老以及人之老,幼吾幼以及人之幼",这已属于较高的伦理境界了。

问题还在于,我们说的可持续发展并不是抽象的人的共同发展,而是在当今世界、当今的人类社会讨论这种发展。在这里,存在着在上一章提到的恩格斯指出的问题:人们行为的自然影响是受社会利益制约的。因此,尽管在文件和报刊(如《中国环境报》)上千百次地强调保护生态环境的重要,还是千百次地发生了破坏性地掠夺和消耗资源;不加处理地排放污水废气、捕杀珍稀和野生动物的触目惊心的事件。

持续发展需要有顾及大局的认识,需要有远见卓识,而利益制约特别是眼前的地方利益、小团体利益和一己利益又会导致利令智昏,乃至利令智昏。如何使人们不要只顾本地、本厂、本人的一时利益,不要只求行为的短期效果,而应同时兼顾和尊重他地、他厂、他人(特别是后人)的长远利益,是持续要解决的矛盾。

持续发展要求转变单纯,片面追求经济增长的模式和目标,持续发展也要有经济增长,发展与增长并非绝对对立。但在持续发展与经济增长之间也不是没有矛盾。持续发展中的利用生态能源和开发新能源，资源的再生利用和综合利用，植树造林和生态农业，会带来新的经济效益，而保护环境、防治污染和提高人的素质又是需要投入和支出的。对于经济还不够发达的发展中国家来说，既要摆脱贫困又要避免污染环境，常会碰到更突出的矛盾。

在这里主要起作用也往往不是认识上的问题，或不仅是靠提高认识能完全解决的问题。在原则性的认识上，人们并非一点也不懂得先污染后治理不可取，并非根本不了解教育事业的重要，但在现实操作上却可能陷入“明知故犯”的困境。对一个钢铁企业来说，它本应该既用5000万元来兴建一座高效的吹氧炼钢转炉，又用5000万元来设置转炉的收尘系统，但它手中却只有5000万元。理想的方案是等有了1亿元后才两者兼而建设，否则宁可不上，但也会有人主张先上炼钢转炉等赚了钱再上收尘系统，这就难免在实际结果上要走一段先污染后治理的道路。

当然，作为国家的环保政策，一个企业的项目如缺乏防治污染的措施是不会批准的，但这并不意味着持续与发展就没任何矛盾。其实，这种矛盾对国家来说也存在。为了持续发展，必须提高下一代人的素质和技能，为此就需要增加对教育事业的投入，然而，无论在美国、日本和中国，都发生过和发生着为支付更紧迫需求而难以保证足够教育经费的问题。

分析可持续发展的矛盾，只是为了说明持续发展是复杂的，不可把它看得太简单了。从战略上说，对这些矛盾不必持消极态度。我们既要科教兴国又要持续发展，在发展的过程中不断地解决这些矛盾。当前的一个任务是要广泛宣传新的发展观，只不过在这种宣传中要有针对性地论及和分析这些矛盾。

二、新的自然观

讨论技术与未来，既与发展观紧密相关，也与自然观密切联系。要实现可持续发展，保护生态环境，必须要有新的自然观或自然观的转变。

传统发展的弊病也是来自于某种自然观信念的，简言之，这就是片面强调人类应当并可能征服自然、战胜自然。卢风在其《放下征服者之剑》的文章中认为：“今天虽然有人在不遗余力地呼吁保护环境，许多国家也确实迫不得已地采取了一些保护环境的措施，然而所取得的成效却远敌不过继续破坏环境的势头。之所以如此，人类信念方面的原因有二：其一是把自然界当作异在的客体加以征服的观念还没有被人与自然血肉相连的观念所取代；其二是人生活自文艺复兴以来一直为享乐主义所支配。"[①] 他把"急功近利的褊狭心理"也归于享乐主义，认为本位主义、利己主义皆源于享乐主义。上节已涉及他所说的"享乐主义"，本节主要探讨前一个方面，即也如此文所说，"人类亟须一次自然观的革命，亟须纠正对自然及其与人类之关系理解的错误。"[②]

所谓新的自然观其实也很简单，就是许多文章和著作中已讲到的"人与自然的协调发展"。或略为具体些，是认为古代人有顺应自然、畏天命、天人合一的观点，近现代人则把自然作为改造、变革的客体，要征服和改造自然，做自然的主人，并相信人定胜天，当代人应当把人与自然作为一个整体性的、协同的系统，求得人与自然的协调发展。

然而，在怎样解释和论证新的自然观上，却涉及颇为复杂的问题，人们的看法颇有不同。在这个问题上，已提出了诸如"人类中心主义"、"非人类中心主义"、"自然界的利益"、"自然界的权利"等等概念，在全国性的学术刊物上已发表了许多争论文章。本节主要不以学术争论的方式展开，而着重于说明作者对新自然观的理解，当然不可免会涉及不同的观点。

第一，新自然观仍是以人类为主体的自然观。自然观是人对自然界的根本看法，包括人对自己与自然界关系的总的看法，这是人的或以人为主体的思想观念和哲学意识，本不应成为问题。但由于在国内外都有人认为"以人为主体"乃是传统自然观的错误出发点，是导致人类破坏自然和污染环境的总的根源，又不得不重申一下。

其实，我们所能讨论的一切知识和观点都只能是以人为主体的，我们所知道的一切科学（物理学、化学、生物学、气象学等等）都是以人为主体对客体的认识。我们不知道也无法讨论无主体的科学和哲学，至今也不了解别的什么动物有什么学说，也无法了解以别的生物为主体的生态学。恩格斯曾经就一位研究者发现蚂蚁对紫外线非常敏感评论说，"我们能够证明蚂蚁看得见我们所看不见的东西，而且这种证明只是以我们的眼睛所造成的知觉为基础的"，这也可以说明"蚂蚁光学"仍是以人为认识主体的，而不是以蚂蚁为主体的光学，恩格斯在这个评论中接着还说，当然，我们永远不会知道，化学光线在蚂蚁眼里究竟是什么样子。谁要为这件事情苦恼，我们可一点也不能帮助他。

谁都不会怀疑，物理学、天文学以及历史观，艺术观是以人为主体的，却为何生态学、自然观却能消解人的主体或要无主体呢？新的自然观也只能是以当代人为主体的自然观，人与自然的协调发展也应当是以人类为主体的。

---

①② 卢风，放下征服者之剑，自然辩证法研究，1994，10（6）：1～7。

如果咬文嚼字，人与自然的协调发展也可以作不同解释。无疑，自然界本身也有其自身的演化、进化和发展的历程，人类已经并还要继续其演化发展，包括其生理的和社会的进化。人与自然的协调发展从逻辑上说就可以有三种理解：一是以人类发展为主词或主体，人类的发展必须与自然环境的状况相协调，而不违反自然进化、自然发展的规律和要求；二是以自然发展为主词或主体，人类的发展要适应自然进化的过程和水平，遵循自然发展的要求；三是以人类发展和自然发展二者的统一为主词或主体，二者平等平权，互相协商对话。

这三种提法中应当说只有前者是现实的。自然界本身或非人的自然界确有它的演化，但在亿万年里谈不到与人的协调发展，在人类产生以来约近几百万年中，自然界本身也只有很缓慢的改变，也很难设想人类和人类社会只能适应自然界演化的缓慢进程。人要成为自然界的主人，主宰自然界的主人，固然有其片面性，自然界主宰人，人只能驯从于自然，也未必可取。

第二，新的自然观，人与自然的协调发展，仍然包括人类改造自然的内容和要求。在批评传统自然观，强调生态自然观中，被谴责最多的观点之一，就是人类改造自然了。那么，我们可以放弃这一提法，弱化乃至取消人类改造自然的任务，或认为人类改造自然的观点已经过时了呢?

在包括海德格尔以及一些后现代派的哲学家的著作中，在许多生态伦理学的文献中，几乎都是只讲人与自然界的和谐、共同进化的友好相处，不讲人与自然斗争、变革自然和改造自然的。

但问题在于，人与自然界过去、现在和未来都是一对矛盾，人类对自然界固然并非都足够理解、充分友好，且常常掠夺和破坏自然界，自然界对人类也并非足够支持、和平相处，并常常威胁和为害于人类的。这突出地表现于持续不断发生的自然灾害：世界范围内重大的突发性自然灾害包括："旱灾、洪涝、台风、风暴潮、冻害、雹灾、海啸、地震、火山、滑坡、泥石流、森林火灾、农林病虫害等。"[①] 1975年我国驻马店地区的洪涝造成数万人死亡，1470～1949年北京地区出现170次干旱，1556年陕西地震造成82万人死亡。

人类没有办法让自然灾害不再发生或消灭自然灾害，（也许自然灾害也属于一种"自然权利!"），而是只能提出"减灾"的任务和要求，但减灾也属于人类与自然界斗争，也要求有人类对自然界的改造。仅从这点看，人类改造自然并非是人类生性好斗或生来就以斗天、斗地为乐，而是由于自然界对人类不那么"友好"所致。人类要生存和发展就必须要改造自然，过去如此，今后也无法摆

---

① 宋健主编，现代科学技术基础知识，科学出版社，中共中央党校出版社，1994。

脱，这正如马克思所说，“像野蛮人为了满足自己的需要，为了维持和再生产自己的生命，必然与自然进行斗争一样，文明人也必须这样做；而且在一切社会形态中，在一切可能的生产方式中，也都必须这样做。”①

总的看，人与自然的协调发展，一方面是要保护自然环境，另一方面是要减灾防灾，不能只讲前者不说后者。在宋健主编的《现代科学技术基础知识》一书的“人与自然协调发展”一章中，把“自然灾害与减灾”列为一节，是很有见地和值得深思的。当然，保护环境与减灾相互制约，不少自然灾害和自然灾害的严重性与环境破坏（如植被被毁水土流失）直接相关，可以说保护自然环境在人与自然协调发展中局首要地位，但这决不意味着保护好环境自然界就不再为害了。

附带说，“自然灾害”一词也是以人为主体的，如果以自然为主体，山崩海啸、狂风烈日都属正常现象，有何灾害可言。

第三，在人与自然关系的讨论中，涉及怎样看待“人类中心主义”、“非人类中心主义”问题。有人主张要“走出人类中心主义”，有的则要“走进人类中心主义”，有的提出要抛弃“绝对的或强化的人类中心主义”，倡导“相对的或弱化的人类中心主义”。在上面两点中实际上已说到作者关于人类中心问题的观点，这里略作补充。

当今讨论的人类中心主义，首先是作为被批评的思想提出的，即认为造成生态环境的思想根源是一切以人为尺度，一切从人的利益出发，为了从根本上解决生态环境问题，就需抛弃人类中心主义的自然观，进入非人类中心主义，即要确认一切非人的自然事物（其他生物乃至无机物）的价值和利益。

但是，尽管人们对“人类中心主义”、“非人类中心主义”给予了界定，这两个概念恐怕是难以成立的。本来，中心是相对于环境而言的，它发端于几何学，正圆有一个中心，圆周环绕中心，椭圆则环绕两个中心。天文观上的“地心说”和“日心说”之争也可以说就是“环绕”之争，是众天体都围绕地球运行，还是太阳系的诸行星包括地球都围绕太阳运行。宗教神学把地心说引申为上帝把人类安排在宇宙中心的地球上，因而使人类成为宇宙万物的中心，这可以说是一种人类中心论。

即或是我们通常所说的中心工作、中心任务，也大致是从围绕与被围绕的角度来讲的。当确定或强调某某任务是中心时，就意味着其他任务要围绕这个中心来进行。例如我国转到以经济建设为中心，学校以教学为中心，农村适时

① 马克思恩格斯全集（第25卷），人民出版社，1974。

以春耕为中心，特定条件下以救灾为中心等等。

至于我们现在讨论的人类中心主义、非人类中心主义，恐怕已不是严格的环绕、围绕与被环绕、被围绕的关系了。即或是当今的强人类中心主义也不会认为宇宙万物包括其他生物都围绕人在生存和活动，而只是认为人们一切以自己的尺度和利益为出发点。同样，所谓非人类中心主义或“生物中心论”，也并不认为宇宙万物包括人要围绕自然环境和其他生物来生存和发展，而只是认为一切自然事物特别是其他生物都有其利益和价值，并应受到人的尊重。

当然，问题主要还不在于环绕与被环绕的形式。很有可能，在人与自然界的关系问题上以人作为认识自然和改造自然的主体，就会被视作人类中心主义，这至少是由于以人类为主体就要从人类的利益出发，但这不仅是应当的，而且是只能如此或“无可奈何”的。可持续发展要求不仅考虑当代人的发展也要顾及后代人的发展，亦是以人类为主体的。重要的是我们所说的以人为主体中的人不仅是当代人还包括后代人，人类利益不仅要满足当代人的利益，而且要尽可能充分地有利于满足后代人的利益，不仅有当前利益还要有长远利益。我们应当和只能有包括当代人和后代人在内的人类主体论，如果一定要把它看作人类中心主义，也可以说它是“新人类中心主义”或“后人类中心主义”——区别于只以当代人为主体、只顾当代人利益的主体论或“传统人类中心主义”，尽管作者不大赞成人类中心主义的提法。

我们对自然界的认识和行为只能是以人类为尺度，而难以从自然界本身利益出发的，也不能以同自然界讲道德作规范，我们要消灭老鼠、苍蝇、蚊子和各种危害农作物的害虫，并不是因为我们抽象地反对“崇尚生命”的原则，而是因为这些生物会传播病原、破坏粮食蔬菜、危害人类。当然，抽象地说，也可以认为老鼠、苍蝇、蚊子和害虫有它们自己的“利益”，至少它们也要生存，但即使崇尚不杀生的人们也不会尊重这些生物的生存权，因为尊重它们的生存权就等于不尊重人类的（自己的和他人的）生存权。至少在生物界，起作用的是生存竞争的规律，而不是伦理规律。

我们同时又要保护许多种类的动植物，这也不是因为我们抽象地拥护“崇尚生命”的原则，而是因为这些生物的存在有益于人类。动植物保护大约有以下一些情况：一是某些生物有重要研究价值又已稀有，例如熊猫能吃竹子而长得身肥体壮，如果我们还未弄清这种机理熊猫就灭绝了，人类就丧失了这种研究的可能。每一种生物都是一个基因库，也就是一座知识库；二是某些生物是食物链的重要环节，它们的灭绝会破坏食物链，造成连锁反应危及人类；三是某些生物有观赏价值。所有这些，都不是以动植物自身的利益为出发点的。

对生物的保护也有其限度。一般情况下人们应当保护大象，但如果某时某地大象繁殖过多有害于人类也得适量捕杀。一般情况下人们应当保护老虎，但如果老虎要伤人，就要向武松打虎学习。总之，这里并没有抽象的生物权利，对于“大鱼吃小鱼，小鱼吃虾米”，人类无法一般的确定是保护大鱼权利、小鱼权利还是保护虾米的权利。这有点像两个球队在比赛时都虔诚地祈求上帝保佑，上帝也难以确定究竟如何保佑两队都赢。

就此而言，在人与自然界关系上，为了有助于保护生态环境和持续发展，与其充当一切生命和自然物利益的代表者和权利辩护人，莫如充当后代人利益的代表者和权利的辩护人。我们的后代至少是子孙是现实的，他们也应当要满足自己的需要和有发展的机会，他们的利益和权利必须且可能现实地受到当代人的尊重，当代人无权也不应该侵犯后代人的利益，保护环境及保护有益于人类的动植物是当代人对后代应尽的职责和义务。如果说这就是生态伦理学，那么它乃是人类的、现实的生态伦理学。

第四，人与自然的协调发展是新的自然观，也是新的发展观，为了实现人与自然的协调发展，人们需要转变观念，作出努力，付出代价。

仅从上面几点看，似乎这里讲的新自然观并没有什么新意，仍是“老自然观”。新意不多是事实，但并非全是老的。

人与自然的协调发展，如果借用政治术语作比喻讲，包括人对自然又团结又斗争的两个方面。人们对于自然环境包括其他生物是要有斗争的，同时人们又应当爱护自己赖以生存的自然环境，要对自然界讲团结。作者不赞成对自然界只讲和谐团结，不讲斗争和改造的“自然观革命”，也不认同传统自然观中对自然界只讲斗争、支配、征服、战胜，不讲协同、团结的倾向和气概。

人对自然界的斗争，如果再借用军事术语作比喻讲，又包括防御性作战和进攻性作战两种形式或类型。对于自然灾害的斗争主要是防御性的，要尽力减灾，对于自然界的采取加工的变革主要是进攻性的，要有所节制。作者不赞成只谴责进攻不讲防御，也不认同无节制的进攻。

但是，由于确实存在着前面提到的“急功近利的享乐主义”，由于当今的世界存在着激烈的竞争，也由于人们创造和运用了大规模的、强大的现代技术武器，特别是在 20 世纪里，人类在征服自然和进攻性斗争中，已经走得够远和过远了。在高举人定胜天旗帜队伍的冲击下，可以说自然界沉重失败，出现了资源和能源的危机，环境破坏，污染严重，同时又使“胜利者”的健康和生存面临威胁，使儿孙们的发展难以为继。

为了实现可持续的、人与自然协调的发展，需要充分揭示和宣传当今存在的资源问题、环境恶化的实际情况（由于本书限制只能空论多，几乎没有实际资料），又必须有观念上的和战略模式上的转变。

需要放弃征服自然、人定胜天、向地球开战之类的提法，反省“喝令三山五岳开道”、“人有多大胆，地有多大产”的豪言壮语，总结先污染后治理的教训，坚决执行环境保护法、矿产法、野生动物法等法规条例，批判本位主义、极端利己主义等。

但只靠思想的、法制的措施并不能从根本上保证人与自然的协调发展，重要的是必须要有发展模式上的战略性变化，包括经济目标、科研方向和生活方式上的转变。

例如说我们未必一定要成为年产钢超过亿吨的头号钢铁大国，却要以更大的精力来提高钢材的成材率和质量，降低吨钢的物耗和能耗，使黑色冶炼进一步“清洁化”。

再例如说我们未必要羡慕和追求各家各人都拥有一辆汽车，未必以此为目标去迎接“轿车时代”的到来，而有必要在完善公共交通上下更大的功夫。

又例如说我们未必要在人均肉类消耗量上与欧美国家相比，未必过多依赖于化学合成西药，而应有适应于东方民族的营养标准，并在传统医药的高级化上作更多努力。

还例如说我们未必要特别强调年经济增长达到偏高百分点的指标，有时还可牺牲一点增长率来投入环保和教育，并且要有可监督比较的环境质量指标。

要做到这一些必然会涉及人们的生活方式、消费方式。显然，高消费、高浪费是有悖于人与自然协调的，如果当今世界的人们都按照现在美国人的标准生活，那么全球商业能源的消耗和温室气体的排放就要比今天增加 5 倍！当然人们会问为什么只有美国人才可以按高标准过高消费生活，而别的人就不行呢？其实，美国人自己就对此有所怀疑的，有人曾对一些美国人询问：你认为在美国高速公路上大量地是一个人用四座车跑路，这是否合理？多数人回答说这是很大的浪费。不过，再询问到：你是否愿意与他人合用一辆车时，又答曰不愿意。

要做到这一些不仅要妥善地解决诸多的实际问题（如怎样避免被“开除球籍”，保持民族独立），而且必须有自我节制，要有所忍耐和付出代价。如果只是书生论道，如果以为从传统发展到人与自然的协调发展可以没有牺牲和代价而轻易转变和实现，如果把人与自然的协调仅仅作为一个哲学观点或口号，就确实没有新的自然观和新的发展观可言了。

三、新的技术观

生态环境等全球问题的产生是与近现代技术的发展和应用分不开的，因而，有一些学者认为，为了根本摆脱生态危机，有必要舍弃现代的大型技术，回到中世纪和古代的“田园诗般的生活中去”，甚至有的人主张要追究倡导现代科学技术的伽利略、弗·培根等人的“罪过”。

但大多数当代的学者则认为，由技术造成的全球问题的解决还得依靠技术手段，还必须要有技术进步和技术创新。重要的问题是，为了支持可持续发展，我们究竟需要主要开发和应用什么样的技术，对此已见到一些论述，这里不能具体讨论，只能提出一些极为粗略的设想——名曰新技术观，认为在技术观上应当考虑以下几个方面的转变。

第一，在技术的价值观上，要从注重技术的社会经济价值转到兼顾技术的生态价值，从注重技术的历史意义、现实意义到兼顾技术的未来价值。

对于技术，人们已讲到其经济价值、政治价值、军事价值、文化价值等等，恐怕需要再增加关于技术的生态价值的考虑和考察。所谓技术的生态价值，狭义地说，是指技术在保护生态环境、防治污染上的作用，这应当是现代技术应有的重要职能。我们不能也不该只认定技术及其应用的负面作用，不能也不该只判决技术要对生态环境的破坏和造成污染负责，而且要肯定有一些技术在生态保护、环境优化、污染处理上的特殊效益，例如污水处理技术、集尘除尘技术已发挥了治理环境的生态价值。

广义地说，技术的生态价值，是指技术对人类未来的发展、未来的生活的意义，在我们今天说，许多技术至少在今后 50～100 年仍持续有益于人类，也可以说技术的生态价值就是技术的“未来价值”。

前面已讲到各种技术都有其生命周期，古代的某些成熟技术如打制石器在近代失去其重要意义，近代的某些成熟技术如平炉法炼钢在现代已基本上退出历史舞台，很有可能，现代的某些成熟技术如高炉炼铁、内燃机车也会在 50～100 年后减缩其应用程度。同时，还有一批技术则是当代人已经和正在为后代人作出的贡献——不能只讲我们的子孙会因为当代人运用技术有消极后果而谴责我们，我们的子孙也会因为当代人创造出未来技术而感谢我们，正像我们现在仍在感谢和怀念 100 多年前发明电力、飞机、抗生素的人们。

当代人至少为子孙后代留下了以下一些有重要生态价值的技术成果，如各种粮食、蔬菜的栽培技术，造林治沙技术，光电转换（太阳能利用）广播、电视、计算机技术及生物工程技术等等，这些技术无疑对后代人是必不可少和大有意义的。

要确认和研究技术的生态价值，其目的之一是当代人应更自觉重视给后代人留下技术上的可贵遗产，有益于他们的持续发展。例如关于开发新能源的可控核聚变的研究，关于开发海洋资源的研究，关于金属陶瓷等新材料的研究等。应当从“当代人要为后代人开发技术”的观点来看待和对待这类技术研究，发挥技术的未来价值或生态价值。当代人要避免会危害于子孙的技术应用，也要致力于会有益和造福于子孙的技术创造。

广义的技术生态价值主要是一种理论观点，难以作定量评价。狭义的技术生态价值即技术对改进环境质量上的贡献，应当是有其定量指标或可衡量比较的，某些技术应用带来的环境破坏或环境质量下降，可视为负的生态价值，负生态价值也应能比较衡量。确定技术生态价值的指标并作定量考察可能很难，但值得研究，这种研究或许有助于我们进行恰当的技术选择——某些技术应用会有较高的经济效益，但负生态价值也高；某些技术应用会有较高的生态价值，但经济效益相当差；某些技术应用的经济效益和生态价值均居间（中等）。如果我们对技术的正负生态价值完全没有定量的估计，完全没有可衡量的指标，而只有技术哲学，就难以在技术选择上有具体分析。

第二，要在全面分析材料、能源与信息的关系的基础上，合理对待信息技术、能源技术和材料技术的开发与创新。材料、能源、信息是人类文明的支柱，也是可持续发展的基本要素，但对现代和未来条件下这三者的地位、作用及相互关系，特别是关于何者扮演主角，还可以作些讨论。

可以把广为流传的见解概括为两点：①在古代有突出意义的是材料（石器、铁器），近代是能源（蒸汽机、电力），现代是信息（科学知识、电脑），②实现可持续发展主要地应依靠信息技术，信息技术和信息产业最节约材料、最省能源、几乎不污染环境，而且有很高的效益。

这两个观点前者反映历史实际，后者亦颇有道理，这里还可以作点补充。可持续发展要求在材料、能源和信息上都可持续，但资源特别是非再生性资源会枯竭，在已有的材料（如钢铁）的基础上未必会衍生出新材料（如高分子聚合物），在已有的能源物质（如煤、石油）的基础上未必会发展出新能源（如核能），只有信息（如科学知识）则会在原有基础上积累和不断创新，持续递进，信息按其本质说是长存的，不可能把已有的知识消耗掉导致信息枯竭，信息积累自然会产生新知识，一般情况下我们也只用新材料、新能源的提法，而不提

"新信息"。

但是，如果把可持续发展的希望和基础主要地寄托于信息产业和信息技术，又有可商榷之处。确实，如果从"投入产出比"、"效益物耗比"、"效益能耗比"和"效益污染比"来衡量，信息产业必属最优，信息技术功劳最大。然而，可持续发展的基础和前提，是要不断地解决人类衣食住行、生老病死和优化生活质量的问题，信息技术特别是微电脑的应用与这些问题紧密相关，非常有益，但计算机本身并不能提供食品、住宅、衣物和车船，信息既不是物质也不是能量，发展却既需要信息又需要物质和能量。再者，信息产业虽然对环境几乎是无污染的（"信息污染"另当别论），信息技术本身并没有防治和减少污染的功能，计算机在强化化工和冶金工艺时，还可能增加废物排放。

为此，我们在讲新技术观时又要回到"旧技术"去，即在强调现代信息技术、微电脑的同时，要充分重视资源技术、能源技术，把更大的注意力投向开发新材料、资源综合利用、开发新能源和节能。讲可持续的发展一定要关注于资源的可持续性、能源的可持续性，而不要夸大信息的主角地位。

极而言之，从根本上解决可持续发展问题，主要地还不在于信息，而在于能源。一方面，提高能源的利用效率，节能，也就减少了污染，保护了环境，另一方面，解决了能源问题，也就解决了资源问题，可以设想，如果我们有了足够的"持续能源"，许多目前还不是资源的东西（如低品位矿物）就会源源不断地成为资源，被加工成多种材料，而不发生"资源枯竭"，反之，如果能源不能持续，资源也难以为继。

这里提出了"持续能源"的概念，与我们通常所说的"再生能源"略有区别。在许多文献中都有这类界定："再生能源是指水能、生物质能、风能、地热能、潮汐能等，在消耗后可以从自然界较易得到补充的能源。"而核能和核燃料（如海水中的氘），虽是人类可能取之不尽的能源，则被纳入非再生能源的范畴。再生能源与非再生能源的划分，主要是从天然自然或"一次能源"着眼的。

持续能源则着眼于可持续发展中能源的不断利用，它包括能从天然自然得到补充的再生能源，也包括人工自然创造中获得的取之不尽的能源，如太阳能发电、受控热核聚变（研究中）等。当然，只提出一个概念，根本无助于解决实际问题，最多可供评述可持续发展和能源问题时参考。这里只是对信息主角论有点疑议，乃至是要主张，真正实际地实现可持续发展，第一位的是要致力于研究和开发持续能源，发展能源技术，至少要把能源技术、材料技术和信息技术放在同样重要的地位，而不必强调主次。

第三，在技术发展的模式上，有必要提出和讨论"生态技术"、"技术生态化”、“持续技术”之类的概念，兴办生态产业，进行地区的乃至国家的生态规划。

生态技术（ecotechnology）和生态工程（ecological engineering）的概念是国外学者在20世纪80年代提出的，它与环保技术、环境工程紧密相关又有些差别。实际上，在人们提出可持续发展以前较久，就已有了环保技术，如处理“三废”（废气、废水、废渣）的技术。现代的环保技术则增加了噪声控制、放射性物质防治、废热防治的内容。为了保证可持续发展，环保技术的开发利用有极为重要的意义，自强调可持续发展战略以来，环保部门的工作得到前所未有的重视，环保经费有了较多增加，环保技术开发有了新进展。

但环境保护和环保技术毕竟还只是可持续发展的一个环节和局部，还不能从根本上和全面地解决人与自然协调发展的问题。环保技术虽然包含着在人类活动（如兴办工业）中避免和减少污染的措施，但在很大程度上是针对会产生有害物质的防治，是一种被动的控制或事后的控制，而且通常需要较多的花费。再者，环境保护虽与资源、能源、人口密切相关，又不直接针对和解决资源能源问题。

因此，从战略思想上必须要把可持续发展或人与自然协调发展，同环境保护作必要的区分，而不能把它们等同起来。有些人一听到或看到“可持续发展”的提法就想到环保，乃至认为这主要是环保部门的事，主要是要增加环保投入，要扭转这样的片面观点。

因此，从技术观上有必要把可持续发展技术，同环保技术作必要的区分，或可以说要从传统技术（包括传统的环保技术）转到发展可持续技术上来。例如从烧煤、石油转到利用风能、太阳能和地热，水资源的循环利用，“废物”的再生加工，以及造林、治沙、滴灌等，均属于持续技术或生态技术，而不是环保技术可涵盖的。

这里所说的可持续技术或生态技术，与传统的工业技术的差别主要是：前者不是因会造成污染而去防，不需因已造成污染而去治，因而可以说是一种积极控制或事先控制，经济上也更可行。从这点看，持续技术远超出了环保技术的范畴，且持续技术不仅是一类技术的总称，更主要地是一种技术观和技术选择战略。

持续发展要有生态技术，还要有生态产业如生态农业、生态工业（如生态化工）。农业是人类生存和持续发展的基础，所谓生态农业是既要保持农业生产力的稳定提高，又要保证农业资源和能量的合理利用、循环再生，实现农业系统的整体优化。例如在我国已有了不少发展生态农业的生态村、生态户，他们或利用间种、套种、混种最大限度地增加了单位空间的生物产量，或利用鸡粪喂猪，猪粪养鱼或下沼气池，沼气烧饭照明，沼液喂猪，沼渣培育食用菌，下脚还田，等等。

生态农业在本质上应视为持续农业，尽管有人认为两者有重要区别。但问题还在于生态农业既有其合理性，又有矛盾和困难。农业和农户总是要讲经济效益的，生态农业会有较高的生态价值，却未必都有较高的经济效益，而后者却可能妨碍生态农业的推广。例如一家农户如果从事鱼鸭混养，鸭粪肥水，水肥鱼，就生态看可取，但如果其经济收入不及养鸭专业户、养鱼专业户，“生态户”就难扩大。为了解决这类矛盾，真正发展生态农业或持续农业，还有待于生态化农业技术的提高和完善，这也要寄希望于未来。

第四，在技术结构上，要从立足于发展和利用“无机技术”过渡到兼顾生物技术。

到目前为止，我们的整个技术体系特别是工业技术，无论是采取、加工、控制，无论是蒸汽技术、电力技术、内燃技术、材料技术和计算机技术，都是以利用物理化学规律为基础的“理化技术”或无机技术。这类技术今后还需要继续发展并发挥重要作用，强调 21 世纪是生物世纪而低估无机技术的前景和意义是不切实际的。

但从持续发展和人与自然的协调看，以理化技术为中心的技术体系是否最高级、最合理、最有前途又值得怀疑，很有可能，我们还要有或会发展到一个以生物技术为主导的技术体系和产业体系，这个新的体系将会更有益于保护环境，更有益于利用资源，更有益于人类的未来。

关于生物技术的意义已有了许多议论，但讨论得比较多的是基因重组、无性繁殖等技术最新成果。是否可以说，当今生物技术的发展和应用本可包括两个互相联系又互相有区别的两个方面：一方面是传统生物技术的高级化，另一方面是现代最新生物技术的实用化。

广义地说，凡与生命有机体物质和生物过程的采取、加工、控制相关的技术，包括农、林、牧、渔的技术，医疗技术，食品加工和动植物药品制备都可以看做是生物技术，这些技术早已有之，可称为“传统生物技术”。这些成为传统，一是历史悠久，对人类有益，人们离不了它们，再一也是它们的现代化程度还不够，后一点也意味着传统生物技术的高级化有相当大的潜力。

人们经常讲到化工产品的精加工、深加工即精细化工，其实，人们对动植物的利用也有精加工和深加工的余地。例如养羊不仅可以食其肉、衣其毛皮，还可以提取有重要保健价值的羊胎素。长期以来我们对各种中草药只是粗加工、浅加工利用的如熬中药，只是在近些年才更加重视对中草药的提纯，如制成针剂，“绿色药物”还有广阔前景，减少对化学合成药物的依赖不仅对人体有益，也有助于改善环境。

现代生物技术，基因工程、细胞工程、酶工程、微生物工程、蛋白质工程的发展，对培育优质农作物和食用动物新品种，农作物自我供肥增产，把不能食用的生物原料转化为食物代用品或饲料，在廉价原料中提取氨基酸、维生素，生产高效药物，可能并已经发挥了重大作用。而且，现代生物技术还有开发再生新能源和增强环保能力的功能，如“生物冶金技术”（细菌浸矿）、“环境生物技术”（生物降解）。

当然，现代生物技术也有其安全性问题，也有其负效应。作为生物技术的专业工作者可能需要更多地看到基因工程等生物新技术目前仍是不够成熟的，避免夸大生物技术及其产业化的现实作用，而并非专门从事生物技术工作的人们需要更多地看到生物技术对农业、医学和环境的积极意义，避免夸大生物技术在伦理和社会问题上的害处。

第五，在技术工作的方向上，要从发展“小技术”过渡到发展“大技术”。

在科学观上较早（20世纪60年代）就有“小科学”与“大科学”之分，所谓小科学不仅是指历史上的科学家主要用自己的经费、自己制造的仪器研究自己喜欢的题目，而且主要是指为科学而科学的研究传统。“小科学的研究目的不是把科学的知识应用到生产上，来改造世界。它的主要目的是认识自然的奥秘。这是‘小科学’的最高宗旨。”①

这里讲的“小科学”实际上也蕴含着“小技术”，可以说，“小技术”主要是指就技术论技术，也可以说是一种“单纯技术观点”。问题是，我们过去讲的单纯技术观点，乃是用来批判知识分子的一顶政治帽子，是宣判某人是资产阶级知识分子的一项罪状。就这点说，在我国的广大知识分子已是工人阶级的一部分的今天，单纯技术观点的提法，应像以阶级斗争为纲的提法一样不再使用。

然而在当前，即或对一些非常热爱祖国的技术工作者来说，也存在着对技术与社会经济的结合认识不足，对技术促进社会经济持续发展关心不够的问题，仅仅就这一点看，而且把话说得尖锐点可以说仍存在一种“单纯技术观点”。相对看，所谓“大技术”，不单是指现代技术的规模大、经费多，主要是指现代技术是与社会经济紧密结合的技术，指技术与社会经济的协调发展。

技术工作上的“大技术观”主要表现在对技术创新的理解和实施上。技术

① 赵红州，大科学观，人民出版社，1988。

创新绝不仅仅是建构某种新的设想、进行新的试验和发明新的产品，而是技术成果向产品化和商品化不断逼近的过程，创新始于技术构思，终于它在商业上的首次应用，包括市场创新、管理创新、组织创新、制度创新等一系列环节。树立大技术观，必须要充分重视经济决策和市场的意义，重视企业是技术创新的主体，重视要增强企业在技术创新上的动力、活力和能力。

无论是技术工作的领导者、组织者还是技术工作者，都有必要确立以技术创新为核心的大技术观，中共中央和国务院 1995 年 5 月 6 日作出的“关于加速科学技术进步的决定”中特别强调了技术创新的重要性。

参考文献

牛文元．1994. 持续发展导论．北京：科学出版社

欧阳志远．1994. 生态化——第三次产业革命的实质与方向．北京：中国人民大学出版社

孙小礼．1995. 可续发展与科学技术，自然辩证法研究，11（3）：1～9

汪信砚．1996. 人类中心主义与当代生态环境问题、自然辩证法研究，12（12）：13～17

余谋昌．1994. 走出人类中心主义．自然辩证法研究，10（7）：8～14

远德玉等．1997. 企业技术创新概说．沈阳：东北大学出版社

张坤民等．1997. 可持续发展论．北京：中国环境科学出版社

后　　记

2009年秋，陈昌曙在完成《通俗哲学简编》一书后身体状况已明显不好，但他还是想将已经出版了10年的《技术哲学引论》再修订一下，这是近几年来他越来越强烈的想法，他想通过修订这本书充实并完善他倾注毕生的技术哲学学科。

2008年，中国自然辩证法研究会曾征求他对自然辩证法研究工作的意见和建议，他非常认真和重视，就技术哲学的发展提出了几点建议：

第一，技术哲学的研究要与整个哲学学科发展相协调，与国外哲学发展相协调，他还指出对现象学与技术哲学的关系做一些探讨会有助于技术哲学研究。

第二，技术哲学要关心自己的姊妹学科——科学哲学的发展。在技术哲学研究中要注重科学哲学的元素，例如，要研究技术科学。

第三，技术哲学应该关心工程哲学的发展，技术哲学已经对工程哲学的产生、形成做了一定的贡献，还要继续关心工程哲学在探讨和可以探讨的问题，并从工程哲学中吸取营养。

第四，技术哲学研究者不仅必须了解现代新技术的发展，而且要知道发展中的问题和哲学意义，也需要了解基础自然科学的进展。总之，在全球的科学技术高速发展的形势下，我们更要关注国外对技术哲学的研究，尤其是研究动向。

昌曙一直特别强调技术哲学的大众化，既然是技术哲学，就应为科学家、技术人员、工程师们所关心并积极参与其中。多年前他与远德玉教授共创的《工程师论坛》的宗旨就是希望它能成为广大工程技术人员积极参与并且喜爱的杂志。昌曙还认为要使科学技术发展尽可能保持合理的方向，使之有益于人类，技术哲学应该有所贡献。

说到此书再版的经过，就不能不特别提到东北大学出版社的刘振军编辑，他为陈昌曙能在电脑上修改，将此书全部扫描电子化，谨此对刘振军编辑从始至终的热情帮助表示真诚的谢意。

不幸的是到了2011年初，昌曙的病情迅速恶化，他自知再不可能进行该书的修订工作了。东北大学技术哲学研究所的同仁便与科学出版社联系再版事宜。昌曙得知科学出版社同意再版时甚感欣慰，也自叹道："这下就好了，书该是够用了（此书已很难买到），不过不能对它加以修订还是很遗憾的事。"

最后，感谢科学出版社，从责任编辑到美术设计到校对排版，每一个人都为此书的再版付出了大量辛苦工作。科学出版社编辑不厌其烦地一遍遍将书的全文、封面发给我们，反复征求我们的意见，才得以有今天——陈昌曙的《技术哲学引论》终于以崭新而精美的面貌和读者见面。

虽然遗憾的是昌曙最终没有机会把他后期的思考系统地整理出来，但欣慰的是，他生前已知道他在技术哲学领域毕生的努力终将通过本书的读者得以延续和发展。

原东北大学教授，陈昌曙夫人：罗蒨

2011年10月撰于美国北卡罗来纳州夏洛特市